Xilinx Virtex4 & SoCMaster3

VHDL을 이용한 FPGA 설계 이론 및 실습

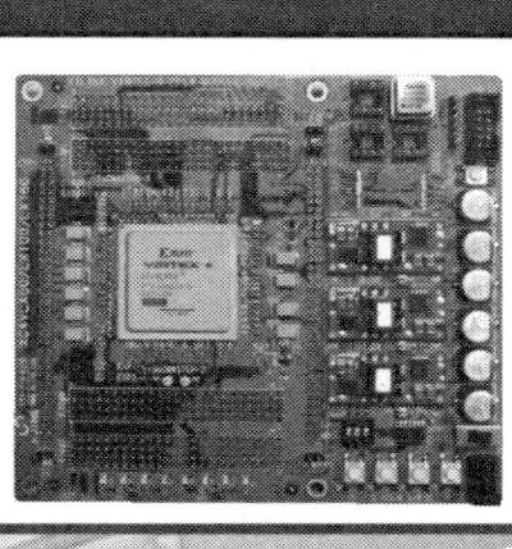

송태훈 · 정연모

홍릉과학출판사

PREFACE

갈수록 설계해야 하는 하드웨어 시스템의 복잡도와 집적도가 높아지는 집적회로 설계 분야에서 하드웨어 설계 언어(HDL: Hardware Description Language)의 등장과 프로그램이 가능한 소자인 FPGA(Field Programmable Gate Array)의 등장은 시스템을 기존의 방법보다 훨씬 쉽고 편리하게 하드웨어로 설계 및 구현할 수 있도록 하는 새로운 계기가 되었다.

과거에는 보드 상에 여러 개의 칩을 삽입하여 원하는 기능을 얻었으나, 최근에는 반도체 공학과 컴퓨터 기술의 발달로 간단히 하나의 칩 내에서 모든 기능을 수행할 수 있는 집적회로를 필요에 따라 쉽게 구현할 수 있게 되었다. 집적회로의 용도가 다양해지고 그 기능이 확장됨에 따라 집적도 또한 증가하게 되었다.

집적도가 증가함에 따라서 설계도 복잡하고 어려워진다. 즉 설계과정에서 칩의 복잡도 및 집적도, 수행시간, 시뮬레이션 등 고려해야 할 사항들이 많아진다는 의미이다. 이러한 문제들을 해결하기 위해서 등장한 것이 HDL이며 이를 이용하면 높은 레벨(또는 알고리즘 레벨)에서의 하드웨어를 보다 쉽게 설계할 수 있다. 이 책에서 설명하는 VHDL(Very high speed integrated circuit HDL)은 회로 설계에서 상위의 동작 레벨에서부터 하위의 게이트 레벨까지 하드웨어를 기술하고 설계하도록 하는 언어이다.

기존의 간단한 디지털 시스템의 경우에는 진리표를 이용하여 논리를 정리하고 스키메틱으로 회로를 그린 후 TTL을 이용하여 구현하였다. 그러나 구현하고자 하는 시스템의 크기가 수천 게이트 이상이 되면서 기존의 방법으로는 설계에 어려운 문제가 발생하여 더 이상 사용할 수 없게 되었다. 이에 대한 대안으로 HDL과 같은 하드웨어를 설계하기 위한 언어가 등장하고 더불어 FPGA와 같은 프로그램이 가능한 소자가 등장하게 되었다. FPGA는 다양한 게이트를 제공하므로 필요에 따라 선택하여 사용할 수 있다. 또한 설계자가 설계한 내용을 쉽게 구현하고 바로 확인 및 수정이 가능하다. 이러한 장점 때문에 많은 분야에서 사용이 날로 늘고 있다. 현재는 내부에 임베디드 메모리 및 다양한 IP를 유무상으로 제공하고 있어 보다 쉽고 빠르게 설계를 진행할 수 있다.

이 책은 FPGA에 대한 간단한 설명에서부터, VHDL의 문법 및 간단한 회로의 모델링의 예를 제시하고 있다. 그리고 실제 FPGA를 이용해서 구현하는 과정을 자세히 설명하고 있다. 따라서 이 책은 대학, 연구소 그리고 기업체에서 사용할 수 있으며 VHDL을 이용한 설계와 FPGA 상에서 구현을 위한 교재로 사용될 수 있다. 이 책을 집필하는 과정에서 도움을 준 경희대학교 박사과정 송문빈 군에게 감사를 표하며, 휴인스의 이상준 연구원에게 감사를 표하는 바이다.

2006년 6월 어느날

저자 씀

CONTENTS

Chapter 03 FPGA 설계 응용

Chapter 04 SoCMaster3 설계 환경

CHAPTER 1

FPGA 개요

1.1 디지털 시스템 설계 과정

디지털 시스템을 구현하기 위한 일련의 설계 과정을 그림 1.1과 같이 나타낼 수 있다.

디지털 시스템 기능 정의 및 설계 사양을 결정하는 일은 설계를 위한 시작 단계로서 아주 중요한 부분이다. 여기서 기본적인 시스템 및 설계 관련 요건을 정의한다. 즉, 시스템의 기능 및 특징, 그리고 설계 및 구현에 관련하여 필요한 사양 및 환경을 결정해야 한다.

다음으로 디지털 시스템의 전체 기능을 분할하고 여기에 따라 블록 다이어그램을 정의하는 것은 기능을 정의하고 사양을 결정하는 것 못지않게 중요하다. 이 부분이 얼마나 잘 수행되었는지의 여부가 설계된 시스템의 성능 및 전체적인 설계 시간을 좌우한다고 해도 과언이 아니다. 즉, 합리적으로 기능을 분할하여 블록 다이어그램을 정의하면 테스트가 용이하고 최소한의 노력으로 수정을 할 수 있으므로 설계 시간을 단축시킬 수가 있다. 또한 결과적으로 비교적 빠르고 적은 수의 게이트를 가지는 시스템을 설계 할 수 있다.

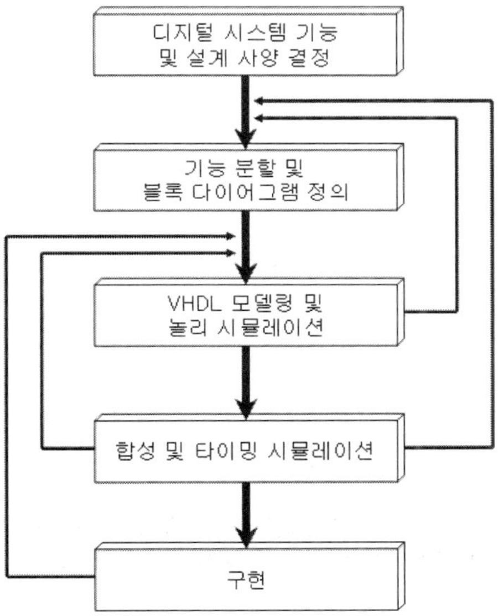

| 그림 1.1 | VHDL을 이용한 디지털 시스템 설계 과정

블록 다이어그램을 정의하면서 고려해야 할 것은 모듈성(modularity)과 국지성(locality) 그리고 정규성(regularity)이다. 모듈성은 비슷한 동작하는 부분끼리 모아서 하나의 모듈로 정의해야 한다는 것이다. 이 경우에 시스템을 파악하기도 좋고 설계 및 관리에 있어서 많은 이점이 있다.

국지성은 각 블록이 다른 모듈에 주는 영향을 최소화해야 한다는 것이다. 하나의 블록을 고친다고 해서 다른 블록들을 많이 고쳐야 한다면 잘 설계된 시스템이라고 할 수 없다. 각 블록이 제각기 다른 블록에 독립적으로 동작하는 것이 가장 좋다. 즉 하나의 블록을 분리하여 모델링하여도 다른 블록의 동작에 영향을 거의 주거나 받지 않고 독자적으로 동작할 수 있어야 하는 것이다.

정규성은 설계할 때 일관성을 가지고 규칙적인 설계를 하여야 한다는 것이다. 예를 들어, 블록 다이어그램에서 왼쪽으로 입력하고 오른쪽으로 출력하도록 정의한 것은 이해도 쉽고 수정도 쉬운 반면에, 일정한 규칙이 없이 입출력이 뒤섞여 있는 경우에는 분석을 하는 것도 어렵고 설계 자체도 복잡하게 된다.

이와 같이 모듈성, 국지성, 정규성의 원칙을 고려하여 기능분할 및 블록다이어그램을 정의하는 것은 빠른 시간에 합리적인 설계로 이끄는 첫걸음인 것이다.

블록 다이어그램을 정의한 후에는 VHDL 모델링 과정을 거쳐 논리 시뮬레이션을 수행한다. 이 부분에서는 VHDL로 구현한 내용이 문법적으로 오류가 없는지를 검사하고, 타이밍 정보가 고려되지 않은 논리 시뮬레이션을 수행한다. 수행하는 과정에서 오류나 개선점이 발견되면 상위 과정으로 되돌아가 오류를 정정한 후 반복하여 다시 수행한다.

논리 시뮬레이션 과정을 거쳐 원하는 동작을 확인 한 후 합성 및 타이밍 시뮬레이션 과정을 수행한다. 이 부분은 VHDL로 기술된 각 블록이 문법적 및 논리적으로 이상이 없을 경우에 FPGA(Field Programmable Gate Array) 또는 CPLD(Complex Programmable Logic Device)로 구현하기 위해 필요한 합성 과정을 수행하고 생성된 회로의 타이밍 정보를 바탕으로 시뮬레이션을 수행하는 과정이다. 이 과정에서 오류나 설계상의 잘못이 발견되면 상위 단계로 되돌아가서 같은 과정을 반복한다.

1.2 FPGA 설계

기존의 간단한 디지털 시스템의 경우에는 진리표를 이용하여 논리를 정리하고 스키메틱으로 회로를 그린 후 TTL을 이용하여 구현하였다. 그러나 구현하고자 하는 시스템의 크기가 수천 게이트 이상이 되면서 기존의 방법으로는 설계에 어려운 문제가 발생하여 더 이상 사용할 수 없게 되었다.

이에 대한 대안으로 HDL과 같은 하드웨어를 설계하기 위한 언어가 등장하고 더불어 FPGA와 같은 프로그램이 가능한 소자가 등장하게 되었다. FPGA는 다양한 게이트를 제공하므로 필요에 따라 선택하여 사용할 수 있다. 또한 설계자가 설계한 내용을 쉽게 구현하고 바로 확인 및 수정이 가능하다. 이러한 장점 때문에 많은 분야에서 사용이 날로 늘고 있다. 현재는 내부에 임베디드 메모리 및 다양한 IP를 유무상으로 제공하고 있어 보다 쉽고 빠르게 설계를 진행할 수 있다.

1.3 CPLD와 FPGA의 차이점

우리가 흔히 SPLD(Simple Programmable Logic Devices)라고 부르는 PLA(Programmable Logic Array)와 PAL(Programmable Array Logic)는 과거에 작은 크기의 회로를 구현하는 데 많이 사용하던 소자들이다. 그러나 이들 소자는 사용하는 게이트의 밀도 증가에 따른 소자 자체의 로직이 급격히 증가하는 구조적인 문제를 가지고 있다.

따라서 이런 문제를 해결하기 위해 많은 수의 SPLD를 블록으로 포함시키고 연결한 CPLD(Complex PLD)가 등장하였다. 그러나 CPLD도 게이트의 밀도를 증가시키는데 구조적인 문제를 가지고 있다. 다라서 수십만 게이트 이상을 구현하기 위해 집적도를 높인 FPGA가 등장 하였다.

FPGA는 PLD와 게이트 어레이의 장점을 결합한 것이다. 즉 고정된 배열구조가 아닌 게이트 어레이의 융통성 있는 연결 구조를 가지고 또한 고속 동작 및 집적도의 장점을 가지며, PLD의 개발 효율성을 제공하고 있다. 사용자가 편리하게 낮은 개발비용과 기간으로 논리 프로그래밍을 할 수 있도록 해준다.

1.4 FPGA 구조

사용자들은 FPGA가 논리 함수를 구현하기 위해 어떻게 전기적으로 프로그래밍되는지에 대해 당연히 의문을 가질 것이다. 현재 판매되고 있는 많은 FPGA 제품 중 (주)휴인스 SoC Master-3에서 사용하고 있는 Xilinx FPGA에 대해 살펴보도록 한다.

FPGA가 어떻게 사용자 설계를 구현하는지를 알기 위해서는 CLB(Configurable Logic Block)가 무엇인지 이해해야 한다. 만일 출력 X에 대한 진리 값 16(=2^4)개의 진리값을 메모리에 저장하고 이 메모리에 4개의 주소입력을 사용한다면, 16개의 진리 값에 따른 조합회로는 16 x 1 메모리로 바꿀 수 있다. 이는 아무리 복잡한 조합회로라 하더라도 조합회로의 입력이 4개 이하인 경우에는 16 x 1 메모리에 Lookup Table 형태로 진리값을 넣어 두면 이 메모리가 조합회로를 대신할 수 있다는 것을 의미한다. 따라서 사용자가 설계한 모든 조합회로는 16 x 1의 메모리로 바뀌어서 FPGA에 구현되는 것이다.

이 16 x 1 메모리를 LUT(Lookup Table)라고 하며 2개의 LUT와 2개의 DFF를 묶어서 Slice라고 한다. 그림 1.2는 Slice에 Carry Chain 및 몇 가지 로직이 추가되어 실제의 Slice가 완성된다.

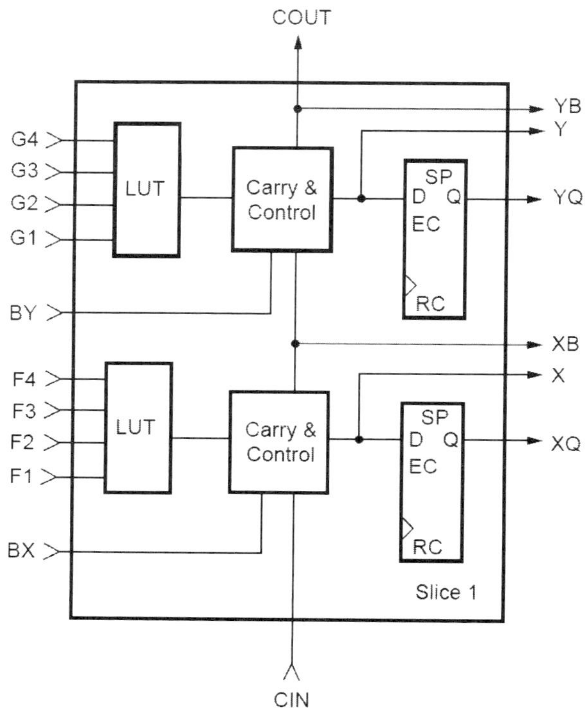

| 그림 1.2 | Slice 구조

Xilinx Virtex, Virtex-E, Spartan-II, Spartan-IIE의 경우는 그림 1.3과 같이 1개의 CLB에 2개 Slice가 있으며 Virtex-II, Virtex-II Pro, Spartan-III에는 4개 Slice가 1개의 CLB로 구성 된다

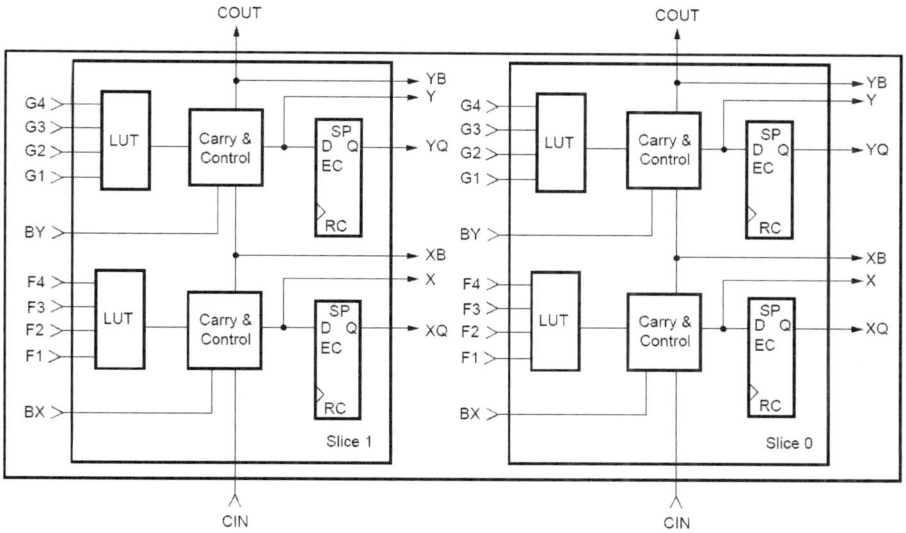

| 그림 1.3 | Xilinx Virtex 제품의 CLB 구조

CHAPTER 2

하드웨어 기술 언어(VHDL)

2.1 하드웨어 설계 환경

VHDL(Very high speed integrated circuit Hardware Description Language)은 회로 설계에서 상위의 동작 레벨에서부터 하위의 게이트 레벨까지 하드웨어를 기술하고 설계하도록 하는 언어로서 CAD 업계 및 IEEE의 표준 언어이며, 미국 정부가 지원을 공인한 하드웨어 설계 언어이다. VHDL의 등장은 갈수록 복잡해지고 고집적화되는 회로에 비례하여 어려워지는 하드웨어 설계 환경에 새로운 장을 여는 계기가 되었다. 컴퓨터 기술의 발달과 함께 VHDL을 이용한 설계 기법의 발달은 비단 이 분야를 전공하는 사람뿐만이 아니라 초보자에게도 보다 쉽게 회로를 설계할 수 있는 기회를 제공하고 있다. 현재 VHDL은 세계적으로 사용되고 있으며 산업체, 대학, 연구소 등에서 하드웨어 설계를 위해서 광범위하게 사용되고 있다.

이 장에서는 하드웨어 설계 환경의 역사적 발전 단계와 HDL의 종류, VHDL이 개발된 배경과 특징, 그리고 초보자에게 VHDL을 소개하기 위해서 이를 이용한 OR 게이트, 반가산기(half adder), 전가산기(full adder)의 간단한 모델링 등에 대해서 다룬다.

과거에는 보드 상에 여러 개의 칩을 삽입하여 원하는 기능을 얻었으나, 최근에는 반도체 공학과 컴퓨터 기술의 발달로 간단히 하나의 칩 내에서 모든 기능을 수행할 수 있는 집적회로(integrated circuit)를 필요에 따라 쉽게 구현할 수 있게 되었다. 또한 집적회로의 용도가 다양해지고 그 기능이 확장됨에 따라, 집적회로는 복잡해지는 반면에 그 크기는 작아지는 추세이다.

집적도가 증가함에 따라서 설계도 복잡하고 어려워진다. 즉 설계과정에서 칩의 크기, 집적도, 수행시간, 시뮬레이션 등 고려해야 할 사항들이 많아진다는 의미이다. 이러한 문제들을 해결하기 위해서 등장한 것이 하드웨어 기술 언어, 즉 HDL(Hardware Description Language)이며 이를 이용하면 높은 레벨(또는 알고리즘 레벨)에서의 하드웨어를 보다 쉽게 설계할 수 있다.

HDL을 사용한 설계를 본격적으로 설명하기 전에 지금까지의 하드웨어 설계 환경에 설명하기로 한다. 집적회로 설계의 변천 과정을 보는 관점에 따라 차이가 있으나 일반적으로 표 2.1과 같이 표현할 수 있다. 60~70년대는 트랜지스터 레벨(transistor level)의 설계로서 주로 레이아웃 편집기(layout editor)를 사용한 상향식(bottom-up) 설계를 하였다. 상향식 설계란 하드웨어의 적은 모듈로부터 설계하기 시작하여 큰 블록을 구성하고 마지막으로 원하는 시스템을 설계하는 방법을 말한다. 설계의 범위로서는 주로 1,000개 이하의 게이트로서, 카운터, 멀티플렉서, 가산기 등이 있다.

80년대에는 게이트나 RTL(Register Transfer Level)을 기초로 한 설계이며 스키메틱 편집기(schematic editor)를 사용하였다. 90년대에 들어오면서 설계해야 할 회로의 규모가 커지고 복잡도가 높아지게 되어 기존의 설계 방법으로는 한계에 도달하게 되었다. 따라서 알고리즘이나 기능레벨에서 설계가 가능하도록 하는 HDL이 출현하게 되었으며 칩 설계에 새로운 계기를 맞이하게 되었다. 이를 이용하여 많은 컴포넌트를 가진 회로의 설계를 가능하게 하였으며 시스템 레벨에서부터 설계가 가능한 하향식(top-down) 설계 방식이 각광을 받게 되었다. 설계의 예는 고성능 마이크로프로세서, 실시간 영상 처리기 또는 더욱 복잡한 회로 등을 들 수 있다. HDL을 사용할 경우에는 설계를 보다 낮은 레벨로 변환해 주는 과정으로서 실리콘 컴파일(silicon compilation) 또는 합성(synthesis)이 필요하다. 이러한 과정이 실제로 가능하게 하는 소프트웨어 또는 시스템을 실리콘 컴파일러(silicon compiler) 또는 합성기(synthesizer)라고 부른다.

| 표 2.1 | 집적회로 설계의 변천 과정

시기	60년 ~ 70년대	80년대	90년대 이후
설계방법	트랜지스터 레벨의 레이아웃 설계 (상향식 설계)	게이트나 RTL 레벨의 논리 설계	알고리즘이나 기능 레벨의 고급 설계 (하향식 설계)
설계도구	레이아웃 편집기	스키메틱 편집기	HDL과 합성기 (실리콘 컴파일러)
설계범위	10^3 게이트 이하	$10^3 \sim 10^5$ 게이트	10^5 게이트 이상
설계 예	게이트, 카운터, 멀티플렉서, 가산기	마이크로프로세서, 주변장치	고성능 마이크로프로세서, 실시간 영상 처리기

이 과정을 보다 구체적으로 설명하기로 한다. 보는 관점에 따라 다소 다를 수 있으나 HDL 등으로 표현한 동작적 기술(behavioral description)을 레이아웃(layout)으로 변환하는 과정을 실리콘 컴파일 과정이라고 한다. 또한 이 과정 중에서 동작적 기술로부터 게이트 레벨(Gate Level)로 변환하는 과정을 합성이라고 부른다. 현재 대부분의 업체는 보다 높은 동작적 레벨(HDL 표현)로부터 게이트 레벨까지의 합성이 가능한 다양한 설계 도구를 공급하고 있다. 합성을 보다 세분화하여 동작적 합성(behavioral synthesis), RTL 합성(RTL synthesis), 논리 합성(logic synthesis) 등으로 나누기도 한다.

VHDL을 포함한 HDL에 대한 이해를 돕기 위해서 컴퓨터 프로그래밍 언어(computer programming language)와 비교하여 설명하기로 한다. 집적회로의 설계 자동화를 위해 HDL의 개발에 이르기까지는 컴퓨터의 효율적인 사용을 위해 만들어진 FORTRAN이나 C언어와 같은 컴퓨터 고급 프로그래밍 언어의 발달 과정과 유사하다. 컴퓨터가 처음 만들어졌을 때는 그 컴퓨터의 기계어(machine language)를 아는 사람만이 프로그래밍을 할 수가 있었다. 그러나 기계어가 너무 어려우므로 부호를 사용하여 이를 보다 쉽게 나타낸 것이 어셈블리어(assembly language)이며 이를 더욱 발전시킨 것이 고급 프로그래밍 언어(high level programming language)이다. 즉 기계어나 어셈블리어와는 달리 고급 프로그래밍 언어는 컴퓨터의 내부적인 구조를 잘 몰라도 누구나 필요에 따라 하고자 하는 일을 처리하기 위한 프로그래밍을 할 수 있다. 이러한 것이 가능한 것은 어셈블리어 및 고급 언어를 기계어로 바꾸어 주는 어셈블러(assembler) 및 컴파일러(compiler)가 있기 때문에 가능하였다.

같은 원리를 하드웨어 설계 분야에도 적용되었다. 이는 하드웨어를 기술할 수 있는 언어인 HDL(컴퓨터의 고급 프로그래밍 언어에 해당)의 등장이다. 옛날에는 레이아웃 편집(기계어에 해당)을 하거나 스키메틱 편집(어셈블리어에 해당)을 했다. 그러나 지금은 설계자 하고자 하는 것을 알고리즘 레벨로 HDL을 사용해서 작성하면 이를 실리콘 컴파일러(고급 언어 컴파일러에 해당)를 사용하여 레이아웃으로 전환할 수 있다. 갈수록 복잡해지고 높아지는 회로의 집적도를 요구하는 설계 환경을 고려하고 설계의 구현과 같은 낮은 레벨을 몰라도 누구나 보다 쉽고 편리하게 설계할 수 있도록 하기 위해서는 레이아웃 편집기나 스키메틱 편집기의 사용은 한계에 부딪치게 되었다. 이에 대처하기 위해서 HDL이 등장하였다. 또한 HDL은 높은 레벨의 설계를 위한 기술을 가능하게 하므로 이를 사용한 경우에는 구현을 위해서는 설계를 보다 낮은 레벨로 변환해주는 과정으로서 합성이나 실리콘 컴파일 과정이 반드시 필요하다.

설계 과정에서 필요한 여러 단계를 포함한 일련의 작업들은 단순하지 않고 반복적인 기능을 요구하므로 컴퓨터를 사용한다. 이와 같이 컴퓨터를 사용하여 이 과정을 쉽게 하도록 한 것들을 설계 자동화 도구(design automation tool)라고 부른다. 이러한 도구는 전반적인 설계 과정 즉 모델링, 합성, 검증, 설계 모듈 관리 등을 쉽게 하도록 한다. 이러한 도구에는 하드웨어 기술언어의 입력을 위한 텍스트 편집기(text editor), 설계가 맞는지를 검증하는 시뮬레이션을 위한 시뮬레이터(simulator), 회로의 결합을 최적으로 하기 위한 최적기(optimizer), 앞에서 언급한 합성을 위한 합성기 등이 있다.

2.2 하드웨어 기술 언어

HDL은 의미하는 바와 같이 하드웨어를 기술 또는 표현하는 언어이다. 다시 말하면 디지털 시스템의 기능 및 하드웨어적 특징을 컴퓨터의 고급 언어에 접합하여 원하는 회로를 기술할 수 있도록 하는 언어를 말한다. 우리는 지금까지 흔히 하드웨어를 스키메틱 다이어그램(schematic diagram)으로 나타냈지만 이를 대신하여 하드웨어를 표현할 수 있도록 하는 언어적 기능을 가진 것을 말한다. HDL을 사용하여 디지털 시스템의 모델링을 비롯하여 시뮬레이션, 문서화, 합성을 위해서 동작적 레벨뿐만 아니라 구조적 레벨에서도 하드웨어를 표현할 수 있다.

일부 설계자들이 지금까지 사용해 오던 설계 도구로서 스키메틱 편집으로부터 HDL의 사용으로의 전환을 망설이고 있지만 설계의 크기가 5만 게이트 이상이면 스키메틱 편집기의 사용이 어려워진다. 미국에서 최근 조사한 바에 의하면 대부분의 스키메틱 설계자가 현재 HDL을 사용하고 있다고 한다. HDL을 사용함에 있어서 장점은 간결한 하드웨어 표현, 표준화, 편리한 문서화, 시뮬레이션의 용이성, 설계 정보 교환 등을 생각할 수 있다.

이 책에서 다루고자 하는 하드웨어 기술 언어인 VHDL이 등장하기 이전까지 주로 하드웨어 설계를 위해서 사용하던 언어로서는 AHPL(A Hardware Programming Language), C, CDL (Computer Design Language), CONLAN(CONsensus LANguage), ELLA, HILO, IDL (Interactive Design Language), ISPS(Instruction Set Processor Specification), TEGAS (TEst Generation And Simulation), TI-HDL(Texas Instruments Hardware Description Language), UDL/I(Unified Design Language for IC), Verilog-HDL, ZEUS 등이 있다. 이들 대부분의 언어는 일반적인 컴퓨터 프로그래밍 언어인 ADA, ALGOL, C, PASCAL, PL/I 등으로부터 파생되거나 언어적 기능을 이용하였다.

위에서 언급된 HDL 중에서 최근까지 자주 사용되는 것은 Verilog-HDL, UDL/I, C 언어 등이며 특히 Verilog-HDL은 VHDL이 나오기 전에 가장 많이 사용되었으며 현재 표준화되어 사용하는 업체 및 지원하는 CAD 도구들이 많다.

Verilog-HDL은 언급한 HILO-HDL을 기초로 하여 만들어진 하드웨어 설계 언어로서 80년대부터 90년대 초반까지 미국 등에서 논리 회로 시뮬레이션용으로 아주 많이 사용되었다. 이 언어의 최대 장점은 게이트 및 RTL(Register Transfer Level)의 기술이 아주 쉽고 간단하다는 것이다. 게이트 레벨의 시뮬레이션 언어로서 매우 적합하여 아주 많이 사용되고 있다.

위의 언어 중에서 C 언어는 모든 컴퓨터상에서 흔히 사용하는 고급 프로그래밍 언어로서 하드웨어 기술을 위해서 사용할 수 있다. C 언어를 사용하는 경우에는 별도의 시뮬레이터가 필요하지 않고 일반 HDL을 사용하는 것보다 시뮬레이션이 빠르며 아날로그(analog) 표현 등에서 융통성을 부여할 수 있다는 장점이 있다. 그 반면에 회로상의 지연 처리, 시뮬레이터와 인터페이스 그리고 합성 등이 다소 어렵다는 단점이 있다.

UDL/I은 일본에서 만든 언어로서 회로의 상세한 동작 및 상태 기술이 가능하게 하며 또한 구조적 표현이 단순하고 대체로 많은 기능을 제공하고 있으며 병행문과 순차적 문장의 표현이 가능하다는 장점이 있다.

2.3 VHDL의 출현

앞에서 언급한 바와 같이 여러 가지 HDL이 있지만 적은 집적회로에서부터 대형 디지털 시스템에 이르기까지의 하드웨어를 모델링, 문서화, 합성, 검증, 제작을 위해서 사용할 수 있는 표준화된 HDL이 없었기에 하드웨어 설계 및 관리에서 상당한 불편과 문제점이 있었다. 이것이 VHDL 출현의 직접적인 동기라고 할 수 있다.

그러면 보다 구체적으로 VHDL의 출현 과정을 알아보기로 한다. 미국 국방성은 집적회로 관련 업체들 상호 간에 개발을 위한 정보교환 및 문서화를 위해서 표준화된 하드웨어 기술 언어의 필요성을 느꼈기에 초고속 집적회로(VHSIC: Very High Speed Integrated Circuits) 프로그램의 일부로서 만든 것이 VHDL(VHSIC Hardware Description Language)이다. 1981년 6월부터 미국 메사추세스주의 우드홀(Woods Holes, Massachusetts)시에서 개최된 개발을 위한 학술 대회를 시작으로 VHDL을 개발하고 이를 이용하기 위한 환경 및 지원 소프트웨어 구현을 위한 계약이 1983년 7월에 Intermetrics사, IBM, Texas Instruments사로 구성된 공동 개발팀들 사이에서 이루어졌다.

개발을 시작한지 6개월 만에 VHDL 2.0이 나왔으며 이 언어 개발에 대한 의견을 수렴하여 1985년에 최종 버전인 VHDL 7.2가 만들어 졌으며 1987년 7월에는 이를 위한 나름대로 완벽한 소프트웨어 도구가 나오게 되었다.

1986년 3월부터 VHDL을 IEEE 표준으로 하기 위한 노력을 기울여 1987년 12월에 IEEE-1076이라는 IEEE 표준 VHDL을 탄생시켰다. 미국 국방성에서는 관련 모든 과제 및 ASIC의 기술에 VHDL의 사용을 요구하고 있다.

처음에는 CAD 업체들 중에서 참여 업체가 많지 않았으나 VHDL이 IEEE가 공인한 최초의 HDL이라는 사실, 미국정부의 적극적인 지원, 광범위한 기술능력 때문에 많은 CAD 업체들이 관련 소프트웨어 개발에 참여하게 되었다. 1991년에는 IEEE 1076에 추가하여 설계자들로 하여금 VHDL 모델을 공유하는 데 도움을 주고 또한 합성 기능의 강화를 위해 9개로 구성된 표준 논리 레벨 MVL9('U', 'X', '0', '1', 'Z', 'W', 'L', 'H', '-')를 정의한 IEEE 1164를 발표하였다(std_logic_1164). 이때부터 CAD 관련 업체들로부터 합성을 포함한 VHDL을 이용한 본격적인 개발이 이루어졌으며 그 사용도 급진적으로 증가하였다.

1992년에는 VHDL이 미국 정부지원 공인 HDL(FIPS Pub 172)로 정해졌으며 미국 정부와 하드웨어 개발을 계약하거나 표현하는 경우에는 반드시 사용해야 하는 유일한 표준 언어이다. VHDL의 기능을 개선하기 위한 노력을 기울여서 1993년에는 VHDL 1076-1987에 대한 새로운 버전인 IEEE 1076-1993을 내놓게 되었다. 현재 사용하고 있는 대부분의 VHDL 설계 소프트웨어가 1076-1987을 기초로 하고 있기 때문에 이 책에서는 1076-1987 버전 위주로 개념과 예제를 다루기로 한다.

2.4 VHDL의 특징

앞에서 이미 하드웨어 설계를 위해서 HDL 사용의 필요성에 대해서는 설명하였다. 여기서는 VHDL이 여러 HDL 중에서도 가장 광범위하게 사용되는 이유에 대해 언급해 보기로 한다.

- **표준화된 HDL :** 지금까지 여러 가지 HDL이 존재하였으나 모두가 해당 설계 도구 전용, 특정 시뮬레이터, 특정 공정 기술 또는 특정 설계 방법을 위해 만들어졌으므로 디지털 하드웨어의 개발, 정보 교환, 기록 등에 문제가 있어왔다. 그러나 표준화된 VHDL의 등장으로 이러한 문제들이 모두 해결되었다. 즉 하향식이나 라이브러리 위주와 같은 설계 방법론과 무관하며 기술된 내용을 시뮬레이션 하여 구현하는 데 있어서 CMOS, nMOS, 또는 GaAs에 상관없이 사용할 수 있다. VHDL로 기술한 것을 시뮬레이션하고 합성하여 반도체 공급업체의 라이브러리와 상관없이 실제의 회로를 쉽게 얻을 수 있다. HDL이 표준화됨으로써 사용자가 가지는 장점은 CAD 소프트웨어 및 라이브러리를 공용으로 사용할 수 있다는 것이다. 만든 CAD 소프트웨어를 제공한 회사의 라이브러리에만 종속되지 않고 다른 회사의 라이브러리도 사용할 수 있으므로 보다 쉬운 정보교환 등으로 설계상의 오류 및 기간을 단축할 수 있으므로 전체적인 설계 비용을 줄일 수 있다.

- **이용의 확대 :** IEEE가 지원하는 표준일 뿐만 아니라 미국 정부에서 인정한 공인 HDL이다. 즉 미국 국방성뿐만 아니라 미국의 모든 공공 기관과의 하드웨어 관련 문서화를 위해서는 VHDL을 사용해야 한다. 또한 유럽 연합(EU)이 결성되기 전, 각 나라가 사용하던 하드웨어 표현 및 문서화를 위한 언어의 표준화에 대해서 고민하던 차에 VHDL이 출현하자 유럽에서 적극적으로 사용하기 시작하였으며 이것

이 전 세계적으로 확대되는 계기가 되었다고 한다. 일본을 비롯하여 우리 나라에서도 그 사용이 점점 증가하고 있다. VHDL을 이용하여 국가 간이나 회사 간에 설계 정보를 교환할 수 있으며 대규모의 설계를 하기에 용이하고 이미 설계한 것을 다시 사용하기 쉬우므로 그 VHDL의 사용은 점점 확대되고 있다.

- **설계를 위한 우수한 하드웨어 기술 능력 :** VHDL은 우리가 흔히 사용하고 있는 고급 프로그래밍 언어와 같은 원리에 기초를 두고 있으며 하드웨어적인 특징을 추가하여 표현 능력을 향상시켰다. VHDL은 원래 시스템(system) 레벨에서부터 게이트(gate) 레벨까지의 하드웨어 동작적 레벨 및 구조적 레벨에서 기술을 할 수 있도록 만들어졌다. 시뮬레이션 등을 위해서 기술된 여러 레벨을 혼합해서 사용할 수 있다. 다양한 지연(delay), 물리적인 양의 표현, concurrent signal문, resolution function 등의 기술이 가능하다.

- **언어로서 다양한 기능 제공 :** 회로의 문서화 및 시뮬레이션을 위한 언어이며 기능 강화로 인하여 합성을 위한 언어이기도 한다. 고급 컴퓨터 언어가 제공하는 다양한 기능을 고루 갖추고 있다. 즉 언어 사용 상에 상당한 융통성을 부여할 수 있다. 그 예로서 함수, 연산자 등(예를 들어 and, or, + 등)이 여러 가지 다른 의미를 가지도록 프로그래밍 할 수 있다. 또한 사용자가 정의한 데이터형(user-defined data type)과 속성(attribute) 등을 허용한다.

- **디지털 설계 :** 집적회로는 아날로그 회로(analog circuit)와 디지털 회로(digital circuit)로 나눌 수 있다. 아날로그 회로는 전압이 변화하면서 연속적으로 연결되는 신호에 따라 동작하는 회로이며 디지털 회로는 2개의 전압 값 '0'과 '1'에 기초를 두고 있다. 디지털 회로는 여러 가지 장점을 가지고 있으므로 최근 거의 모든 회로의 설계는 디지털 회로에 기초를 두고 있다. VHDL은 디지털 회로를 성질을 기초로 만들어진 언어이므로 이 책의 모든 회로는 디지털 회로이다.

2.5 VHDL의 모델링 방법

같은 회로에 대해서 여러 가지 방법으로 스키메틱 표현이 가능하며 또한 부울 대수를 사용한 경우에도 여러 가지로 기술이 가능한 바와 같이 VHDL을 이용하여 기술하는 경우에도 마찬가지이다. 즉 하드웨어를 표현하는 레벨 즉, 모델링(modeling)에는 여러 가지가 있다. 일반적으로 크게는 동작적 모델링(behavioral modeling)과 구조적 모델링(structural modeling) 두 가지로 나눈다. 또한 이 모델링 사이의 중간적 모델링 방법으로서 데이터플로우 모델링(dataflow modeling)을 정의한다. 사람에 따라서는 이를 동작적 모델링으로 분류하기도 한다. 또한 이 세 가지를 혼합해서 모델링할 수도 있다. 아래에서 이 세 가지 모델링에 대해서 자세히 알아보기로 한다.

- **동작적 모델링 :** 동작적 모델링은 세 가지 모델 중에서 가장 높은 레벨의 추상적인 표현으로서 우리가 흔히 사용하는 고급 컴퓨터 언어를 사용해서 프로그램을 작성하는 것과 비슷하다. 즉 문장이 순차적으로 수행된다. 시스템이 내부적으로 어떠한 하드웨어적인 구조를 가지는지에 대해서는 상관없으며 진리표(truth table) 등으로 표현된 것을 기능적 또는 수학적인 알고리즘을 사용해서 시스템의 동작을 기술하는 것을 말한다. 즉 입력에 따른 출력 결과만을 고려한 기술을 가리킨다. 하드웨어에 대한 지식이 별로 없는 사람이 설계하거나 회로의 문서화를 하는 경우에 좋다. 기술을 위해서 VHDL의 순차문인 process문을 사용된다.

- **데이터플로우 모델링 :** 이 모델링은 동작적 모델링에 포함시키기도 하지만 일반적으로 이보다는 한 단계 낮으며 말 자체가 의미하는 바와 같이 데이터의 흐름 즉 signal 및 제어의 흐름을 나타낸다. 주로 부울 대수, 함수, RTL 또는 연산자(예를 들면 AND, OR 등)를 사용하여 입력으로부터 출력까지의 경로의 표현을 위주로 한다. VHDL의 concurrent문을 사용하여 주로 표현한다. 표현상의 모든 문장들이 순차적으로 작동하는 것이 아니라 동시에 병행하여 작동하게 한다. 즉 이는 디지털 회로의 각 모듈이 병행하여 항상 작동하고 있으므로 이를 표현하고 있다는 의미이다. 여기서는 버스, 레지스터 전달 등을 잘 표현할 수 있으므로 동작적 모델링보다는 하드웨어에 가까이 접근할 수 있다.

- **구조적 모델링 :** 이 모델링은 세 가지 모델링 중에서 하드웨어에 가까운 아래 레벨의 표현으로서 모든 회로의 컴포넌트뿐만 아니라 이들의 상호 연결도 나타낸다. 즉 컴포넌트와 게이트들과의 연결 상태를 나타낸다. 설계자가 합성을 고려하여 컴포넌트를 표현할 수 있다. 레지스터와 버스뿐만 아니라 게이트 레벨의 설계를 가능하게 한다. 하나의 시스템을 설계하기 위해서 필요한 컴포넌트(또는 서브시스템)들과 이들의 인터페이스를 정의할 수 있으며 이미 설계된 컴포넌트를 불러서 사용할 수 있도록 한다.

위에서 언급된 세 가지를 혼합하여 하드웨어 표현할 수도 있으며 이를 시뮬레이션하거나 합성하는 것 또한 가능하다. 다른 모델들 간에 상호작용을 하는 것은 실제로 signal이며 상호 작용을 위해서는 데이터 변환 함수(data conversion function)나

resolution 함수를 사용할 수 있다.

위의 세 가지 즉 동작적, 데이터플로우, 구조적 모델링을 혼합할 수 있다.

2.6 간단한 VHDL 모델링의 예

여기서는 VHDL을 사용하여 앞에서 설명한 세 가지 모델링 즉 동작적, 데이터플로우, 구조적으로 실제 회로를 설계하고자 한다. 다시 설명하면, 동작적 레벨에서는 진리표에 의한 기능을 표현하고 데이터플로우 레벨에서는 부울대수를 사용해서 나타내고 구조적 레벨에서는 컴포넌트의 연결을 나타낸다.

2.9절에서 VHDL의 구문에 대해서 구체적으로 설명하기로 하고, VHDL 초보자들에게 이해를 돕기 위해서 여기서는 VHDL을 이용한 간단한 모델링의 예를 들어서 설명하기로 한다. 먼저 2-입력 OR 게이트와 반가산기를 동작적 기술과 데이터플로우 기술로 나타내기로 한다. 마지막으로 전가산기를 동작적 및 데이터플로우 모델링으로 표현하고, 이어서 구조적으로 나타내기 위해서는 미리 정의한 OR 게이트와 반가산기를 사용하여 컴포넌트들 간에 서로 연결한다.

2.6.1 OR 게이트의 모델링

VHDL 모델은 크게 entity declaration과 architecture body 부분으로 나누어진다. Entity declaration은 컴포넌트의 입출력과 같은 외부적 인터페이스를 나타내며 architecture body는 내부적인 요소나 기능을 나타낸다. 회로에는 하나의 entity declaration만이 존재하는 반면에 표현 방법에 따라 여러 개의 architecture body가 존재할 수 있다. 즉 하나에 entity declaration에 동작적, 데이터플로우, 구조적에 따라 다른 architecture body를 가질 수 있다.

기술하고자 하는 2-입력 OR 게이트에 대한 동작적 모델링에 대해서 알아보기로 한다. 이 게이트는 두 입력 I1과 I2에 대해서 출력 O를 가지며 이를 나타내면 그림 2.1과 같다.

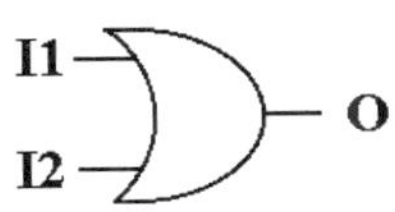

| 그림 2.1 | OR 게이트

그림 2.1을 VHDL로 기술하면 다음과 같다.

```
-- Entity declaration
entity OR2 is
  port(I1, I2 : in bit;
       O : out bit);
end OR2;

-- Architecture body
architecture Behavioral_Description of OR2 is

begin
   process
   begin
     if (I1 = '0') and (I2 = '0') then O <= '0' after 2 ns;
        else O <= '1' after 2 ns;
     end if;
     wait on I1, I2;
   end process;
end  Behavioral_Description;
```

2 입력 OR 게이트를 기술한 위 VHDL 코드에 대해서 설명하면 다음과 같다. Entity, port 등과 같이 VHDL에서 일반적인 사용자가 정의한 용어가 아니고 그 자체의 의미로만 용도가 제한되도록 지정된 용어인 지정어(Reserved Word)는 VHDL 코드 상에서 편의상 소문자로 나타낸다. 그 이외의 모든 단어는 필요에 따라 설계자가 정의해서 사용할 수 있는 식별어이다. 맨 처음에 나오는 "--"는 주석의 시작을 나타내며 여기서부터 그 줄 끝까지는 수행에 전혀 영향을 미치지 않는다.

먼저 entity declaration 부분에 대해서 설명한다. Entity라는 지정어 뒤에 오는 OR2는 이 회로의 이름이며 port 다음의 괄호 안에서는 입출력을 나타낸다. 위에서 입력(in)을 위한 두 개의 port로서 I1, I2와 출력(out)을 위한 하나의 port로서 O를 가지며 이 입출력 신호는 비트(bit)이다. 문장과 문장 사이에는 세미콜론(;)을 사용한다. 마지막 줄에서는 지정어 end가 나오고 이어서 회로 이름 OR2를 다시 한 번 써준다.

이어서 architecture body에 대해서 설명하기로 한다. Architecture라는 지정어 뒤에는 사용자 정의의 몸체 이름 Behavioral_Description을 가지며 이어서 이 architecture가 소속한 entity declaration의 이름 OR2가 of를 사이에 두고 주어진다. 실제적 동작의 표현은 begin과 end 사이에서 이루어진다. 위 표현에서 process문 역시 begin과 end를 가지며 그 사이에 있는 문장들은 하나씩 차례로 수행되는데 여기서는 두 개의 문장 즉 if문과 wait문이 존재해 있다. If문은 OR2 게이트의 기능을 나타내고 있다. 즉 두 입력 I1, I2의 입력이 '0'인 경우에는 2나노초(nano second) 뒤에 출력 O가 '0'이 되고 그 이외에는 2나노초 뒤에 '1'이 된다. 여기서 사용한 왼쪽방향 화살표(<=)는 왼쪽으로 전달되는 값이 데이터가 아니라 일정한 지연이 지난 뒤에 전달되는 signal이기 때문에 변수 대입(:=)과 구별하여 사용한다. Wait문에서는 두 signal I1이나 I2에 이벤트(event)가 생겨날 때까지 대기하고 있다가 이벤트가 생기면 process문의 처음으로 가서 수행을 다시 시작한다. 위의 process문에서 wait문 대신에 지정어 process 뒤의 괄호 안에 sensitivity signal list를 사용하여 표현하면 다음과 같다.

```
process(I1, I2)
  begin
    if (I1 = '0') and (I2 = '0') then O <= '0' after 2 ns;
       else O <= '1' after 2 ns;
    end if;
  end process;
```

위와 같이 sensitivity list를 사용한 경우에도 같은 수행 결과를 가져오며, 원래 process문에서와 같이 signal I1나 I2에 변화가 있을 때만 process문이 수행된다.

다음으로 OR2 게이트를 데이터플로우 모델링을 하고자 한다. 앞에서 언급한 바와 같이 하나의 entity declaration에 대해서 여러 개의 architecture body를 가질 수 있으므로 지금부터는 architecture body만을 새로 정의한다.

```
-- Architecture body
architecture Dataflow_Description of OR2 is
begin
   O <= I1 or I2 after 2 ns;
end Dataflow_Description;
```

위의 예에서는 begin과 end 사이에 하나의 문장만 있지만 만일 process문이 없이 여러 개의 문장이 있으면 이들은 모두 동시에 수행되는 concurrent문이 된다. I1과 I2의 논리합의 결과가 2나노초 뒤에 O에 할당된다. OR2 게이트는 세부 component가 없는 단일 회로이므로 구조적 모델링을 할 수는 없다.

2.6.2 반가산기의 모델링

다음에 기술하고자 하는 반가산기는 그림 2.2와 같이 두 개의 입력 port로서 A 와 B를 가지고 있으며 두 개의 출력 port로서 Carry와 Sum을 가진다.

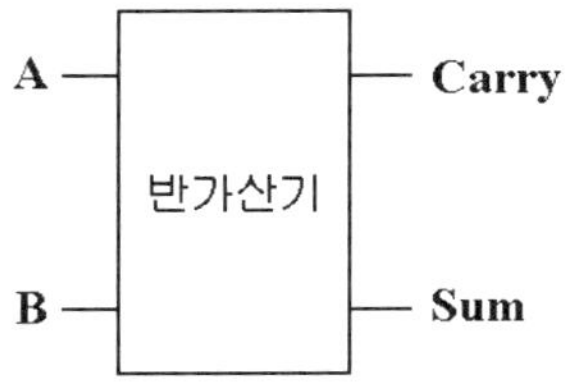

| 그림 2.2 | 반가산기의 입출력

그 진리표를 보면 표 2.4와 같다.

| 표 2.4 | 반가산기의 진리표

A	B	Carry	Sum
0	0	0	0
0	1	0	1
1	0	0	1
1	1	1	0

Entity declaration을 먼저 한 다음 동작적 모델링을 하면 다음과 같다.

```
-- Entity declaration
entity Half_Adder is
  port(A, B : in bit;
       Sum, Carry : out bit);
end Half_Adder;

-- Architecture body
architecture Beh_Des of Half_Adder is
begin
  process
    begin
      if (A = B) then Sum <= '0' after 2 ns;
         else Sum <= '1' after 2 ns;
      end if;
      if (A = '1') and (B = '1') then Carry <= '1' after 2 ns;
         else Carry <= '0' after 2 ns;
      end if;
      wait on A, B;
    end process;
end  Beh_Des;
```

위에서 정의한 entity는 그대로 두고 데이터플로우 모델링을 위한 architecture body를 보면 다음과 같다.

```
-- Architecture body
architecture Dataflow_Des of Half_Adder is
begin
   Sum <= A xor B after 2 ns;
   Carry <= A and B after 2 ns;
end  Dataflow_Des;
```

위에서 begin과 end 사이의 두 문장은 A나 B에 이벤트가 생기면 동시에 병행하여 수행된다.

2.6.3 전가산기의 모델링

모델링하고자 하는 전가산기는 세 개의 입력 port로서 X, Y, C_in을 가지고 두 개의 출력 port로서 S_out, C_out을 가진다면 다이어그램과 진리표는 그림 2.3과 표 2.5로 표현된다.

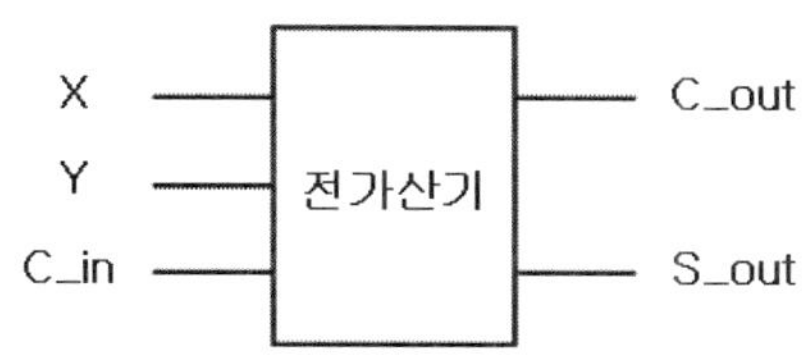

| 그림 2.3 | 전가산기의 입출력

| 표 2.5 | 전가산기의 진리표

X	Y	C_in	C_out	S_out
0	0	0	0	0
0	0	1	0	1
0	1	0	0	1
0	1	1	1	0
1	0	0	0	1
1	0	1	1	0
1	1	0	1	0
1	1	1	1	1

표 2.5에서 보인 바와 같이 세 입력 X, Y, C_in에서 '1'이 갯수를 세어서 하나면 S_out이 '1'이 되고 둘이면 C_out이 '1'이 되며 셋이면 S_out과 C_out이 모두 '1'이 된다. 전가산기의 entity와 architecture 부분에 대한 동작적 기술을 하면 다음과 같다.

```
-- Entity declaration
entity Full_Adder is
   port(X, Y, C_in : in bit;
        S_out, C_out : out bit);
end Full_Adder;

-- Architecture body
architecture Behavioral_Desc of Full_Adder is
begin
  process(X, Y, C_in)
    variable  I : integer;
  begin
    I := 0;
    if X = '1'  then  I:= I + 1; end if;
    if Y = '1'  then  I:= I + 1; end if;
    if C_in = '1' then I:= I + 1; end if;
    if (I = 0) or (I = 2) then  S_out  <= '0' after 2 ns;
         else S_out <= '1' after 2 ns;
    end if;
    if (I = 0) or (I = 1) then  C_out <= '0' after 2 ns;
         else C_out <= '1' after 2 ns;
    end if;
  end process;
end Behavioral_Desc;
```

Process문을 사용하므로 begin과 end process 사이의 문장들은 차례로 수행되며 지정어 process 뒤의 괄호 안에 오는 X, Y, C_in은 변화가 있을 때마다 수행된다. Variable(변수)로 정의된 I는 signal이 아닌 정수로서 0을 초기 값으로 가진다. Begin 다음에 오는 처음 세 if문에서는 입력되는 signal의 '1'의 수만큼 I를 증가한다. 위에서 변수의 지정(또는 대입)을 위해서는 :=을 사용하였으며 signal의 지정을 위해서는 <=을 사용한다. 변수에는 값이 명시되는 즉시 지정되는 반면에 signal은 어느 정도의 지연이 지난 다음에 지정된다는 점이 다르다.

전가산기의 Carry와 Sum을 AND, OR 게이트만을 사용한 부울 함수로 표현할 수 있다. 여기서는 Sum과 Carry를 위해서 AND, OR 게이트뿐만 아니라 Exclusive-OR 게이트(XOR)도 사용한다. 이에 대한 데이터플로우 모델링을 나타내면 다음과 같다.

```
-- Architecture body
architecture Dataflow_Desc of Full_Adder is
begin
   S_out <= X xor Y xor C_in after 2 ns;
   C_out <= ((X and Y) or (X and Y)) or (Y and C_in) after 2 ns;
end  Dataflow_Desc;
```

전가산기에 대한 구조적 모델링을 여러 가지 방법으로 할 수 있다. 즉 전가산기의 모든 component를 AND, OR 게이트로 구성되도록 구조적인 모델링을 할 수도 있으며 또한 AND, OR, XOR을 가진 구조적 모델링이 가능하다. 그러나 여기서는 그림 2.4에서처럼 앞에서 기술한 반가산기 두 개와 하나의 OR로 구성된 전가산기의 모델링을 보여주기로 한다.

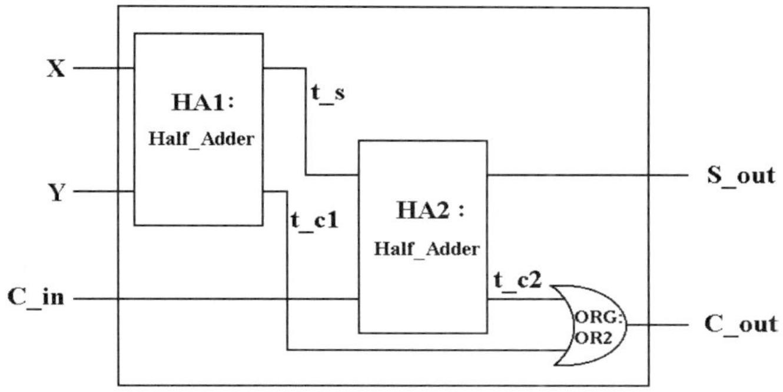

| 그림 2.4 | 전가산기의 구성

그림 2.5에서 두 반가산기는 HA1, HA2의 레이블을 가지며 HA1의 출력인 Sum을 HA2에 연결하는 signal을 t_s라고 하고 HA1의 출력 Carry를 OR 게이트에 연결하는 signal을 t_c1이라고 하며 또한 HA2로부터 출력 Carry를 OR 게이트에 연결하는 signal을 t_c2라고 표시한다. 그림 2.4에 대한 구조적 모델링은 다음과 같다. entity declaration은 앞과 같으므로 architecture body만을 기술하기로 한다.

```
-- Architecture body
   architecture Structural_Des of Full_Adder is
      -- declaration of internal signals
      signal t_s, t_c1, t_c2 : Bit;
```

```
    -- component declarations
   component OR2
      port(I1, I2 : in Bit;
          O : out Bit);
   end component;
   component Half_Adder
      port(A, B : in Bit;
         Sum, Carry : out Bit);
   end component;
   -- component instantiation statements
   begin
     HA1 : Half_Adder
          port map (X, Y, t_s, t_c1);
     HA2 : Half_Adder
          port map (t_s, C_in, S_out, t_c2);
     ORG : OR2
          port map (t_c1, t_c2, C_out);
end Structural_Des;
```

위의 VHDL 코드는 회로의 구조적인 관점에서 나타낸 것으로서 실제 회로의 모양에 가장 가깝다. 국부(local) signal로 선언된 t_s, t_c1, t_c2들은 data type으로서 bit를 가지며 그림 2.4에서 보인바와 같이 component 간에 연결되는 내부적 signal을 나타낸다. Component declaration(컴포넌트 선언)에서는 시스템 내부에서 요소로서 사용되는 회로들을 가상적으로 선언하여 인터페이스를 제공한다. 위의 기술에는 전체 컴포넌트의 수는 세 개지만 사용되는 종류는 두 가지 Half_Adder와 OR2 게이트이므로 두 개의 component declaration문을 가지며 이들의 사용을 각각 선언한다.

이어서 오는 component instantiation문에서는 component declaration에서 선언되어진 component들을 연결하여 실제 회로를 구체화 한다. 설계 하고자 하는 전가산기는 세 개의 component를 가지므로 세 개의 component instantiation문을 가진다. 이들 문장은 레이블 HA1, HA2, ORG을 각각 가지며, 이어서 콜론(:)과 component 이름을 가진다. Port map에서는 actual parameter의 값을 formal parameter에 port를 통해서 전달하는 역할을 한다. 예를 들어 첫 번째 instantiation문의 port map에서는 X와 Y는 Half_Adder의 두 입력 port인 A, B에 각각 연결되고 t_s, t_c1은 출력 port인 Sum과 Carry에 각각 결합된다. 여기서 Full_Adder의 입력 X, Y는 내부의 첫 번째 Half_Adder의 입력에 연결되고 이 Half_Adder의 출력 t_s는 두 번째 Half_Adder의 입력에(두 번째 instantiation문에서) 연결되고 t_c1은 OR2 게이트의 입력에 연결 된다(세 번째 instantiation문에서). 두 번째 Half_Adder의 출력 S_out은 Full_Adder의 출력

이 되며 출력 t_c2는 OR2 게이트의 입력 port에 연결된다.

위의 두 가지 parameter를 연결하는 방법으로는 두 가지가 있다. 즉 위의 예에서처럼 parameter의 위치에 따라 연결되는 것을 positional association(위치 결합)이라고 하고 다른 방법으로서 port 이름을 부여하여 연결하는 named association(이름 결합)이 있다. 위의 세 component instantiation문을 name association으로 표현하면 다음과 같다.

```
HA1 : Half_Adder
      port map (A => X, B => Y, Sum => t_s, Carry => t_c1);
HA2 : Half_Adder
      port map (A => t_s, B => C_in, Sum => S_out, Carry => t_c2);
ORG : OR2
      port map (I1 => t_c1, I2 => t_c2, O => C_out);
```

위에서는 formal parameter와 actual parameter를 모두 사용하며 오른쪽 방향 화살표(=>)를 사용한다. positional association은 위치에 따라 자동으로 연결되그로 그 순서가 아주 중요하지만 name association에서는 이름으로 연결되므로 순서에 상관없다.

2.7 테스트 벤치

설계된 VHDL 코드에 테스트 입력을 회로에 적용하기 위해서 테스트 벤치(test bench)를 정의해야 한다. 설계가 맞는지를 검사하기 위해서는 이 테스트 벤치로부터의 결과를 이용해야 한다.

```
entity FA_test is
end FA_test;

architecture Test of FA_test is
  signal X, Y : bit;
  signal C_in : bit := '0';
  signal S_out, C_out : bit;
  component Full_Adder
    port(X, Y, C_in : in bit;
         S_out, C_out : out bit);
  end component;
  begin
```

```
      FA : Full_Adder
           port map (X, Y, C_in, S_out, C_out);

   X <= '0',
         '1' after 40 ns,
         '0' after 80 ns;
    Y <= '0',
         '1' after 20 ns,
         '0' after 40 ns,
         '1' after 60 ns,
         '0' after 80 ns;
     C_in <= '0',
         '1' after 10 ns,
         '0' after 20 ns,
         '1' after 30 ns,
         '0' after 40 ns,
         '1' after 50 ns,
         '0' after 60 ns,
         '1' after 70 ns,
         '0' after 80 ns;
    end Test;
```

위에서 보는 바와 같이 테스트 벤치는 외부와 입출력을 하지 않고 자체 내에서 입력 파형을 주기 때문에 entity declaration에서 port문을 가지지 않는다. 전가산기 테스트를 위한 입력 signal로서 X, Y, C_in을 선언하며 출력 signal로서 S_out, C_out을 선언한다. Full_Adder를 component로 선언하며 이어서 component instantiation문 그리고 X, Y, C_in의 입력 파형이 주어진다. 테스트를 위해 X, Y, C_in에 "000"에서부터 "111"까지 차례로 10ns 간격으로 입력시키고 있다. 위의 테스트 벤치에서는 signal X, Y, C_in의 입력 파형을 문장으로 나타내었으나, VHDL 시뮬레이터에 따라서는 다른 형태의 문장 또는 그래픽 기능을 이용하여 파형을 그려서 입력하기도 한다.

테스트 벤치에 사용된 전가산기의 entity 및 architecture가 어느 라이브러리에 저장되어 있는지를 나타내는 configuration declaration은 다음과 같다.

```
use Work.all;
configuration FA_Adder_Conf of FA_test is
    for Test
       for FA : Full_Adder
           use entity Work.Full_Adder(Behavioral_Desc);
```

```
        end for;
    end for;
end FA_Adder_Conf;
```

위에서는 앞의 테스트 벤치에 사용되는 component로서는 라이브러리 WORK 안에 미리 저장되어 있는 Full_adder와 Behavioral_Desc를 사용한다는 것이다. 이들은 전가산기의 세 가지 모델링 중에서 동작적으로 기술된 architecture body이다. 또한 앞에서 기술한 Half_Adder와 OR2 게이트를 이용한 전가산기의 구조적 기술을 위한 configuration declaration을 참고하기 바란다.

위의 테스트 벤치에 대한 입력 및 시뮬레이션 결과에 따른 출력 파형을 나타내면 그림 2.5와 같다.

그림 2.5에서는 모든 입력 X, Y, C_in의 값이 '0'이면 출력 C_out과 S_out 역시 '0'임을 볼 수 있다. 10ns에 C_in이 '1'이 되면 S_out이 '1'이 되고 20ns에 Y가 '1'이 되고 C_in이 '0'이 되면 S_out은 '1'로 유지된다. 그러나 30ns에 C_in이 '1'이 되면 두 개의 '1'이 있으므로 C_out은 '1'이 되고 S_out은 '0'이 된다. 수행 결과를 보면 진리표에서 같은 결과를 얻을 수 있다. 또한 동작적 모델링에서 2ns의 지연을 주었기 때문에 시뮬레이션 결과에서 입력 파형에 비해 C_out과 C_out에 지연이 있음을 볼 수 있다. 실제 설계에서는 지연을 주지 않고 기술을 하며 합성 단계에서 사용하는 library에 따라 주어지기도 한다.

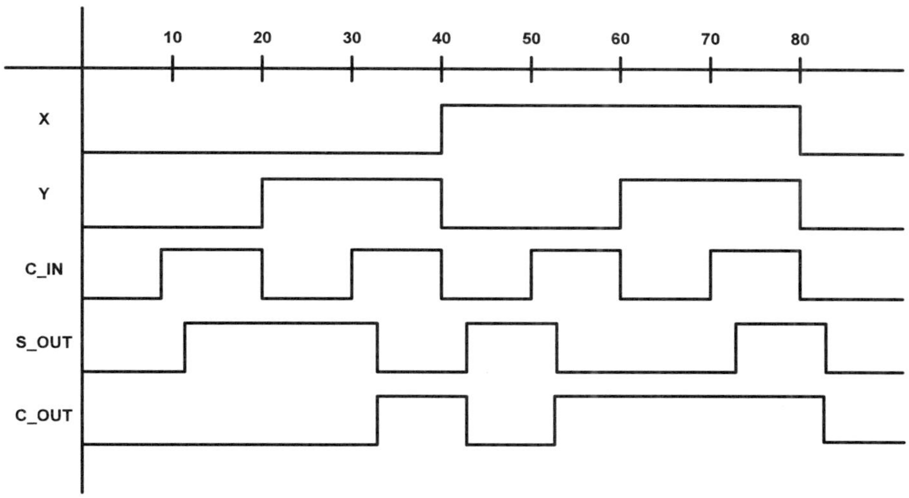

| 그림 2.5 | 전가산기의 테스트에 따른 입력 및 출력 파형

2.8 VHDL을 이용한 설계 과정

VHDL을 이용한 하향식 설계 과정을 대략적으로 나타내면 그림 2.6과 같다. 먼저 VHDL을 사용하여 원하는 회로의 동작에 대한 VHDL 코드를 작성한다. 이 작성은 동작적 레벨 또는 RTL 레벨 기술 등이 될 수 있다. 이어서 VHDL 코드 작성을 검증하기 위해서 시뮬레이션을 수행한 뒤에 그 결과가 맞으면 다음 단계인 합성으로 가고 그 작동이(결과가) 틀리면 VHDL 코드를 수정하거나 다시 작성한다.

합성을 통해서 VHDL 코드를 게이트 레벨로 변환한 뒤에 이를 다시 검증하기 위해서 시뮬레이션을 수행하여 결과가 맞고 또한 타이밍 등의 성능이 원하는 범위에 들어오면 레이아웃 단계로 간다. 그러나 결과나 성능이 맞지 않으면 합성을 다시 하거나 경우에 따라서는 처음부터 코드 작성을 다시 해야 한다. 여기서는 실제 하드웨어 구현과 관련한 구체적인 것에 대해서는 생략하기로 한다.

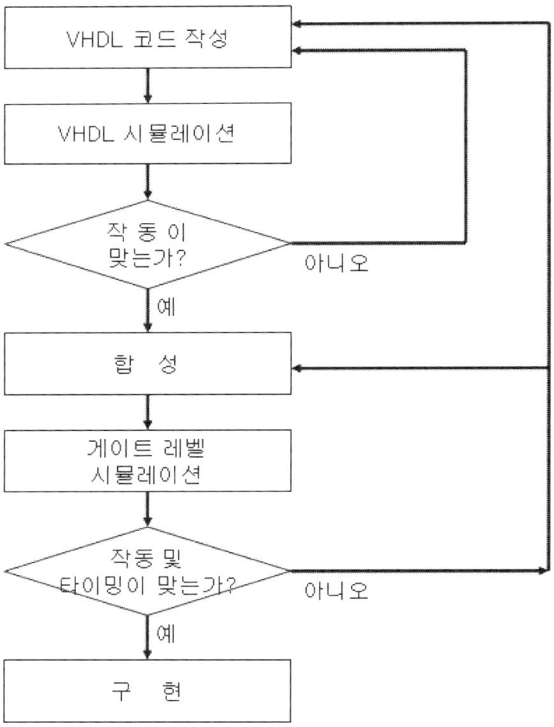

| 그림 2.6 | VHDL을 이용한 설계 과정

VHDL의 초보자들에게 곧바로 구문이나 구성에 대해서 설명하면 이해하기가 어려우므로 앞에서 모델링한 OR 게이트, 반가산기, 전가산기의 예를 미리 참조하여 공부하면 쉬우리라 생각된다.

2.9 기본 구성

기본 구성에 들어가기 전에 VHDL에서 기본적으로 사용되는 식별어(identifier), 지정어(reserved word), 주석(comment)에 대해서 먼저 알아보기로 한다.

식별어란 설계자가 필요에 따라 정의한, 공백을 가지지 않는 문자열(string)을 말하며 entity 이름(일명 회로 이름), 또는 architecture body, port, 함수 등의 이름을 정의하기 위해서 사용된다. 식별어의 첫 번째 문자는 알파벳 문자('a' ~ 'z', 'A' ~ 'Z')여야 하며, 그 다음부터는 알파벳 문자, 숫자('0' ~ '9') 또는 밑줄('_')을 사용할 수 있다.

지정어란 VHDL 구문을 위해서 미리 지정된 문자열을 말하며, 이를 사용자가 정의하는 식별어로 사용할 수는 없다. 이 장에서는 지정어를 식별어와 구별하기 위해서 VHDL 코드 상에서 소문자로 표시한다. Entity, of, begin 등이 지정어이다. VHDL에서 지정어, 식별어를 포함한 모든 문자에서 대문자와 소문자의 구별은 없다. 예를 들면, Adder, ADDER, adder는 같은 문자열로 간주한다.

주석은 "--"로 표시하며, VHDL의 수행에는 영향을 미치지 않으므로 프로그램에 대한 설명 등의 문서화를 위해서 사용할 수 있다. 만일 "--"이 줄 처음에 시작하면 그 줄 전체를 주석으로 간주하며, 줄 중간에 있는 경우에는 "--" 바로 뒤에서 그 줄 끝까지를 간주한다.

VHDL에서 문장 간의 구별은 세미콜론(;)으로 표시한다. 즉 한 문장의 마지막은 세미콜론으로 나타낸다.

VHDL을 사용하여 하드웨어를 표현하기 위한 기본 구성으로서 여러 가지 종류의 design unit가 있으며 라이브러리에 저장되는 기본단위 이다. 구체적으로 설명하면 하드웨어 입출력 인터페이스를 정의하는 entity declaration과 하드웨어의 내부를 표현하는 architecture body의 두 design unit로 나누어진다. 이외에도 설계 시에 서로 다른 VHDL 모델링에서 공동으로 사용할 수 있는 정보를 모아두는 package가 있으며, 이를 또한 package declaration과 package body의 두 design unit로 나눈다. 마지막으로 대규모 설계를 여러 개의 design entity로 분해하여 design hierarchy가 가능하게 하며 시뮬레이션(simulation)이나 합성(synthesis) 시에 이들을 서로 연결(binding)하기 위해서 어느 library 내의 어떠한 entity declaration과 architecture body를 사용할 것인지를 지정해주는 design unit으로서 configuration declaration이 있다. 이러한 5 가지의 design unit들의 VHDL 기술이 맞는지를 확인하여 중간 형태로 library에 저장한다. 이 절에서는 기본 구성으로서 entity declaration, architecture body, package declaration, body, 그리고 library를 다루기로 한다.

2.9.1 Entity Declaration

Entity declaration(엔티티 선언)은 설계하고자 하는 회로의 이름과 입출력 인터페이스를 정의하고 하드웨어의 검사 및 동작에 필요한 design parameter를 선언한다. 즉 회로의 동작은 전혀 표현하지 않고 입출력과 같은 외부적인 것만을 고려하므로 회로의 내부적인 구조나 연결 등을 고려할 필요 없이 기술할 수 있도록 해주며, 여기서 한번 entity declaration을 기술하면 architecture body를 이용하여 내부적 동작을 여러 가지 방법으로 기술할 수 있도록 해준다. 지금부터는 편의상 entity declaration을 entity라고도 부른다.

그 형식은 다음과 같다.

```
entity entity_이름 is
   [generic(parameter_list);]
   [port(parameter_list);]
   {선언문}
[begin
   {문장}]
end [entity_이름];
```

위와 같은 VHDL 구문 표현에서 [ ]안의 것은 생략하거나 많아야 한번 있을 수 있음 나타내며, { }안의 것은 생략하거나 여러 번 반복될 수도 있음을 나타낸다. 또한 |(vertical bar)는 둘 중에서 하나를 선택한다는 의미이다. ::=는 앞의 내용을 설명하기 위해 사용한다. Entity declaration은 지정어 entity로 시작하며 식별어인 entity_이름 뒤에 is가 온다. 이어서 generic문, port문, 선언문, 문장 등이 선택적으로 따라 온다. 마지막으로 end가 오며 이어서 entity_이름을 선택적으로 두고 세미콜론으로 끝난다. 다음에서 이들 각각에 대해서 자세히 설명하기로 한다.

(1) Generic

Generic(범용)이라는 지정어로 시작하며 design parameter를 회로에 전달함으로써 표현을 특정 크기나 개수 등에 국한시키지 않고 보다 일반화시키기 위해서 사용한다. 즉, 괄호 안의 parameter_list에는 기술에 사용할 상수(constant)를 미리 선언하거나 외부를 통해서 받아들일 수 있도록 하며 이를 통해서 타이밍(timing), 펄스 폭(pulse with), subcomponent의 수, 비트 수 등과 같은 것을 전달한다.

예를 들어 generic을 이용하여 디코더(decoder)의 entity를 나타내면 다음과 같다.

```
entity Decoder is
  generic(B : positive);
  port(Sel : in Bit_vector(1 to B);
       Dout : out Bit_vector(1 to 2**B));
end Decoder;
```

위의 예에서 보인 entity declaration을 사용할 경우에 component instantiation문에서 parameter를 통해서 generic 상수 값 B를 1, 2, 3, ...으로 각각 줌으로써 1×2, 2×4, 3×8, ... 디코더를 각각 기술할 수 있다. 위의 port에서 2**B는 2^B를 계산한다.

예를 들어서 위에서 정의한 entity declaration의 architecture body가 이미 기술되었다고 가정하고 component instantiation문을 사용하여 다음과 같이 test bench를 설계할 수 있다.

```
entity TestBench is
end;
architecture TB_Decoder of TestBench is
   constant Size : positive := 3;
   signal Input : bit_vector(1 to 3);
   signal Output : bit_vector(1 to 8);
   component Decoder
      generic(B : positive);
      port(Sel : in Bit_vector(1 to B);
           Outp : out Bit_vector(1 to 2**B));
   end component;
begin
```

```
         DEC: Decoder generic map(B => Size )
                port map(Inout, Output);
   Input <= "000", "001" after 10 ns, "010" after 20 ns;
end TB_Decoder;
```

위의 예에서 보는 바와 같이 그 entity declaration에서 generic을 두면 이를 이용하여 보다 일반화하여 융통성 있는 설계가 가능하도록 해준다. Entity declaration을 할 때 내부적인 상수 값으로

```
generic(B : positive := 3);
```

와 같이 미리 정의해 줄 수도 있다.

(2) Port

Port(포트)라는 지정어로 시작하며 괄호 안의 parameter_list를 통해서 외부와의 연결을 나타낸다. Parameter_list에는 각 port의 이름, mode, data type 등을 나타낸다. Port는 signal이며 port 이름은 식별어로 나타낸다. Mode는 signal의 방향을, 그리고 data type은 Bit, Bit_vector, Byte 등과 같은 것을 나타낸다. Signal의 흐름은 다섯 가지 종류, 즉 in, out, inout, buffer, linkage로 분류할 수 있으며 이들에 대해서 설명하면 다음과 같다.

- in은 signal이 이 entity로 들어오는(input) 경우에 사용하고,
- out은 이 entity로부터 나가는(output) 경우에만 가능하다.
- inout은 위의 두 가지 모두가 가능한(bidirectional) 경우에 사용하며,
- buffer는 out 기능에 signal을 entity 내에서 다시 읽는 기능을 추가한다.
- linkage는 동작에 영향을 주지 않으며 단지 port로서 연결된 경우를 말한다.

Port에 mode가 지정되지 않은(default) 경우에는 in으로 간주한다. 가장 많이 사용되는 위의 처음 네 가지 mode를 표현하면 그림 2.7과 같다.

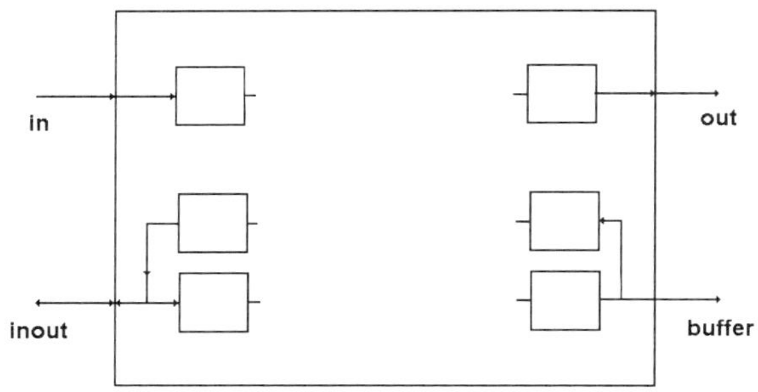

| 그림 2.7 | port에서 신호 흐름의 종류

위의 mode 중에서 in, out, 그리고 inout의 경우에는 쉽게 알 수 있으나 buffer의 경우는 다르므로 다음과 같이 RS 래치(latch)를 예로 들어서 설명하기로 한다.

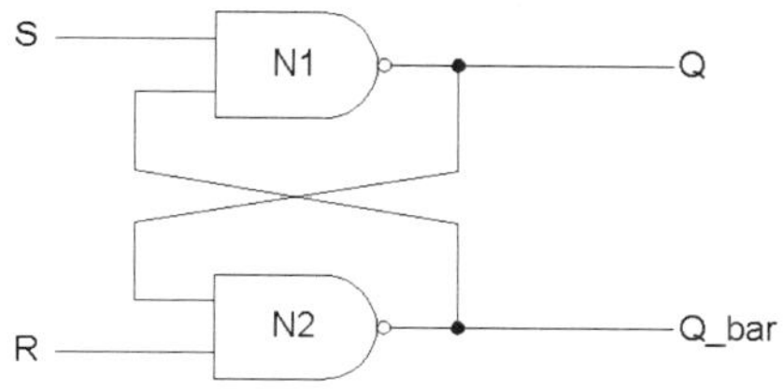

| 그림 2.8 | RS 래치

그림 2.8을 구조적 모델링으로 나타내면 다음과 같다.

```
entity RS_Latch is
  port (S, R : in Bit;
        Q, Q_bar : buffer Bit);
end RS_Latch;

architecture  Structural_RS of RS_Latch is
  component Nand2
     port(x, y : in Bit;
          z : out Bit);
  end component;
begin
  N1 : Nand2  port map(S, Q_bar, Q);
  N2 : Nand2  port map(R, Q, Q_bar);
end Structural_RS;
```

그림 2.8의 위쪽 NAND 게이트(N1)에서 Signal 흐름을 보면 Q로의 출력과 동시에 다른 NAND 게이트(N2)로 입력을 하므로 그 mode로서 buffer를 사용한다.

위 래치를 데이터플로우 모델링으로 나타내면 다음과 같다.

```
architecture  Dataflow_RS of RS_Latch is
begin
  Q  <= S nand Q_bar;
  Q_bar <= R nand Q;
end Dataflow_RS;
```

(3) 선언문

Entity declaration에서 generic과 port 다음에 오는 선언문에 대해서 설명하고자 한다. 하나의 entity에 여러 개의 architecture body를 가질 수 있는데 이들 각각에서 같은 것들을 반복적으로 선언하는 것보다 여기서 한번만 선언해주면 된다. 따라서 여기서 선언된 것은 entity declaration이나 해당 여러 architecture body들에서 공통으로 사용할 수 있다. 이 선언문으로 올 수 있는 것은 다음과 같다.

```
alias declaration
attribute declaration and specification
constant declaration
data type declaration
disconnection specification
file declaration
signal declaration
subprogram declaration and specification
subtype declaration
use clause
```

예를 들면 위 형식에 따라 다음과 같이 선언할 수 있다.

```
entity Sample is
   port ( .... );
   type  three_level_logic is ('0', '1', 'X');
   type chars is array(Natural range<>) of three_level_logic;
   use WORK.SPECIALS.all;
        . . .
end Sample;
```

한 entity에 국한되지 않고 다른 entity에서도 공유하도록 하기 위해서는 package에서 선언하지만 architecture body 내에서 내부적인 연결을 위한 신호 등과 같이 일시적으로 사용하는 것들은 그 architecture body 내에서 선언한다.

(4) 문장

마지막으로 begin이라는 지정어 다음에 시작하는 문장은 회로의 동작을 나타내는 것이 아니라 값의 설정(preset)이나 소거(clear)와 같은 assertion이나 setup/hold time이나 펄스폭 등의 검사(check) 등을 위해서 사용한다.

앞에서 배운 선언문과 비슷한 목적으로 사용된다. 즉 검사나 assertion을 여러 architecture body에 반복해서 둘 필요 없이 여기에 한번 표현함으로써 간단히 처리할 수 있다. 이 문장에서 허용하는 문의 종류는 다음과 같다.

```
concurrent assertion문
passive concurrent procedure call
passive process문
```

위에서 procedure call이나 process문 앞에 passive라고 붙이는 이유는 그 내부에서 signal의 값은 변경할 수 없고 단지 검사만 가능하므로 자체 signal assignment문을 포함할 수 없기 때문이다. Assertion문은 signal assignment문을 가지지 않으므로 자동적으로 passive 문이다.

예를 들어 RS 플립플롭의 두 입력이 '1'인지를 검사하는 assertion문과 Timing을 검사하는 프로시저를 다음과 같이 사용할 수 있다.

```
entity RSFF is
   port (S, R : in  Bit;
         Q, Q_bar : buffer Bit);
   constant setup : Time := 10 ns;
   begin
        . . .
       assert not (S = '1'  and R = '1')
         report " S & R are '1'"
            severity  Error;
        . . .
       timingcheck(setup, . . .);
end;
```

앞에서 assert 뒤의 조건이 거짓이면 report 뒤의 메시지를 출력하고 Error로 처리한다.

(5) 최소 Entity Declaration

형식에 따르면 entity declaration에서 모든 요소가 생략된 경우로서

```
entity Test is
end;
```

를 들 수 있다. 이는 테스트 벤치(test bench)와 같이 입력과 출력이 없는 하드웨어의 구조를 표현하기 위해서 사용한다.

2.9.2 Architecture Body

Architecture body(아키텍처 몸체)는 하드웨어의 내부적 동작이나 연결 상태를 나타내며 그 형식은 다음과 같다.

```
architecture architecture_이름 of entity_이름 is
      {선언문}
begin
      {concurrent문}                -- 회로의 내부적 동작 또는 연결 표현
end [architecture_이름];
```

위의 형식에서 entity_이름은 entity declaration에서 정의한 이름을 그대로 적어야 하며 하나의 entity declaration에 대해서 여러 개의 architecture body가 존재할 경우에는 이들 각각이 다른 이름을 가져야 한다. 지금부터는 편의상 architecture body를 architecture라고 부르기도 한다.

(1) 선언문

Architecture body에서의 선언문은 다음에 오는 begin과 end 사이에서 사용할 것들을 선언한다. 여기서 사용할 수 있는 문장은 다음과 같다.

```
alias declaration
attribute declaration and specification
component declaration
configuration specification
constant declaration
data type declaration
disconnection specification
file declaration
signal declaration
subprogram declaration and specification
subtype declaration
use clause
```

(2) Concurrent문

여기서는 다른 문장과 병행적으로 수행되는 concurrent문을 이용하여 하드웨어의 내부적 동작 또는 구조를 나타낸다. 사용할 수 있는 concurrent문의 종류는 다음과 같다.

```
block문
component instantiation문
concurrent assertion문
concurrent procedure call문
concurrent signal assignment문
generate문
process문
```

VHDL에서 제공하는 위의 Concurrent문을 이용하여 다음과 같이 여러 가지 방법으로 기술할 수 있다.

- 동작적 기술(behavioral description),
- 데이터플로우 기술(dataflow description),
- 구조적 기술(structural description),
- 혼합된 기술(mixed description)

위의 각각에 대해서 간단히 설명하면 다음과 같다. 동작적 기술이란 하드웨어적인 구조와 상관없이 고급 프로그래밍 언어 등을 사용하여 알고리즘을 표현한 것과 유사하며, 데이터플로우 기술은 연산자, 함수 등을 사용하여 RTL 레벨에서 signal의 흐름을 나타내는 것이다. 구조적 기술은 하드웨어 구조에 가장 가까운 표현으로서 연결 상태 등을 나타낸다. 또한 이들 세 구조를 혼합하여 사용할 수도 있다.

위에서 언급한 세 가지 구조를 표현하기 위해서 사용하는 VHDL 문장을 보다 구체적으로 나누면 두 가지를 고려할 수 있다. 이는 sequential문과 concurrent문이다. Sequential문이란 말 자체가 의미하듯이 문장이 하나씩 차례로 수행되므로 일반적인 고급 프로그래밍 언어와 같다. 대표적인 순차적 문장으로서는 process문이 있다. 즉 process문 내부는 한 문장씩 순차적으로 수행되며 이를 이용하여 동작적 기술을 한다. 그러나 process문 자체는 concurrent문이므로 여러 개의 process문이 있으면 이들 각각은 동시에 수행된다. 데이터플로우 기술을 위해서는 concurrent signal assignment문을 사용하여 주로 표현하고 구조적 기술을 위해서는 component instantiation문을 이용한다.

2.9.3 Subprogram과 Package

VHDL에서 package(패키지)는 data type, 함수(function), 프로시저(procedure)를 한 장소에 모아서 선언해 둠으로써 여러 VHDL 설계에서 공동으로 사용할 수 있게 해준다. 이는 C 언어에서 data type이나 함수를 정의하여 여러 사람이 공유하여 사용하도록 하는 헤드 파일(header file)과 같은 기능을 제공한다.

(1) 함수와 프로시저

Package에 대해서 구체적으로 설명하기 전에 여기에 포함되어 사용되는 두 종류의 subprogram으로서 함수와 프로시저에 대해서 먼저 설명하기로 한다. Subprogram의 기능은 일반 프로그래밍 언어에서와 같이 여러 번 사용되는 설계의 부분을 대치하고 필요할 때마다 그 subprogram 이름과 parameter를 전달함으로써 계산된 값을 얻을 수 있다. 예를 들어 수식을 계산하는 경우에 연산자는 그 연산자가 원하는 data type이나 규칙을 따라야 하지만 subprogram을 사용하면 피연산자(operand: subprogram에서는 parameter를 말함)의 개수 제한이 없으며 수행의 흐름에 영향을 주지 않는 등 보다 일반적으로 설계를 할 수 있게 해준다.

앞에서 배운 design entity에 entity declaration과 architecture body가 있는 것과 같이 subprogram도 declaration과 body 부분으로 나누어진다. 프로시저 및 함수의 선언은 각각 다음과 같다.

```
procedure 프로시저_이름 [(parameter_list)];

function 함수_이름 [(parameter_list)]
return type_지정;
```

위의 형식에서 보는 바와 같이 parameter_list는 선택적(optional)이다. 프로시저에서 parameter가 없는 경우로서는 프로시저 body 내에서 단지 assertion문만을 수행하고 끝나거나 파일 입출력을 하는 경우를 예로 들 수 있다. 프로시저와 함수의 body 부분의 형식은 각각 다음과 같다.

```
procedure  프로시저_이름 [(parameter_list)] is
      {선언문}
begin
      {sequential문}
end[프로시저 이름];

function  함수_이름[(parameter_list)] return type_지정 is
      {선언문}
begin
      {sequential문}
end[함수_이름];
```

위의 형식에서 선언문으로서 사용할 수 있는 것들은 다음과 같다.

```
alias declaration
```

```
attribute declaration and specification
constant declaration
data type declaration
file declaration
subprogram declaration and specification
subtype declaration
use clause
variable declaration
```

위에서 나열한 선언문을 entity declaration에서 사용 가능한 선언문과 비교하면, signal declaration과 disconnection specification이 불가능하고 variable declaration이 추가된다.

위의 형식에서 begin 다음에 오는 문장으로서는 그 순서에 따라 하나씩 차례로 수행되는 sequential문이 가능하다. 함수는 지연(delay) 없이 계산하여 그 결과를 return 하므로 wait문을 포함할 수 없으며 signal assignment문을 사용할 수 없다. 함수는 주로 type conversion, 연산자 overloading, signal resolution을 위해 사용된다. 그 반면에 프로시저는 wait문을 허용한다.

함수와 프로시저를 사용하기 위해서는 호출(call)을 해야 하며, 이를 위해서는 함수 또는 프로시저 이름과 괄호 안에 actual parameter를 줌으로써 가능하다. 일반적인 컴퓨터 언어에서처럼 프로시저는 parameter를 통하여 입력 값을 전달하고 결과를 받을 수 있지만, 함수의 경우에는 parameter는 입력용으로 사용하고 결과 값은 return 뒤에서 정의한 type_지정의 data_type을 가진 함수 값을 되돌려 받는다. 함수와 달리 프로시저의 호출은 병행 호출과 순차 호출로 나눌 수 있는데, 순차 호출이란 process 문 또는 다른 프로시저나 함수 안에 호출문을 둠으로써 순차적으로 호출되는 것을 말하고, 병행 호출이란 sequential문 내에 두지 않음으로써 병행적으로 호출되도록 하는 것을 말한다.

함수나 프로시저 parameter의 object로서 constant, signal, variable을 선언할 수 있다. 프로시저에서 parameter의 mode로서는 in, out, inout을 사용할 수 있다. 프로시저의 경우에 만일 mode가 in이고 object가 지정되어 있지 않으면 자동적으로 constant로 간주하며, mode가 inout이나 out이고 object가 지정되어 있지 않으면 variable로 간주한다.

함수의 경우는 모든 parameter의 mode가 in이 되어야 하며 mode를 생략한 경우에는 자동적으로 in으로 간주한다. parameter는 signal 또는 constant로 선언되어야 한다. Object가 지정되어 있지 않으면 constant로 간주한다. 함수의 값은 return문을 통해서 반환된다.

예로서 Inverter의 기능을 나타내는 다음과 같은 예를 고려해 보자.

```
procedure Invert1(X : in bit;  Y : out bit) is
begin
   if X = '0' then
        Y <= '1';
   else
        Y <= '0';
   end if;
end Invert1;
```

프로시저에서는 여러 개의 결과 값을 되돌려 줄 수 있는(즉, mode로서 out을 가진 여러 개의 parameter가 가능) 반면에 수식의 중간에 사용할 수 없다. 그러나 함수는 하나의 값만을 계산해 주는 반면에 수식의 중간에 사용할 수 있다. 함수를 package에 저장하지 않고 architecture body 내의 선언문에서 기술하는 경우에는 함수의 declaration 부분은 필요 없고 body만 기술한다.

위에서 제시한 프로시저 body를 함수의 body로 사용하여 바꾸면 다음과 같다.

```
function Invert2(X : bit) return bit is
begin

    if X = '0' then return '1';
    else return '0';
    end if;
end Invert2;
```

예외적인 경우로서 +, −, *, /, and 등과 같이 미리 정의된(predefined) 연산자 대신에 subprogram을 사용하는 경우에는 함수 이름이나 프로시저 이름 앞뒤에 이중인용부호(")를 표시한다. 이 경우에는 subprogram을 호출할 때 parameter를 subprogram 이름 양쪽에 주어야 한다. 예를 들어

```
function  "and" (X, Y : in bit) return bit is
  . . . . .
```

라고 선언했을 경우에는

```
C <= A and B;
```

라고 호출한다. 위에서 "and" 대신에 "*"를 정의한 경우에는

```
C <=  A * B;
```

라고 호출한다. 그러나 이들을 보통의 함수로서 사용도 가능하며 이 경우에는

```
C <= "and"( A, B);
```

또는

```
C <= "*"(A, B)
```

와 같이 호출할 수 있다.

위와 같이 기존의 정의된 연산자를 다시 함수로 정의해서 사용하는 것을 연산자 overloading이라고 부른다.

(2) Package 형식

Package는 package declaration과 package body로 이루어지며, package declaration은 외부와의 인터페이스 역할을 하며 여기서 선언된 것은 외부에서 사용 가능하게 (visible)한다. 즉 VHDL 작성 과정에서 공통적으로 필요로 하는 type 선언이나 subprogram의 선언 등이 이곳에서 이루어진다. Package body에서는 외부에 보일 필요가 없는 것을 선언 또는 정의한다. 예를 들면 내부에서 일시적으로 필요한 subprogram의 declaration과 body, type 정의를 두고 있으며, 또한 package declaration에서 정의한 subprogram의 body 부분을 포함하고 있다.

Package의 형식은 다음과 같다.

```
package package_이름 is
    {선언문}
end [package_이름];

package body package_이름 is
    {문장}
end [package_이름];
```

Package declaration은 지정어 package로 시작하며 선언문으로 사용할 수 있는 것은 다음과 같다.

```
alias declaration
attribute declaration and specification
component declaration
```

```
constant declaration
data type declaration
disconnection specification
file declaration
signal declaration
subprogram declaration
subtype declaration
use clause
```

또한 package body의 문장에 올 수 있는 것은 다음과 같다.

```
alias declaration
constant declaration
data type declaration
file declaration
subprogram declaration and specification
subtype declaration
use clause
```

항상 package가 그 body를 가지는 것은 아니다. 예를 들면 subprogram이나 deferred constant가 없는 경우에는 body가 필요 없다. 하나의 package 선언에는 항상 하나만의 package body가 존재하므로 그 이름이 package declaration과 같아야 한다.

Package declaration과 body 예로서 다음을 고려해 보자.

```
-- package declaration
package Sample is
type three_level_logic is ('0', '1', 'X');
function "and"(A, B : three_level_logic)
    return three_level_logic;
end Sample;

-- package body
package body Sample is
  function "and"(A, B : three_level_logic)
               return three_level_logic is
  begin
       if A = '1' and B = '1' then return '1';
       elsif A = 'X'  or B = 'X' then return 'X';
       else return '0';
       end if;
```

```
   end "and";
   -- other subprogram specifications
end Sample;
```

위의 예에서 package declaration에서 선언한 함수 "and"를 package body에서 실제로 정의하였다.

(3) Package의 사용

Package는 그 구문과 의미가 맞는지를 검사하는 분석(analysis)과정을 거쳐서 정해진 library에 저장된다. Package declaration은 밖에서 사용이 가능한 공용적(public)이고 가시적(visible)이 될 수 있으며, package body는 밖에서 사용이 불가능하고 package declaration만이 이를 사용 가능한 전용(private)이며 비가시적이다. 그러나 package declaration 안에서 정의된 것들이 자동적으로 가시적이 되는 것은 아니다. 이들을 사용하기 위해서는 use clause를 사용해야 하며, 그 package가 포함되어 있는 library 이름을 다음의 형식에 맞추어 준다.

```
use [library_이름.]package_이름[.내용];
```

위 형식을 보면 library_이름에 저장되어 있는 package_이름에서 선언된 내용의 범위를 정하여 사용할 수 있다. package_이름 다음에 오는 내용에서 .all을 사용하면 package declaration의 모든 것을 사용하겠다는 것이다.

예를 들어, 위에서 언급한 package Sample이 분석되어 library Base_lib 안에 저장되었다고 가정하면 다음과 같이 library clause와 use clause를 두므로 그 package 내용을 사용할 수 있다.

```
library  Base_lib;
use Base_lib.Sample.all;
entity Level3_and is
  port (X, Y: in three_level_logic;
           Z: out three_level_logic);
end Level3_and;

architecture Level3_and_body of Level3_and is
begin
   process(X, Y)
```

```
    begin
        Z <= X and Y after 5 ns;    -- 함수 "and" 호출
    end process;
end Level3_and;
```

위의 use clause에서 ".all"은 package Sample 내에 있는 모든 선언을 다 사용하겠다는 것이다. 모든 것을 사용하지 않고 특정한 것만을 사용하기 위해 지정할 수도 있다. 예를 들어

```
use Base_lib.Sample.three_level_logic;
```

이라고 쓰면 package Sample 내의 three_level_logic 만을 사용한다는 의미이다. 위 use clause를

```
use Base_lib.Sample;
use Sample.three_level_logic;
```

이라고 쓸 수도 있다.

2.9.4 Design Library

Library(라이브러리)란 VHDL을 사용하여 이미 설계한 것을 저장하여 필요 시에 이용할 수 있도록 함으로써 반복된 설계를 피하고 설계한 것을 공유하도록 하는 일종의 저장 장소이다. 지금까지 설명한 entity declaration, architecture body, package declaration, package body 등의 design unit을 VHDL로 기술하여 이들 각각이 VHDL 구문과 의미에 맞는지를 검사하는데 이러한 과정을 분석(analysis)이라고 한다. 분석 과정에 이상이 없으면 library에 저장한다.

Design unit은 분석되는 순서에 따라 두 종류로 분류할 수 있다. Entity declaration, package declaration 등을 primary unit이라고 부르고 architecture body와 package body를 secondary unit이라고 부른다. 그 이유는 primary unit이 secondary unit에서 필요로 하는 선언들을 포함하고 있으므로 secondary unit을 분석하기 전에 해당하는 primary unit을 먼저 분석해야 하기 때문이다. 또한 어떠한 design unit을 분석하기 전에 그 unit이 참조하는 unit들을 미리 분석해야 한다. 예를 들면, package declaration을 먼저 분석하고 package body를 분석하며 이어서 entity declaration을 분석한 뒤에 대응되는 여러 architecture body를 분석할 수 있다. 이를 나타내면 그림 2.9와 같다.

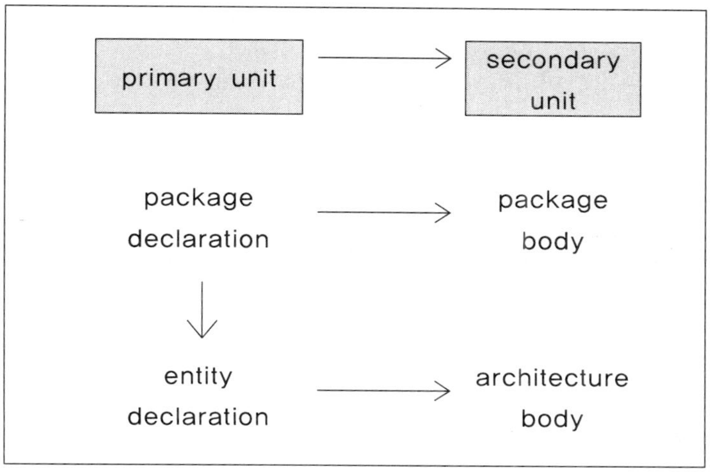

| 그림 2.9 | design unit의 분석 순서

모든 library는 각각 논리적 이름(logical name)을 가진다. Design unit를 분석한 뒤에 이를 저장할 library의 이름을 부여할 수 있다. 그러나 이름이 이미 주어진 두 가지 library가 있으며 이는 WORK와 STD이다. 첫째, library WORK는 분석한 design unit을 저장하는 곳으로서 여러 사람이 공유할 수 있다. 둘째, library STD는 STANDARD라는 package와 TEXTIO라는 package만을 가지고 있다. STANDARD는 boolean, bit, character, severity_level, integer, real, time, natural, string 등과 같이 미리 정의된 표준 data type을 정의하고 있다. TEXTIO는 ASCII 파일(그리고 단말기)에서 읽거나 쓰기를 위해서 사용되는 subprogram들을 정의한다.

이어서 library와 primary unit의 사용과 관련하여 가시성(visibility)에 대해서 설명하기로 한다. 가시성이란 설계를 위해서 그 안에서 선언되거나 정의된 것을 사용할 수 있는지의 여부를 나타낸다. Library가 자동적으로 가시적이 되지 않으므로 다음과 library clause를 사용하며 library란 지정어 뒤에 library list를 적어준다.

```
library  library_list;
```

위 library clause는 library를 이용하려는 각 design unit을 기술하기 바로 전에 위치시킨다. 또한 앞에서 예를 들어 설명한 바와 같이 어떠한 library 내의 package를 사용하고자 할 경우에는 반드시 library clause를 쓰고 이어서 use clause를 사용하여 package를 사용할 수 있게 한다. 그러나 다음과 같이 clause들은 모든 design unit에서 이미 포함하고 있으므로 따로 써줄 필요가 없다.

```
library WORK, STD;
```

```
use STD.STANDARD.all
```

그러나 그 이외의 경우에는 반드시 library 및 use clause를 사용하여 library 및 package의 이름을 적어주어야 한다.

2.10 Data Type과 Object

VHDL에서 signal(신호), variable(변수), constant(상수)와 같이 어떠한 값을 가지고 있는 것을 object(객체)라고 하며, 모든 object는 data type(데이터형)을 가진다. 각 object가 가지는 data type은 시뮬레이션 도중에는 변하지 않는 정적(static)이다. 예를 들면

```
signal  carry : Bit;
```

에서 signal인 carry는 '0' 또는 '1'을 값으로 가지도록 하는 data type으로서 Bit를 가진다.

여기서는 먼저 literal(리터럴)에 대해서 설명하고, 이어서 data type과 object에 대해서 다룬다. 또한 이들의 이용과 관련이 있는 attribute와 연산자에 대해서 알아보기로 한다.

2.10.1 Literal

Literal은 숫자 관련 literal과 문자 관련 literal로 크게 나눈다.

(1) 숫자 관련 literal

기수(base)를 표시할 필요가 없는 십진수(decimal literal)는 integer literal과 real literal로 나눈다. 여기서 값에 영향을 주지 않으면서 쉽게 끊어 읽도록 하기 위해서 밑줄(_)을 사용할 수 있으며 지수(exponent)를 위해서는 E나 e를 사용할 수 있다.

다음의 예를 보자.

```
250          245_346          -- integer literal
23.234       232_122.111_0    -- real literal
2.56E+12     9.0E-23          -- 지수가 있는 real literal, 2.56x1012,
                                 9.0x10-23을 표현
```

또한 2진수, 8진수, 16진수와 같이 십진수가 아닌 것을 based literal이라고 하며 이 경우에는 그 기수를 표시해야 한다. 16진수를 표기하기 위해서 10, 11, 12, 13, 14, 15는 A, B, C, D, E, F를 각각 사용한다. Based literal의 형식은

```
기수#숫자#[지수]
```

와 같으며 예를 들어보자.

```
2#1111_1111#        8#377#        16#FF#        -- 정수 255를 표현
2#1.1111_1111_111#E11       16#F.FF#E+2       -- 실수 4095.0을 표현
```

(2) 문자 관련 literal

문자 관련 literal에는 character(문자) literal, string(문자열) literal, bit string(비트 문자열) literal이 있다.

Character literal은 space를 포함하여 95개가 있으며 이들은 package STANDARD에 정의되어 있으며 단일 문자 앞뒤에 단순 인용부호(')를 붙인다. String literal은 없거나 또는 여러 개의 문자가 연속적으로 있으며 앞뒤에 이중 인용부호(")를 붙인다. 마지막으로 bit string literal의 경우에는 앞에 기수를 표시하고 이중 인용부호 사이에 비트 문자열을 두며 기수 표시로서는 B(2진수), O(8진수), X(16진수)를 사용한다. Bit string literal은 '0'이나 '1'을 값으로 가지는 bit_vector만 가능하다. 예를 들면 다음과 같다.

```
' ',      'A',      '+',        '''              -- Character literal의 예
"",  "A", "concatenation of characters"  -- String literal 예
B"1111_1111",    O"377",    X"FF"       -- 정수 255의 Bit String Literal
```

2.10.2 Data Type

실제로 VHDL에서는 거의 무한한 종류의 data type을 사용할 수 있도록 한다. 즉 STD library에서 제공하고 있는 기본 data type을 사용할 수 있을 뿐만 아니라 사용자가 필요에 따라 data type을 정의하여 package에 저장하여 하드웨어를 기술하는데 사용할 수 있다.

설계자가 낮은 레벨의 설계만을 하는 경우에는 '0', '1', 'Z'를 값으로 가지는 세 가지 논리 레벨의 사용만으로 설계를 할 수도 있다. 그러나 VHDL은 상위 레벨의 설계를 가능하도록 하기 위해서는 설계자가 원하는 추상적 레벨(abstraction level)에서

의 표현도 가능해야 한다. 이를 위해서는 여러 가지 data type이 가능해야 한다. 크게 나누어서 scalar type, composite type, access type, file type이 있으며, 또한 scalar type은 그 값이 element로 더 이상 나누어질 수 없는 것을 말하면 이는 다시 integer type, floating point type, enumeration type, physical type으로 나누며, composite type은 그 값을 하나 이상의 element로 나눌 수 있는 data type으로서 record type과 array type으로 다시 나눌 수 있다. 이들 각 경우를 어떻게 설계자가 정의할 수 있는지에 대해서 설명한다. 덧붙여서 data type conversion 및 IEEE 1164 에서 제공하는 표준 상태 레벨에 대해서도 설명하고자 한다.

(1) Integer Type

설계자가 다음과 같이 integer type(정수형)을 정의할 수 있다.

```
type  Byte is range -128 to 127;
type  Bit_position is range 15 downto 0;
```

위에서 Byte는 −128에서 127까지의 모든 정수를 가질 수 있는 data type이며 Bit_position은 15에서 0까지의 가진다. 위에서 to는 오름(ascending)순을 나타내는 범위를 표현하고 downto는 내림(descending)순을 나타내는 범위를 표현한다. 위에서 정의한 선언을 이용해서

```
variable  a: Bit_position;
signal    b: Byte;
```

와 같이 object를 선언하기 위해서 사용할 수 있다. Package STANDARD에 미리 정의된 integer type으로서는 다음이 있다.

```
type  Integer is range -2147483648 to 2147483647;
                                                    --predefined
subtype  Natural is Integer range 0 to Integer'high;
                                                    -- predefined
subtype  Positive is Integer range 1 to Integer'high;
                                                    -- predefined
```

위에서 32-비트 표현의 범위를 가진 시뮬레이터를 사용하므로 이 범위 내에서 정수를 표현하므로 Integer는 $-2^{31} \sim (2^{31}-1)$(즉 −2147483648에서 2147483647까지)을 표

현할 수 있다. 그러나 구현에 따라서 표현 범위가 달라 질 수 있다. Subtype은 위의 예에서 보인 바와 같이 type으로 정의된 data type의 일부분을 가진다는 뜻이다. 예를 들면 Natural은 0에서 Interger'high가지의 값을 가지며, 여기서 Integer'high는 미리 정의된 attribute로서 Integer의 upper bound를 계산한다. 즉 위의 예에서 Natural은 Integer의 0에서 2147483647을 그 범위로 가진다는 뜻이다.

(2) Floating Point Type

Floating point type(실수형)은 정수가 아닌 소수점을 가진 수를 말하며 정수보다 하드웨어 표현 시에 더 크고 더 정밀하게 기술할 수 있도록 해준다. 다음과 같이 정의할 수 있다.

```
type Real is range -1.0E38 to 1.0E38;        -- predefined
type Norm is range 0.0 to 1.0;
```

위의 예에서 data type Real은 미리 package STANDARD에 정의되어 있으며 -1.0×10^{38}에서 1.0×10^{38}까지의 범위에서 표현한다는 뜻이다. 그 범위는 사용하는 시스템에 따라 다를 수 있다.

(3) Enumeration Type

Enumeration type(열거형)이란 괄호 안에 식별어나 character literal을 가진다. 앞에서 언급한 바와 같이 character literal이란 단순 인용부호(')안에 있는 하나의 ASCII 문자를 말한다. VHDL 식별어는 활자체에 무관한 반면에 character literal은 활자체에 따라 다른 글자가 된다. 즉 'A'와 'a'와는 다르다. 다음과 같은 character literal의 예를 볼 수 있다.

```
'B',   'b',    '1',    ':',    '/',    '#",    '$'
```

Enumeration type의 예를 보면 다음과 같다.

```
type  Bit2 is  ('0', '1');
type  Bit3 is  ('0', '1', 'Z');
type  Bit4 is  ('0', '1', 'X', 'Z');
type  Day is  (sun, mon, tue, wed, thu, fri, sat);
type  Color is (red, blue, yellow);

signal    A : Bit3;
signal    B : Day;
```

```
variable  C : Color;

A <= 'Z';
B <= wed;
C := yellow;
```

Enumeration type으로 선언된 object는 형 정의에서 열거한 것 중에서 하나를 값으로 가져야 한다. 즉 signal A는 Bit3 형으로 선언되었으므로 '0', '1', 'Z' 중에 하나를 값으로 가져야 한다.

Package STANDARD가 가지는 미리 정의된 enumeration type을 보면 다음과 같다.

```
type  Boolean  is (TRUE, FALSE);                    -- predefined
type  Bit is ('0', '1');                            -- predefined
type  Character is (                                -- predefined

     NUL, SOH, STX, ETX, EOT, ENQ, ACK, BEL,
     BS,  HT,   LF,   VT,  FF,   CR,  SO,   SI,
     DLE, DC1,  DC2, DC3, DC4,  NAK, SYN, ETB,
     CAN, EM,  SUB, ESC, FSP,  GSP, RSP,  USP,

     ' ',   '!',   '"',   '#',   '$',   '%',   '&',   ''',
     '(',   ')',   '*',   '+',   ',',   '-',   '.',    '/',
     '0',   '1',  '2',   '3',   '4',   '5',   '6',    '7',
     '8',   '9',  ':',    ';',   '<',   '=',   '>',    '?',
     '@', 'A', 'B', 'C', 'D', 'E', 'F', 'G',

     ''', 'a', 'b', 'c', 'd', 'e', 'f', 'g', 'h',
     . . .
type  Severity_level is                              -- predefined
     (Note, Warning, Error, Failure);
```

위에서 Character는 VHDL 코드 작성에 필요한 대부분의 문자를 제공하고 있다. Severity_level은 assertion문에서 사용된다.

(4) Physical Type

Physical type(물리적형)은 저항, 시간, 거리 등과 같은 물리적인 양을 나타내기 위해서 사용되며 base unit을 가지며, 기준단위의 정수 배로 표현된 secondary unit이 있다. 다음과 같이 예를 들 수 있다.

```
type Resistance is range 1 to 1E10
  units
     ohm;                          -- base unit
     Kohm = 1000 ohm;              -- secondary unit
     Mohm = 1000 Kohm;
  end units;

type Time is range implementation-defined          -- predefined
  units
     fs;                           -- femtosecond, base unit
     ps = 1000 fs;                 -- picosecond
     ns = 1000 ps;                 -- nanosecond
     us = 1000 ns;                 -- microsecond
     ms = 1000 us;                 -- milisecond
     sec = 1000 ms;                -- second
     min = 60 sec;                 -- minute
     hr = 60 min;                  -- hour
  end units;

type Length is range 0 to 1E10
```

```
 units
     A;                            -- angstrom, base unit
     nm = 10 A;                    -- nanometer
     um = 1000 nm;                 -- micrometer
     mm = 1000 um;                 -- millimeter
     cm = 10 mm;                   -- centimeter
     m = 100 cm;                   -- meter
  end units;
```

위에서 Time은 package STANDARD에 이미 선언되어 있다. 단위의 범위는 구현에 따라 다를 수 있다. 즉 implementation_defined는 이를 말하며 일반적인 범위는 정수와 같이 −2147483648에서 2147483647이다. 위 Length에서 "100 m"은 표현할 수 없는데, 그 이유는 이를 표현 하고자 한다면 10^{12}A를 요구하므로 10^{10}A를 벗어나기 때문이다. 위의 physical type을 정의한 뒤에는 다음과 같이 이용할 수 있다.

```
variable  i : Integer;
variable  t: Time;
variable  len: Length;
  . . .
t :=  10us + i * ns - 25 ps;
len := len * 10 + 30 mm;
   . . .
```

(5) Composite Type

Composite type(복합형)은 여러 개의 값을 가지는 data type을 말하며 record type(레코드형)과 array type(배열형)의 두 가지 종류를 가진다. Record type은 다른 종류의 data type을 묶어서 가지는 데 비하여, array type은 같은 type의 data들을 가진다.

Record type은 하나 이상의 요소를 정의할 수 있으며 각 요소는 다른 이름과 다른 data type을 가진다. 다음은 record type의 예이다.

```
type Time is
   record
     Hour : Integer range 0 to 100;
     Min : Integer range 0 to 59;
     Sec : Integer range 0 to 59;
   end record;
```

```
type Operation is
    (add, sub, mul, div);
type Instruction is
  record
    Op_field : Operation;
    Operand1 : Integer;
    Operand2 : Integer;
end record;

variable When : Time;
variable Com : Instruction;
When.Hour := 10;
When.Sec := 9;
Com.Op_field := sub;
Com.Operand2 := 2;
```

Record type으로 선언된 object의 요소 값을 참조하기 위해서는 object와 요소 사이에 '.'을 둔다.

Array 내의 모든 요소는 같은 data type을 가진다. Array type에는 두 가지가 있는데 제한적인(constrained) 것과 무제한(unconstrained) 것이 있다. 즉 제한적인 array type은 그 범위가 정해져 있는 반면에, 무제한적 array type에는 그 범위가 정해져 있지 않다.

먼저 제한적 array type의 예를 들면 다음과 같다.

```
type Word is array (15 downto 0) of Bit;
type Byte is array (7 downto 0) of Bit;
type Memory is array (0 to 1023) of Byte;

variable w1 : Byte;

w1 := "00001100";
```

위에서 정의한 Memory는 다음과 같이 2차원 배열

```
type Memory is array(0 to 1023, 7 downto 0) of Bit;
```

로 나타낼 수도 있다.

무제한적 array type은 배열의 크기를 정해주지 않으며 그 대신 range<>를 사용한다. 예를 들면 다음과 같다.

```
type BigMem is array(Natural range <>) of Word;
```

VHDL의 package STANDARD는 다음과 같은 미리 정의된 무제한적 array type을 가진다.

```
type Bit_vector is array (Natural range <>) of Bit;
type String is array (Positive range <>) of Character;
```

(6) Access Type

여기서 다루는 access type(액세스형)과 다음에서 다루는 file type(파일형)은 VHDL 초보자들에게 다소 어려워서 잘못 사용하기가 쉽다.

Access type은 Pascal이나 C와 같은 고급 컴퓨터 언어의 포인터(pointer)와 같은 기능을 수행한다. 이는 동작적 모델링이나 하드웨어/소프트웨어 혼합형을 모델링할 때 동적 메모리 할당(dynamic memory allocation)을 필요로 하는 경우에 유용하며, 자료구조(data structure)의 크기를 미리 결정할 수 없는 경우에 사용한다. 예를 들어 그 크기가 수행 도중에 변하는 큐(queue)나 스택(stack) 구조 등에서 연결 리스트(linked list)를 만들기 위해서 사용된다.

위에서 언급한 목적을 위하여 VHDL에서는 할당자(allocator)를 제공하는데 이는 주어진 type의 object를 만들고 그 결과로서 이 object를 지정하는 access value를 return한다. 이 access value는 C 언어에서 pointer와 같은 개념으로서 어떤 object를 가리킨다. 두 가지 종류의 할당자가 있다. 첫 번째는

```
new type_이름
```

으로서 지정된 data type의 object를 만들고 default initial value로 초기화한다. 위에서 type_이름으로서 data type이나 subtype을 사용할 수 있다. Default initial value로서 scalar type(T)에 대해서는 T'LEFT가 되며 composite type에 대해서는 각 element의 default initial value를 가진다. 두 번째 할당자

```
new type_이름'(초기 값_list)
```

는 주어진 초기 값들로 초기화된다.

할당자들에 의해서 만들어진 object들은 이름이 없으므로 access value를 이용해서 이들을 다룰 수 있다. 따라서 이 access value를 이용해서 이들을 다룰 수 있는 object가 필요하다. 다음에서 선언하는 access type의 object는 앞에서 언급한 access value를 가지고 이 기능을 수행한다. Access type의 object는 반드시 variable로 선언되어야 한다. Access type을 선언하는 형식은 다음과 같다.

```
type access_type_이름 is access type_이름;
```

Access_type_이름 뒤에 is access라는 지정어가 오며 이어서 data type이나 subtype이 온다. Access type의 object는 할당자가 만든 object를 지정하는 access value를 가지며, default initial value는 null access value로서 지정어 null을 사용한다.

예를 들어, Access type의 선언과 할당자의 수행 과정을 보면 다음과 같다.

```
type Val is range 0 to 1024;
type Val_ptr is access Val;
     -- Val_ptr is an access type of data type Val

variable  Ptr1 : Val_ptr := new Val;
     -- Ptr1 is a variable of the access type Val_ptr.
     -- An object with the initial value 0 is created by
     -- the allocator new and pointed by Ptr1
variable Ptr2 : Val_ptr := new Val'(500);
     -- An object whose initial value is 500 is created
     -- and then pointed by Ptr2
 variable  Ptr3 : Val_ptr;
    -- The Ptr3 has null as its initial access value
   -- because memory allocation did not occur
```

위에서는 Val_ptr이 Val의 access type으로 선언되었으며, 첫 번째 variable 선언에서 Val 크기만큼의 공간을 할당받아서(또는 Val type의 object를 만들어서) 초기 값으로 0을 가지며 이것을 지정하는 access value를 Val_ptr type의 Ptr1의 초기 값으로 준다. 즉 object Ptr1이 0을 가진 object를 가리킨다. 두 번째 variable 선언에서는 만들어진 object에 500을 초기 값으로 넣고 Ptr2가 지정하게 된다. 여기서 저장된 값을 사용하기 위해서는 object Ptr2 뒤에 .all을 붙인다. 예를 들면, Ptr2.all의 값은 500이다. 세 번째 variable 선언에서는 할당이 이루어지지 않았기 때문에 현재로서는 아무것도 가리키지 않고 있기 때문에 default initial access value로서 null을 제공한다. 즉 지정어 null은 object를 가리키지 않는 경우에 초기적으로 주어진다.

Access type이 지정하는 object는 그 자체가 또 하나의 access type이 될 수 있으며 access type이 같은 access type의 object를 지정할 수도 있다. 이 경우에는 미리 type 선언을 해주어야 하는데 이를 위해서 불완전 type 선언(incomplete type declaration)이라는 방법을 제공한다. 다음과 같이 access type을 선언하기 전에 그 식별어에 대한 type 선언을 미리 해준다. 그 형식은 다음과 같다.

```
type type_이름;
type access_type_이름 is access type_이름
```

을 사용한다. 불완전 선언의 예를 보기로 하자.

```
type Node;                              -- 불완전 access type 선언
type Next is access Node;
type Node is
   record
      Data : Val;
      Link : Next;
   end record;
variable Start : Next  := new Node'(10, null);
     -- The object pointed by Start has initial value (10, null);
```

위에서는 불완전 type 선언의 예로서 Node에 대한 access type인 Next를 선언하고, 두 필드를 가진 레코드형의 Node를 정의한다. 첫 번째 필드의 이름은 Data이며 그 data type으로 앞에서 선언한 Val을 가지는 object이다. 두 번째 필드 Link는 access type Next의 object이다. Start는 새로 할당한 것을 지정하며 이것은 초기 값으로 10과 null을 가진다.

위에서 정의한 access type을 이용하여 그림 2.10의 모양을 가지는 연결 리스트(linked list)를 만들기 위해서는

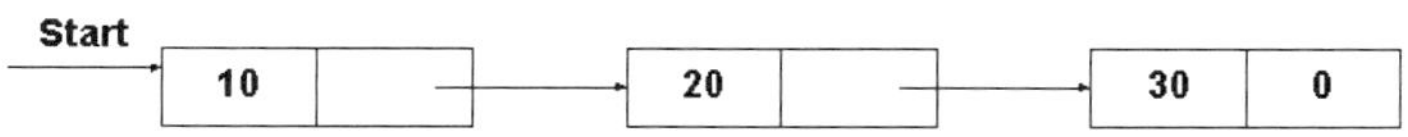

| 그림 2.10 | 연결 리스트의 예

다음과 같이 작성함으로써 구현할 수 있다.

```
variable  Tmp1 : Next := new Node'(20, null);
Start.Link := Tmp1;
Tmp1.Link := new Node'(30, null);
```

Deallocate는 access value를 parameter로 받아서 이것이 지정하는 메모리 부분(즉 미리 할당된 부분)을 되돌려 주어 다음에 다시 사용할 수 있게 한다. Deallocate 프로시저는

```
procedure Deallocate(access type_object_이름: inout access type_이름);
```

과 같은 형식을 가지며, 위에서 만든 연결 리스트의 모든 노드들을 할당 해제하면 다음과 같다.

```
deallocate(Tmp1.Link);
deallocate(Tmp1);
deallocate(Start);
```

위에서 연결 리스트의 생성과 할당 해제를 위한 VHDL 코드를 보다 임의 개수의 정수를 연결할 수 있도록 작성해보자.

(7) File Type

File type은 외부 설계 환경과의 상호 연락을 위해서 사용되는 실제 컴퓨터 file을 object로 정의하는 데 사용하며 그 형식은 다음과 같다.

```
type file_type_이름 is file of type_이름;
```

File object는 data_이름의 data type의 값을 연속적으로 가진다. Type_이름으로서 multi-dimensional array, access type, file type은 사용할 수 없다. 예를 들어

```
type Int_file is file of Integer;
```

에서는 무한한 개수의 integer를 가질 수 있는 file type으로서 Int_file을 선언한다. 예를 들면

```
type String_file is file of String;
type Bit_file is file of Bit;
type Vector_file is file of Bit_vector(15 downto 0);
```

가 같이 필요에 따라 여러 가지 file type을 선언할 수 있다.

File type이 선언되면 Read와 Write의 두 프로시저와 Endfile 함수가 자동적으로 선언된다. 예를 들어

```
type FT is file of D;
```

이 선언되면 다음과 같은 subprogram들이 자동적으로 선언된다.

```
procedure Read(F : in FT;
              Value : out D);
   -- the next Value is read from file F
procedure Write(F : out FT;
               Value : in D);
   -- a Value is appended to file D;
function Endfile(F : in D) return Boolean;
   -- if there is no more values to be read in D, true is returned
```

또한 만일 file type을 정의한 data type이 무제한 배열형(unconstrained array type)인 경우에는 다음과 같은 Read 프로시저가 자동적으로 선언되다.

```
procedure Read(F : in FT;
              Value : out D,
              Length : out Natural);
   -- for unconstrained array type
```

위는 다른 것과는 다르게 읽은 들인 Array의 길이 값을 계산해서 리턴하기 위해서 Length라는 parameter를 가진다.

이어서 file object를 만들어야 하는데 다음 형식의 file declaration에 의해서 만들어진다.

```
file  식별어 : file_type is [mode] logical_file_name;
```

앞에서 선언한 file type을 이용하며, mode, 디스크 내의 실제 file 이름인 logical_file_name 등이 주어진다. Mode로서는 in이나 out을 사용할 수 있는데, in은 읽기를 위한 read 프로시저에서 write는 쓰기를 위한 write 프로시저에서 사용할 수 있다. Default mode는 in이다.

예를 들어 앞에서 정의한 file type인 int_file을 이용하여 file을 선언해 보자.

```
file  fileA : int_file is in "/users/test/test.dat";
```

여기서는 file type이 int_file인 file object fileA를 선언하며, 이는 디스크에 있는 test.dat라는 file을 읽기 위한 것이다.

Signal을 디스크 file “signal.dat”에 저장하는 과정을 보이기로 한다. 예를 들어,

```
type event is record
   bitval : Bit;
   delay : Time;
end record;
type waveform is file of event;
```

가 Mypackage라는 이름의 package 내에서 미리 선언되어 있다면 다음과 같이 entity declaration과 architecture body를 작성할 수 있다.

```
use Work.Mypackage.all;
entity Signal_Store is
end Signal_store;
architecture Behav of Signal_Store is
   file fileA : waveform is out "signal.dat";
   signal B : Bit := '0';
   begin
        B <= '0' after 20 ns,
             '1' after 40 ns,
             '0' after 60 ns;
   process(B)
     variable  E : event;
   begin
     E.bitval := B;
     E.delay := Now;
     Write(fileA, E);
   end process;
end Behav;
```

VHDL package인 TEXTIO에서는 입출력에 필요한 data type, file, 모든 관련 함수 및 프로시저를 제공하고 있으므로 참고하기 바란다.

(8) Type Conversion

큰 시스템을 모델링하는 과정에서 여러 설계자들이 같은 목적의 data type을 다르게 선언한 경우나 다른 모델 간에 인터페이스를 해야 하는 경우에 data type을 변환해야 한다. 이를 위해서 사용하는 함수를 data type 변환 함수(type conversion function)라고 한다. 예를 들어, 4-비트의 data type인 Bit4 ('0', '1', 'X', 'Z')를 2-비트의 Bit ('0', '1')로 바꾸는 경우를 고려해 보자.

```
function Bit4_to_Bit (x : Bit4) return Bit is
begin
     case x is
       when '0' =>
           return '0';
       when '1' =>
           return '1';
       when 'Z' =>
           return '0';
       when 'X' =>
          return '0';
     end case;
end Bit4_to_Bit;
```

위 함수를 이용한 예를 들어보자.

```
signal   p: Bit4;
signal   q: Bit;
variable z : Bit4;
variable w : Bit;

   q <= Bit4_to_Bit(p);
   w := Bit4_to_bit(z);
```

덧붙여서 Bit를 Bit4로 바꾸는 함수를 작성하라.

Data type Byte를 Integer로 변환하는 함수는 다음과 같이 작성할 수 있다.

```
type Byte is array(7 downto 0);

function Byte_to_integer(x: Byte) return integer is
  variable sum : integer := 0;
begin
   for i in 0 to 7 loop
     if x(i) = '1' then
       sum := sum + 2**i;
     end if;
   end loop;
   return sum;
end;
```

또한 Integer를 Byte로 변환하는 함수를 작성해보자.

(9) IEEE 1164 표준 Data Type

VHDL이 처음 만들어졌을 때 논리 상태를 나타내는 기본적인 data type으로서 '0'과 '1'을 위한 Bit만이 존재하였다. 그러나 그 뒤에 이를 확장하여 CAD 업체마다 다른 개수의 논리 상태를 지원하게 되었다. 업체의 특정 시스템에 종속되지 않고 공통적으로 사용할 수 있는 표준화된 논리 상태로서 9개의 상태 값을 가진 IEEE 1164 발표하였다. 이 9개의 상태 값은 다음과 같다.

```
'U'     -- Uninitialized
'X'     -- Strong Unknown
'0'     -- Strong Logic 0
'1'     -- Strong Logic 1
'Z'     -- High Impedance
'W'     -- Weak Unknown
'L'     -- Weak Logic 0
'H'     -- Weak Logic 1
'-'     -- Don't Care
```

위의 논리 상태를 사용하기 위해서는

```
library IEEE;
use IEEE.std_logic_1164.all;
```

을 각 VHDL design unit 앞에 두면 된다. 지금까지 data type으로서 Bit를 하지만 위 package를 사용하므로 Bit 대신에 std_logic을 사용한다. Bit나 std_logic을 BUS 형태로 나타내기 위해서는 Bit_vector 또는 std_logic_vector라고 쓰면 된다.

2.10.3 Object

Object란 주어진 data type의 값을 가지는 것을 말하며, object의 종류로서는 constant, signal, variable의 세 가지가 있다. 이 object들의 data type은 선언 시에 고정된다. Constant의 사용은 보다 문서화에 도움을 주고 모델을 쉽게 수정하거나 확장하는 데 도움을 주며, signal은 entity를 서로 연결하기 위해서 사용하고, variable은 process문이나 subprogram 내에 국부적인 장소를 사용하는 데 사용한다.

이 세 종류의 object들이 선언될 수 있는 곳을 설명하면 다음과 같다.

- constant : constant declaration, loop 또는 generate문의 parameter, subprogram의 parameter, generic에서 선언되고,
- signal : signal declaration, subprogram의 parameter, port에서 선언되며,
- variable : variable declaration, file declaration, subprogram의 parameter, access type 지정 object에서 각각 선언된다.

이들 각각의 형식은 다음과 같다.

```
constant constant_이름 {, constant_이름} : data_type [:= 초기 값];
signal signal_이름 {, signal_이름} : data_type [signal_종류] [:= 초기 값];
variable variable_이름 {, variable_이름} : data_type [:= 초기 값];
```

위의 signal 선언에서 signal_종류로서 register나 bus와 함께 선언된 signal을 guarded signal이라고 부른다. 만약 guarded signal이 composite type이면 각 element도 guarded signal이다. 이들의 사용에 대해서는 disconnection specification에서 다룬다.

예를 들면 다음과 같이 선언하고 사용할 수 있다.

```
constant Delay : Time := 5 ns;
constant Size : Integer := 516;
signal Clock, Set, Clear, S : bit;
signal Sum : Integer;
signal t : resolved_int register;        -- guarded signal
variable Val1 : Integer;
variable Array_val2 : Bit_vector(0 to 7);
```

```
   Val1 := 30;
   S <= '1';
```

Constant는 선언 시에 한번 값이 정해지면 바꿀 수 없는 반면에, signal과 variable은 값의 변화가 가능하다. Package declaration 내에서 constant 선언을 위해서 := 수식을 생략할 수 있는데 이를 deferred constant라고 부른다. 이러한 경우에는 package body에서 완전한 선언을 해주어야 한다. Signal은 미래의 어떤 시점까지 값이 대입될 수 없는 반면에, variable은 값이 즉시 대입된다는 점이 다르다. 즉, variable은 현재 값만을 가지는 데 비하여 signal은 시간이 지남에 따라 변한 값을 가진다.

Data type의 호환성을 위해서는 object에 지정되는 수식 또는 값은 그 object의 data type과 일치해야 하며 또한 사전 정의된 연산자의 피연산자는 서로 일치해야 한다.

Object에 사용할 수 있는 다섯 가지 mode로서는 in, out, inout, buffer, linkage가 있으며 여기에 대해서는 이미 설명하였으므로 참조하기 바란다. Mode를 명기하지 않은 경우에는 in을 default mode로 간주하며, constant의 경우에는 그 mode가 반드시 in 이어야 한다.

2.10.4 Attribute와 연산자

(1) Attribute

Attribute(속성)는 이미 정의된 것들에 대한 특성을 알고자 할 때 사용한다. Object는 어떠한 순간에 단 하나의 값만 가지지만 여러 가지의 attribute를 가질 수 있다.

표준 VHDL에서 여러 가지 attribute를 미리 정의해 놓은 predefined attribute가 있으며 또한 표준 VHDL에서 지원하지 않는 것을 표현하기 위해서 사용자가 필요에 따라 attribute를 정의하도록 user-defined attribute가 있다.

Predefined attribute를 사용하고자 할 때는 다음 형식을 사용한다.

```
type_이름'attribute_이름
```

여기서는 data type과 subtype 관련 attribute 중에서 low, high, left, right, pos, val, succ, pred에 대한 예를 들어보기로 한다.

```
type Day is
   (sun, mon, tue, wed, thu, fri, sat);
subtype Weekday is Day range mon to fri;
```

```
type Index is range 0 to 30;
type Cnt is range 10 downto -10;

variable D : Day;

D := Day'left;        -- D는 Day의 맨 왼쪽 값 sun을 가진다.
```

위의 선언에 대한 여러 가지 attribute의 결과 값을 보면 다음과 같다.

```
Day'right           -- Day의 맨 오른쪽 값 sat를 나타냄
Day'high            -- Day의 가장 높은 값 sat를 나타냄
```

```
Weekday'left          -- mon을 나타냄
Index'left            -- 0을 나타냄
Index'low             -- 0을 나타냄
Cnt'Right             -- 10을 나타냄
Cnt'High              -- 10을 나타냄
Day'pos(tue)          -- tue가 몇 번째 값인가 ? 여기서는 2
Day'val(3)            -- Day의 세 번째 값은 ?  여기서는 wed
Index'pos(15)         -- 15를 나타냄
Day'succ(thu)         -- thu의 다음 값은 ? 여기서는 fri
Day'pred(thu)         -- thu의 이전 값은 ? 여기서는 wed
```

다른 예로서 값을 return하는 signal 관련 attribute를 보자.

```
 signal  clock : Bit;
    . . .
if (clock'event and clock ='1') then
    . . .
```

이 예에서 clock'event는 signal인 clock에 event가 발생하면 참(true)을 돌려주므로 if문에서 rising edge인지를 확인할 수 있다.

지금부터 user-defined attribute에 대해서 설명하고자 한다. 이를 사용하기 전에 다음의 형식에 의해서 attribute를 먼저 선언해야 한다.

```
attribute attribute_이름 : type_이름;
```

위의 형식에 따라 선언된 attribute를 어떤 것에 사용할 것과 어떤 값을 지정할 것인가 등에 대한 정보를 제공하기 위해서는 다음 형식의 attribute specification을 사용한다.

```
attribute attribute_이름 of entity_name_list : entity_class is 수식;

entity_name_list ::=
        entity_designator {, entity_designator}
        | others
        | all
```

등이 오며 entity_designator로서는 식별어(identifier)나 operator_symbol이 가능하다. Entity_class에는

```
entity          architecture    configuration
procedure       function        package
type            subtype         constant
signal          variable        component
label
```

등이 가능하다. 예를 들어 설명하기로 한다.

```
package Attributes_util is
  type rise_fall is record
     rise, fall : time;
  end record;
  attribute delay : rise_fall;
  attribute location : integer;
end Attributes_util;
 . . .
use  Work.Attributes_util.all
entity Sample is
     port(a, b: in Bit;
           c : out Bit);
     attribute delay of c : signal is (10 ns, 20 ns);
end Sample;
 . . .
architecture Behav of Sample is
     component CPU
         . . .
     end component;
     signal   z : integer;
     signal   s : Bit;
     attribute location of CPU : component is 120;
```

```
     . . .
     begin
       s <= '0', '1' after c'delay.rise;    -- '1' after 10 ns
       z <= CPU'location;                -- 120 is returned.
 end behav;
```

위에서 보는 바와 같이 package의 attribute 선언에서 delay와 location을 각각 정의한다. Entity declaration에서 signal c에 rise와 fall delay 값으로 10ns와 20ns를 각각 주며 architecture body에서 component CPU에 그 location으로 값 120이 주어진다.

(2) 연산자

연산자는 수식의 구성을 위해서 사용되며 VHDL에서는 사전에 정의된 여러 개의 연산자를 제공한다. 연산자의 종류는 크게 논리 연산자(logical operator), 관계 연산자(relational operator), 덧셈 연산자(adding operator), 부호(sign), 곱셈 연산자(multiplying operator), 기타 연산자로 나눌 수 있으며 표 2.6과 같이 나타낼 수 있다.

| 표 2.6 | 연산자

구분	종류	우선순위
논리 연산자	and, or, nand, nor, xor	6
관계 연산자	=, /=, <, <=, >, >=	5
덧셈 연산자	+, −, &	4
부 호	+, −	3
곱셈 연산자	*, /, mod, rem	2
기타 연산자	**, abs, not	1

위의 표에서 논리 연산자가 가장 낮은 우선순위를 가지며 기타 연산자가 가장 높다. 또한 같은 순위를 가진 연산자들끼리는 왼쪽에서 오른쪽의 순으로 수행되며 우선순위나 이 순서를 바꾸고자 할 때는 괄호를 사용한다. 위에서 +, −는 가감산 연산자로서 사용도 되지만 부호로서도 이용되며 not는 논리 연산자이지만 우선순위가 다른 연산자보다 높으므로 기타 연산자로 분류한다.

각 연산자의 기능에 대해서 구체적으로 알아보기로 하자. 논리 연산자는 그 앞과 뒤에 있는 두 피연산자(operand)의 논리 연산을 수행하며 두 피연산자의 data type은 같아야 한다. 논리 연산자의 경우에는 이들의 연속적인 사용에 제한이 있으므로 괄호를 사용해야 한다. 논리 연산자의 진리표를 나타내면 그림 2.11과 같다.

X	Y	X and Y	X or Y	X nand Y	X nor Y	X xor Y
T	T	T	T	F	F	F
T	F	F	T	T	F	T
F	T	F	T	T	F	T
F	F	F	F	T	T	F

| 그림 2.11 | 논리 연산자의 진리표

위의 논리 연산자 중에서 and, or, nand, nor는 단락회로(short-circuit) 연산을 수행

한다. 즉 and와 nand의 경우에는 왼쪽 피연산자 값이 거짓(false)이면 오른쪽 피연산자를 계산할 필요가 없다. 그 이유는 오른쪽 피연산자의 결과를 계산할 필요도 없이 그 결과는 거짓이기 때문이다. 예를 들면

```
(3 = 4/2) and (x = z)
```

인 경우에는 앞의 피연산자가 거짓이므로 뒤의 피연산자를 계산할 필요가 없다. 같은 원리로 or, nor의 경우에는 왼쪽 피연산자가 참(true)인 경우에는 오른쪽 피연산자를 계산할 필요가 없다. 예를 들면

```
(z = z) or (3 = 10/5)
```

의 경우이다. 또한 다른 논리 연산자의 사용 예를 보면 다음과 같다.

```
o1 <= i1 and i2;
out1 <= not a or b;
if a and b then .... else .... end if;
```

다른 논리 연산자를 섞어서 사용할 수 없으며, 논리 연산자 중에서 nand나 nor는 연속해서 사용할 수가 없고 연속해서 사용하기 위해서는 괄호를 사용해야 한다. 예를 들면

```
aa <= x and y or z;
aa <= x nor y nor z;
```

등은 사용할 수 없고

```
aa <= (x and y) or z;
aa <= (x nor y) nor z;
aa <= x and y and z;
```

는 가능하다.

관계 연산자는 data type이 같은 두 피연산자의 크기를 비교하는 데 사용되며 비교할 피연산자의 type이 서로 같아야 한다. 비교 결과는 참 또는 거짓으로서 predefined type인 Boolean type이어야 한다. 관계 연산자를 나열하면 = (equality), /= (inequality), <(less than), <=(less than or equal), >(greater than), >=(greater than or equal)이 있다.

이들은 주로 if문에서 많이 사용되며 그 예를 보면 다음과 같다.

```
if a1 <= C then ...  else ... end if;
if "1001" >"1101" then ... else ... end if;
```

두 배열의 크기를 비교할 때는 요소의 수에는 무관하며 첫 요소부터 차례로 비교한다. 비어 있는 경우보다 있는 것이 더 크다. 예를 들면 다음과 같다.

```
"1 1 1"  > "1 0 1"        -- TRUE
"1 2 3"  = "1 2 3"        -- TRUE
"1 3 2"  = "1 2 3"        -- FALSE
"2 2"   < "1 3 3"         -- FALSE
"1 1 0" <=  "2"           -- TRUE
```

덧셈 연산자 중에서 덧셈(+), 뺄셈(−) 연산자의 피연산자 결과의 data type은 수치형(numeric type)이어야 하며 그 결과는 피연산자와 같은 data type이어야 한다. 접합(concatenation) 연산자(&)의 피연산자는 1차원 배열(1-dimensional array)이거나 1차원 배열 요소(1-dimensional array element)이어야 하며 두 피연산자를 접합한다. 예를 들면 다음과 같다.

```
constant str1 : string := "pqr";
constant str2 : string := "stu";
constant str12 : string := str1 & str2;        -- "pqrstu"

type Arry is array (Integer range <>) of Boolean;
constant b1 : boolean := True;
constant b2 : boolean := False;
constant b12 : Arry := b1 & b2;   -- (True, False)
signal a, b : bit;
```

```
signal S1 : std_logic_vector(1 downto 0);
signal S2, S3 : std_logic_vector(2 downto 0);
    . . .
S1 <= a & b;
S2 <= S1 & a;
S3 <= '0' & S1;
```

부호의 +, −는 단일 연산자로서 숫자 앞에서 사용된다.

곱셈 연산자 중에서 곱셈(*)과 나눗셈(/)의 왼쪽 및 오른쪽 피연산자는 같은 data type이어야 하며 integer type 또는 floating point type이 가능하고 그 결과도 피연산자와 같은 data type이 된다. 또한 나머지 계산(rem)과 모듈 계산(mod)의 경우에는 왼쪽 및 오른쪽 피연산자는 모두 integer type이고 그 결과도 integer type이 된다. A rem B는 A의 부호를 따르고 그 결과의 절대 값은 B의 절대 값보다 작으며

```
A = (A/B)*B + (A rem B)
```

를 만족한다. 또한 A mod B는 B의 부호를 따르고 그 결과의 절대 값이 B의 절대 값보다 적으며 정수 N에 대해서

```
A = B*N + (A mod B)
```

를 만족한다. 예를 들어, rem과 mod의 사용을 보면 그림 2.12와 같다.

A	B	A/B	A rem B	A mod B
11	4	2	3	3
−11	4	−2	−3	1
11	−4	−2	3	−1
−11	−4	2	−3	−3

| 그림 2.12 | rem과 mod의 계산

다음으로 기타 연산자들을 고려해보자. **는 지수 계산을 위한 연산자로서 예를 들어 a ** b는 a^b를 계산한다. 이 연산자의 왼쪽 피연산자로서는 integer type이나 floating point type을 사용할 수 있지만 오른쪽 피연산자로서는 integer type만 가능하다. 또한 그 결과는 왼쪽 피연산자와 같은 type이 된다. Abs는 절대 값의 계산을 위해서 사용되며 모든 numeric 피연산자에 대해서 적용할 수 있다. Not은 단항 연산자로서 피연산자의 논리 값을 참이면 거짓으로 거짓이면 참으로 바꾸며 논리 연산자와 동일하다.

2.11 동작적 기술

지금부터는 동작적, 데이터플로우, 구조적 모델링을 기준으로 VHDL 구문을 설명하고자 한다. 이 절에서는 먼저 동작적 기술(behavioral description)에 대해서 설명하고자 한다.

동작적 기술은 설계하고자 하는 하드웨어의 구조와는 관계없이 시스템의 동작을 알고리즘 레벨에서 순서도나 고급 컴퓨터 언어를 사용한 표현과 유사하다. VHDL의 동작적 표현을 위한 가장 일반적인 구문으로서 사용되는 것이 process(프로세스)문이다. process문의 내부는 순차적(sequential)으로 수행되는 문장으로 구성된다. 여기서는 process문과 여러 sequential문들에 대해서 설명하고자 한다.

2.11.1 Process문

하드웨어 시스템의 모듈들은 서로 간에 병행적으로 수행되므로 시스템의 동작으로 표현하기 위해서는 일반적으로 concurrent문을 사용하는 것이 바람직하며 그 내부의 동작은 순차적으로 이루어진다고 볼 수 있으므로 sequential문을 사용한다. Process문 자체는 concurrent문이므로 여러 개의 process문이 있으면 이들은 병행적으로 수행되며, process문 내부는 하나씩 차례로 수행되는 sequential문으로 표현된다.

Process문의 구조는 다음과 같다.

```
[process_레이블:]
process [(sensitivity_list)]
   {선언문}
begin
    {sequential문}
end process [process_레이블];
```

위 형식에서 선언문으로 사용될 수 있는 것은 다음과 같다.

```
alias declaration
attribute declaration and specification
constant declaration
file declaration
subprogram declaration and body
```

```
subtype declaration
type declaration
use clause
variable declaration
```

선언문 다음에 오는 sequential문이란 하나씩 차례로 수행되는 문장들을 말하며 sequential문의 종류는 다음과 같다.

```
wait문
signal assignment문
variable assignment문
assertion문
if문
case문
loop문
next문
exit문
return문
null문
procedure call
```

Process_레이블은 process를 위해서 지정할 수 있으며 선택적(optional)이다. Process라는 지정어 다음에 선택적으로 나오는 sensitivity_list는 signal들의 이름을 리스트로 가지며 이들 signal 중에서 적어도 하나의 값이 변해야만 process문의 수행을 시작한다. 예를 들어 2입력 OR 게이트의 경우를 보면 다음과 같다.

```
entity AND_OR is
  port(I1, I2 : in bit;
       O1, O2 : out bit);
end AND_OR;
architecture Sample1 of AND_OR is
begin
  process(I1, I2)
  begin
    O1 <= I1 and I2 after 5 ns;
    O2 <= I1 or I2 after 5 ns;
  end process;
end Sample1;
```

위의 예에서 보는 바와 같이 sensitivity list에 있는 signal I1과 I2 중에 적어도 하나가 변하면 수행된다. Sensitivity list가 있으면 wait문을 사용할 수가 없다. 그러나 다음의 예에서 보는 바와 같이 이 list를 없애는 대신에 process문의 마지막에 wait문을 사용할 수 있다. 또한 process와 sensitivity list를 없앤 concurrent문을 사용해서 표현할 수도 있다.

```
-- Equivalent architecture with a wait statement
architecture Sample2 of AND_OR is
begin
  process
  begin
     O1 <= I1 and I2 after 5 ns;
     O2 <= I1 or I2 after 5 ns;
     wait on a, b;
  end process;
end Sample2;

-- Equivalent architecture body with concurrent statements
architecture Sample3 of AND_OR is
begin
     O1 <= I1 and I2 after 5 ns;
     O2 <= I1 or I2 after 5 ns;
end Sample3;
```

위의 architecture body Sample1, Sample2, Sample3은 같은 VHDL 기술이다. Process문을 이용한 clock을 다음과 같이 생성할 수 있다.

```
architecture Behav of clock_generator is
begin
  process(clock)
  begin
     clock <= not clock after 5 ns;
  end process;
end Sample;
```

위의 process문에서는 매 5ns 마다 그 값이 바뀌므로 주기 10ns의 clock signal을 생성할 수 있다.

Process문 내부 또는 process문이 호출하는 어떠한 프로시저에도 signal assignment문이 없으면 이를 passive process라고 한다. 이는 signal 지정이 없으므로 process의 출력이 없고 다른 process에 영향을 주지 않는다. 이를 entity declaration 내의 선언문에 둘 수 있다.

2.11.2 Sequential문

Sequential문이란 차례대로 하나씩 수행되는 문장으로서 각각에 대해서 설명하면 다음과 같다. 단 procedure call의 경우는 sequential문에서 procedure를 호출하는 경우라고 앞에서 설명하였으므로 별도로 설명하지 않는다.

(1) Wait문

Wait문은 process문의 수행을 잠시 대기시킴으로써 활동(active)과 중지 사이의 변화를 제어한다. 대기, 즉 중지하고 있다가 signal에 변화가 있거나 조건을 만족할 경우 또는 일정한 시간이 지나면 수행을 재개하도록 한다. Wait문은 네 가지 종류가 있으며 이들의 형식을 보면 다음과 같다.

```
wait  on signal_list;        -- 첫 번째 형식
wait until 조건;             -- 두 번째 형식
wait for 시간;               -- 세 번째 형식
wait;                        -- 네 번째 형식
```

위의 형식들 중에서 첫 번째 형식의 signal_list에는 process문의 sensitivity list를 그대로 가진다. 즉 signal list에 있는 signal에 변화가 있으면 그 wait문 다음부터 수행을 시작한다. 위의 architecture Sample2가 그 예이다. Wait문의 두 번째 형식인 wait until은 조건이 참이 될 때까지 기다렸다가 수행을 시작한다. 세 번째 형식인 wait for는 주어진 시간 동안 process의 수행을 중지한 뒤에 재개하며 마지막 형식인 wait의 경우에는 process가 무조건 수행을 중지하라는 뜻이다. 위의 여러 형식들에 대한 예를 보면 다음과 같다.

```
wait on a, b, c;            -- signal a,b,c에 이벤트 변화가 있을 때까지 대기
wait until enable = '1'     -- enable이 '1'이 되면 수행 계속
wait for 10 ns;             -- 10ns 동안 대기
```

위 형식들을 복합하여 사용할 수도 있으며 그 예를 보면 다음과 같다.

```
wait on a, b, c until enable = '1';
wait on a, b, c until enable = '1' for 10 ns;
```

복합적으로 사용한 경우에는 만족되어야 하는 조건에 따라 수행이 달라진다. 위의 첫 번째 예에서처럼 signal list와 조건이 같이 사용된 경우에는 and 관계로서 두 가지 모두 만족할 때까지 기다린다. 위의 첫 번째 예에서 signal a, b, c 중에 하나에 변화

가 있고 enable이 '1'이 되면 수행을 재개한다. 두 가지(signal list와 조건)와 시간이 함께 사용되면 or 관계로서 이 두 가지나 시간이 만족되면 수행을 재개한다. 즉 두 번째의 예에서는 signal a, b, c 중에 하나에 변화가 있고 enable이 '1'이거나, 시간이 10ns 지나면 수행을 재개한다는 뜻이다.

(2) Signal Assignment문

Signal assignment문은 값을 시뮬레이션 사이클에 따라 signal에 값을 지정하는 문장으로서 가장 간단한 형태는 다음과 같다.

```
signal_이름 <= 값;
```

위의 경우는 지연이 없는 경우로서 델타 지연(delta delay)이 적용된다고 한다. 그리고 값을 지정할 때 지연을 적용할 수 있는데 이러한 경우의 표현은

```
signal_이름 <= 값 after 지연시간;
```

과 같은 형태를 가진다. 위에서 지연시간에는 TIME이라는 사전 정의된 data type의 값을 가지는 어떠한 수식이라도 가능하다. Process가 여러 값을 signal에 지정할 때는

```
signal이름 <= 값1 after 지연시간1,
              값2 after 지연시간2,
              .  .  .
              값n after 지연시간n;
```

와 같은 형태를 가질 수 있다. 다음과 같이 간단한 클럭을 생성하기 위해서는 다음과 같은 문장을 process문 내에 둘 수 있다.

```
clock <= '1' after 1 ns,
         '0' after 2 ns,
         '1' after 3 ns,
         '0' after 4 ns;
```

VHDL에서는 델타 지연 외에도 두 가지 종류의 지연을 더 제공하고 있으며 이는 관성 지연(inertial delay)과 전달 지연(transport delay)이다. 관성 지연에서는 소자의 지연 보다 작은 입력 지연 폭은 무시한다. 즉 소자를 통과한 지연으로서 소자의 스위칭 시간보다 작은 입력 변화는 출력에 나타나지 않는 경우를 말한다. 예를 들면 플립플롭에 입력되는 스파이크(spike)가 무시되는 경우를 말할 수 있다. 이 지연이 대부분

의 하드웨어 모델링에 사용되며 VHDL 표현에서 명시되어 있지 않으면 적용하는 디폴트(default) 지연이다. 예를 들면,

```
a <= '1' after 5 ns;
```

와 같은 경우이다. 두 번째 지연으로서 전달 지연은 도선 지연(wire delay)과 유사하며 입력의 지속시간에 상관없이 그대로 출력에 나타난다. 전달 지연은 값의 바로 앞에 transport라는 지정어를 둔다. 예를 들면

```
b <= transport '1' after 7 ns;
```

와 같은 경우이다. 지연을 가진 버퍼(buffer)에 대해서 관성 지연, 전달 지연, 델타 지연의 예를 나타내면 그림 2.13과 같다. (a)에서 버퍼는 입력 A와 출력 B를 가지며 이를 통과하기 위한 지연 20ns를 가진다고 가정한다. (b)에서 보인바와 같이 입

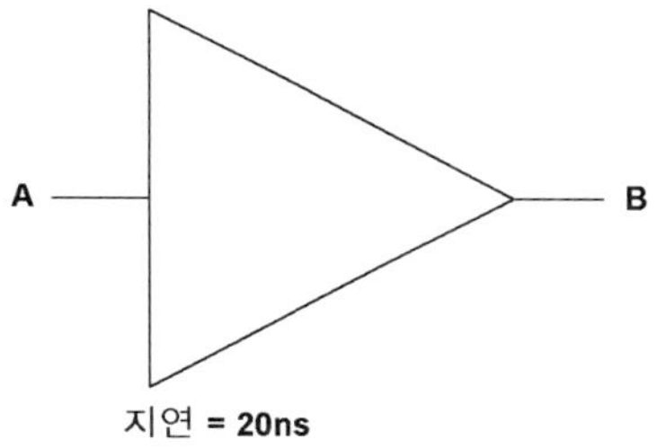

(a) 버퍼

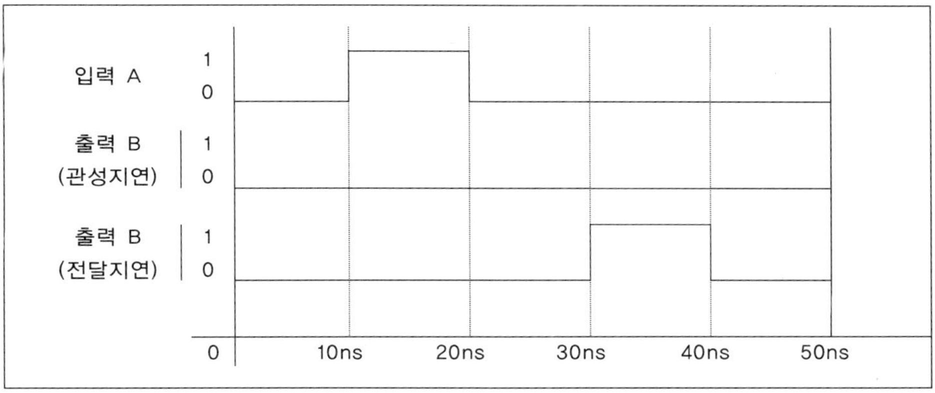

(b) 관성 지연, 전달 지연, 델타 지연

| 그림 2.13 | 지연 20ns의 버퍼에서 여러 가지 지연

력 signal A는 10ns에서 '0'으로부터 '1'로 바뀌고 20ns에서는 '1'로부터 '0'으로 바뀐다. 즉 10ns 동안의 스파이크나 펄스가 생긴 것이다. 관성 지연의 경우는 이 펄스 기간이 소자의 지연 20ns 보다 작기 때문에 입력의 영향이 무시되어 출력 signal B에 변화가 없다. 그러나 전달 지연의 경우에는 소자 지연과는 무관하게 그대로전달되기 때문에 입력 signal A가 10ns에 '0'에서 '1'로 변했으므로 소자 지연 20ns 뒤인 30ns에 출력 signal B가 '0'으로부터 '1'로 바뀌고 있고, 입력 signal A가 20ns에 '1'로부터 '0'으로 변했으므로 소자 지연 20ns 뒤인 40ns에 출력 signal B가 '1'에서 '0'으로 바뀐다. 그러나 델타 지연의 경우에는 입력 signal이 출력 signal에 그대로 나타난다.

(3) Variable assignment문

VHDL에서 제공하는 다른 형태의 assignment문으로서는 variable assignment문이 있다. Signal은 entity의 port 또는 signal declaration에서 선언되지만, variable은 프로시저나 process문 내에서 variable declaration을 통해서 선언된다. Variable assignment문은

```
variable_이름 := 수식;
```

의 형식을 가지며 해당 variable은 수식의 값으로 즉시 변환된다. 예를 들면 다음과 같다.

```
process(En)
   variable dex : boolean := False;
   variable Val1, Val2 : Bit;
begin
     . . .
     Val1 :=  En;
     Val2 :=  Val1
     . . .
end;
```

(4) Assertion문

Assertion문은 시뮬레이션 동안에 주어진 조건이 맞는지를 검사하여 메시지를 내보내고 필요한 조치를 취하게 해준다. Assertion문의 형식은 다음과 같다.

```
assert 조건
 [report 메시지]
   [severity 레벨];
```

위에서 report와 severity는 선택적(optional)이다. 조건이 거짓이면 메시지를 내보낸다. 메시지는 미리 정의된 data type인 문자열이어야 하며 만일 report 문장이 주어지지 않으면 "assertion violation"라는 문자열이 출력된다.

severity의 레벨은 VHDL의 미리 정의된 enumeration type인 Severity_level이며 네 가지 값 Note, Warning, Error, Failure를 가진다. 만일 severity문이 주어지지 않으면 Error로 간주한다. VHDL 시뮬레이터에 따라서 차이는 있으나 일반적으로 severity 레벨에 따른 실행은 다음과 같다.

- Note : 메시지의 화면 출력
- Warning : 메시지 출력, 발생 시간 및 장소 출력, 시뮬레이션 계속
- Error : 메시지 출력, 시뮬레이션 중지
- Failure : 메시지 출력, 시뮬레이션 상태로부터 빠져 나옴.

예를 들어 RS 플립플롭에서 S와 R이 '1'인 경우를 허락하지 않으므로 이 경우에 메시지를 내보내고 시뮬레이션이 끝나게 하고자 하는 경우에는 아래와 같이 기술할 수 있다.

```
entity  RS_flipflop is
  port (S, R : in Bit;
        Q : out Bit);
end RS_flipflop;
architecture behavior of RS_flipflop is
begin
  process
      variable t1, t2 : Bit;
    begin
      assert not (S = '1' and R = '1')
      report "Both S and R are '1'"
         severity Error;
           . . .
  end process;
end RS_flipflop;
```

(5) 조건 제어문 : if문, case문

VHDL에서 제공하는 조건에 따라서 문장을 선택하는 제어문으로서는 if문과 case문이 있다. 이들은 고급 컴퓨터 언어에서의 if 및 case문과 그 기능이 같다.

먼저 if문에 대해서 설명하기로 한다. 영어에서 "if"란 만일 이라는 뜻으로 어떠한 조건을 만족하되 즉 그 조건이 참이면 해당 문장을 수행한다는 뜻이다. if문에서 세 가지 형식이 있다.

```
if 조건 then                          -- 첫 번째 형식
   sequential문1
end if;

if 조건 then                          -- 두 번째 형식
   sequential문1
else
   sequential문2
end if;

if 조건1 then                         -- 세 번째 형식
    sequential문1
elsif 조건2 then
     sequential문2
   .
   .
else
     sequential문n
end if;
```

위에서 조건은 참 또는 거짓을 가져야 하며 또는 이들을 최종 값으로 가지는 수식도 사용할 수 있다. 위의 형식뿐만 아니라 앞으로 다룰 모든 형식에서 sequential문은 여러 개의 sequential문장을 포함할 수 있으며 이들은 차례로 수행된다. 첫 번째 형식은 가장 기본적인 형식으로서 조건이 참이면 sequential문1을 수행하고 거짓이면 sequential문1을 수행하지 않고 지나간다. 예를 들면 다음의 경우를 들 수 있다.

```
process
begin
   if  s1 = '1' then
     dout <= cs after 10 ns;
   end if;
   wait on cs;
end process;
```

두 번째 형식은 조건에 따라 두 sequential문1, 2 중에서 하나를 선택한다. 즉 조건이 참이면 sequential문1, 거짓이면 sequential문2를 선택한다. 예를 들면 2x1 멀티플렉서를 다음과 같이 작성할 수 있다.

```
process
begin
   if sel = '0' then
      mout <= in1 after 5 ns;
   else
      moout <= in2 after 5 ns;
   end if;
   wait on sel;
 end process;
```

세 번째 형식에서는 조건i가 참이면(이 경우에는 조건1에서 조건(i-1)이 거짓이어야 한다) 문장i를 수행하고 끝낸다. 예를 들어 nor 게이트의 경우를 보기로 하자.

```
process
begin
     if x = '0' and y = '0' then
        z <= '1' after 3 ns;
     elsif x = 'X' or y = 'X' then
        z <= 'X' after 3 ns;
     else
        z <= '0' after 3 ns;
     end if;
     wait on x, y;
end process;
```

VHDL에서 제공하는 다른 형태의 조건 제어문은 case문이다. Case문에서는 조건에 의해서 수행할 문장을 고르는 것이 아니라 수식의 값에 따라서 문장을 선택한다. Case문의 형식은 다음과 같다.

```
case 수식 is
   when 값1 =>
         sequential문1;
   when 값21 | 값22 =>
         sequential문2;
         .
         .
   when 값n =>
         sequential문n;
   [when others =>
```

```
        문장;]
    end case;
```

여기서 수식의 결과가 값은 모두 같은 data type이어야 하며, integer type, enumeration type, string 또는 bit string이 가능하다. 수식의 최종 값과 일치하는 when 뒤의 문장들을 수행하고 끝낸다. 즉 수식의 결과가 값i와 일치하면 문장i를 수행하고 끝낸다. 여러 개의 값을 표현할 때는 "|"를 사용하여 선택을 나타낸다. 일치하는 값이 없으면 others 다음의 문장을 선택한다. 여기서 others는 선택적(optional)이며 마지막 when에서 사용한다. 다음과 같은 예를 들어보자.

```
process
begin
  case sel is
    when "00" =>
         dout <= in0 after 5 ns;
    when "01" =>
         dout <= in1 after 5 ns;
    when "10" =>
         dout <= in2 after 5 ns;
    when others =>
         dout <= in3 after 5 ns;
  end case;
  wait on sel;
end process;
```

여러 개의 값에 대응하는 문장을 고르는 예는 다음과 같다.

```
case choice is
   when 1|2 =>
        outz <= '1';
   when 3 =>
         outz <= '0';
   when  others
         outz <= 'X';
end case;
```

위에서 choice의 값이 1이거나 2이면 outz에 '1'이 지정되고 3이면 '0'이 그 이외에는 'X'가 지정된다.

(6) 반복 제어문: loop문

어떤 조건이 만족할 때까지 수행을 반복하는 문장으로서는 loop문이 있다. 반복적인 수행에서 벗어나기 위해서는 loop에 for나 while의 조건을 추가하여 사용하며 그 형식들은 다음과 같다.

```
[label]:  loop                                        --  첫 번째 형식
           sequential문
         end loop[label];

[label]:  for loop_variable in variable_range loop   --  두 번째 형식
           sequential문
         end loop[label];

[label]:  while 조건 loop                             --  세 번째 형식
           sequential문
         end loop[label];
```

위의 첫 번째 형식에서는 조건이 없으므로 수행을 계속 반복하게 된다. 이를 제어하기 위해서는 exit문을 사용해야 한다. 이 형식에 대해서는 다음의 기타 제어문에서 exit문을 배운 뒤에 계속하기로 한다. 두 번째 형식은 for를 사용하며 loop_ variable이 variable_range 내에 있는 동안에는 문장을 반복해서 수행한다. 또한 세 번째 형식에서는 while 뒤의 조건이 참인 동안에 문장을 반복해서 수행하게 된다. 예를 들어 for를 사용한 loop문을 다음과 같이 고려할 수 있다.

```
loop1:
  for a in 1 to 10 loop
      b := b + a;
  end loop1;
```

위 loop문을 다음과 같이 while을 사용한 경우로 바꿀 수 있다.

```
loop1:
   while a <= 10 loop
        a := a + 1;
        b := b + a;
   end loop1;
```

(7) 기타 제어문 : exit문, next문, null문, return문

Loop문에서 for나 while을 사용하지 않고 반복 수행을 제어할 수도 있다. 즉 exit이나 next문을 사용하여 제어할 수 있으며 이때는 다음과 같이 간단한 형식의 loop문을 사용할 수 있다.

```
[label] : loop
    sequential문
 end loop [label];
```

위의 loop문의 반복 수행을 종료하기 위해서 사용할 수 있는 exit문에는 두 가지 형식이 있으며 이들의 형식은 다음과 같다.

```
exit 루프_label;
exit 루프_label when 조건
```

이다. 위의 두 가지 형식을 사용하여 위의 loop문을 작성하면 다음과 같다.

```
loop1:
  loop
    a := a + 1;
    b := b + a;
    if a > 10 then exit loop1;
  end loop;
```

또는

```
loop1:
  loop
    a := a + 1;
    b := b + a;
    exit loop1 when a > 10;
  end loop;
```

와 같이 작성할 수 있다.

Next문을 사용하여 반복문을 제어할 수 있으며 그 형식은 다음과 같다.

```
next [루프_label] [when 조건]
```

Next를 수행하면 루프_label에 해당하는 루프의 나머지 수행을 하지 않고 그 루프의 처음부터 다시 시작한다. when이 있는 경우에는 조건이 참인 경우에만 exit가 수행된다. 예를 들면

```
loop1: for i in 1 to 10 loop
loop2: for j in 1 to 10 loop
       if j = 5 then
         next loop1;
       end if;
       a := a + 1;
    end loop loop2;
    end loop loop1;
```

에서 i가 1에서 10까지 수행되며 i가 1씩 증가할 때마다 j가 1에서 10까지 변하면서 수행되는데 next문 때문에 j가 5인 동안에는 수행하지 않는다. 위의 if문을

```
next loop1 when j = 5
```

로 대치할 수도 있다.

Null문에 대해서 설명하고자 한다. null문은 아무런 것도 수행하지 않고 수행을 다음 문장으로 넘겨주기 위해서 사용된다. 예를 들면 다음과 같다.

```
case sel is
  when "00" =>
       dout <= in1 after 10 ns;
  when "01" =>
       dout <= in2 after 10 ns;
  when others =>
       null;
end case;
```

마지막으로 return문에 대해서 설명하기로 한다. 이 문장은 함수나 프로시저와 같은 subprogram의 body에만 있을 수 있으며, subprogram에서 수행을 마치고 호출한 문장으로 되돌아 갈 경우에 사용하며 그 형식은 다음과 같다.

```
return[리턴 값];
```

프로시저 body에 있는 return문은 리턴 값이 없으나, 함수 body에 있는 경우에는

반드시 리턴 값을 가져야 하며 그 data type이 호출한 함수와 일치해야 한다. Subprogram 내에 여러 개의 return문이 존재할 수 있으나 반드시 그 중에서 하나만 수행하고 subprogram을 벗어난다.

2.12 데이터플로우 기술

데이터플로우 기술(dataflow description)은 동작적과 구조적 기술의 중간 단계로서 data의 흐름을 나타내듯이 시스템의 기능을 나타낸다. 주로 연산자, 함수 등으로 표현하며 VHDL 구문 중에서는 주로 concurrent signal assignment문에 의해서 기술한다. 여기서는 concurrent signal assignment문, concurrent assertion문에 대해서 설명하기로 한다.

2.12.1 Concurrent Signal Assignment문

Concurrent signal assignment(병행 신호 지정)문이란 앞에서 배운 process문을 보다 간결하게 표현한 방법으로서 하나의 process문을 수행하는 것과 같은 결과를 가진다. 기본적인 signal assignment문은 process문에서 지정어인 process, begin, end와 sensitivity list를 없앤 것이다. 이 경우에는 모든 문장들이 동시에 수행된다.

```
architecture Sample of Or2 is
begin
  process(I1, I2)
  begin
     O1 <= I1 or I2 after 5 ns;
  end process;
end Sample;
```

위 architecture body의 process문을 등가의 concurrent signal assignment문으로 바꾸면 다음과 같다.

```
architecture Sample of Or2 is
     O1 <= i1 or i2 after 5 ns;
end Sample;
```

Architecture 내의 begin과 end 사이에 여러 개의 concurrent signal assignment문을

둘 수 있으며 이들은 동시에 수행되므로 순서에 상관없이 그 결과는 같다. 예를 들면 다음과 같다.

```
architecture Example1 of Concurrent is
    signal clock1, clock2, clock3 : Bit := 0;
begin
   clock1 <= not clock1 after 5 ns;
   clock2 <= not clock2 after 10 ns;
   clock3 <= clock1 and clock2;
end;

architecture Example2 of Concurrent is
    signal clock1, clock2, clock3 : Bit := 0;
begin
   clock3 <= clock1 and clock2;
   clock2 <= not clock2 after 10 ns;
   clock1 <= not clock1 after 5 ns;
end;
```

위의 예에서 보인 두 architecture의 수행 결과는 서로 같으며 그림 2.14에 나타나 있다.

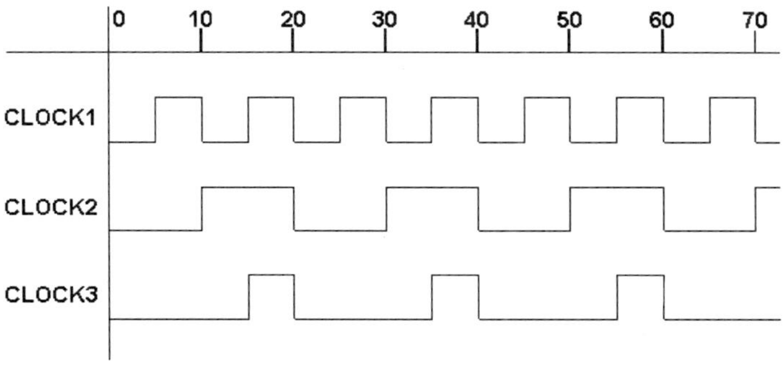

| 그림 2.14 | concurrent signal assignment문의 수행 결과

위의3 architecture Example1은 다음과 등가의 문자이다.

```
architecture Example1 of Concurrent is
      signal clock1, clock2, clock3 : Bit := 0;
   begin
     process(clock1)
       clock1 <= not clock1 after 5 ns;
     end process;
     process(clock2)
       clock2 <= not clock2 after 10 ns;
     end process;
     process(clock1, clock2)
       clock3 <= clock1 and clock2;
     end process;
   end;
```

Concurrent signal assignment문에는 그 사용 형태에 따라 conditional과 selected concurrent signal assignment문으로 나눌 수 있으며 이들에 대해서 설명하기로 한다.

(1) Conditional Concurrent Signal Assignment문

Conditional concurrent signal assignment(조건적 병행 신호 지정)문은 여러 부울 조건을 검사하여 참이면 해당하는 파형을 지정하는 문장으로서 그 형식은 다음과 같다.

```
signal_이름 <=  [transport | guarded]
            파형1 when 조건1 else
            파형2 when 조건2 else
                .
                .
            파형n-1 when 조건n-1 else
            파형n;
```

조건 i가 참인 경우(이때는 조건1에서 조건i-1이 거짓이다)에 파형 i를 signal에 지정한다. 여기서 옵션(option)으로서는 아무것도 없거나(관성 지연인 경우) transport 또는 guarded 중에 하나를 선택한다. 파형은

```
값 [after 지연시간]
```

형태를 가진다. 위의 signal assignment문은 다음과 같은 등가 if로 대치할 수 있다.

```
process(signal_list)
begin
```

```
    if 조건1 then
        signal_이름 <= 옵션 파형1;
        .
        .
    elsif 조건n-1 then
        signal_이름 <= 옵션 파형n-1;
    else
        signal_이름 <= 옵션 파형n;
    end if;
end process;
```

예를 들어 XOR 게이트의 동작을 conditional signal assignment문으로 작성하면 다음과 같다.

```
architecture Condi_example of XOR is
begin
    Z <= transport
         '0' after 5 ns when A = B else
         '1' after 5 ns;
end Condi_example;
```

(2) Selected Concurrent Signal Assignment문

위에서 언급한 conditional signal assignment문은 조건이 어떠한 형태인지를 예측할 수 없는 경우에 사용되며 selected concurrent signal assignment(선택적 병행 신호 지정)문에서는 수식의 최종 값과 선택의 값이 일치하는 경우에 해당하는 파형을 지정하는 case문과 유사하며 그 형태는 다음과 같다.

```
with 수식 select
   signal_이름 <= [transport | guarded]
      파형1 when 선택1,
        .
        .
      파형n when 선택n;
```

수식의 값이 when 다음의 어느 선택과 일치한 경우에 그 앞의 파형이 signal_이름에 지정된다. 앞의 모든 선택 이외의 모든 경우로서 지정어로서 others를 사용할 수 있으며 이는 마지막 when 다음에 있을 수 있다.

예를 들어, 2x4 디코더를 표현하면 다음과 같다.

```
architecture  Selected_example of Decoder is
begin
   with sel_vector select
      dout<= "0001" after 5 ns when "00",
             "0010" after 5 ns when "01",
             "0100" after 5 ns when "10",
             "1000" after 5 ns when others;
end Selected_example;
```

2.12.2 Concurrent Assertion문

Concurrent assertion(병행 단언)문은 concurrent 수행 환경에서 사용되는 assertion문을 말한다. 이는 label을 가질 수 있으며 concurrent 수행 환경(process문이나 sub-program의 내부가 아닌 곳)에서 사용한다는 것이 외에는 앞에서 배운 sequential assertion문과 구문이 같다. 즉 그 구문은 다음과 같다.

```
[label:] assert  조건
        [report 수식]
         [severity 수식];
```

Concurrent assertion문을 entity declaration에서 사용할 수 있다. Entity에서 concurrent assertion문을 선언함으로써 architecture body마다 이 문장을 쓰지 않고 한 번만 기술하여 동일한 효과를 가져 올 수 있다. RS_flipflop의 예를 concurrent assertion문으로 다시 쓰면 다음과 같다.

```
entity RS_flipflop is
  port ( S, R : in Bit;
         Q : out Bit);
  begin
    constraint_check:
      assert not (S = '1' and R = '1')
        report "Both S and R are '1'"
          severity Error;
end RS_flipflop;
architecture Dataflow of RS_flipflop is
    ...
end Dataflow;
```

2.13 구조적 기술

구조적 기술(structural description)은 위의 두 가지 표현에 비해서 하드웨어의 내부적 설계에 가장 가까운 표현으로서 스키메틱 다이어그램(schematic diagram)에서와 같이 component들 간에 연결 관계를 나타내며 component instantiation문을 사용한다.

여기서는 component declaration, component instantiation문, generate문, configuration specification에 대해서 설명하기로 한다.

2.13.1 Component Declaration

구조적 표현에서는 이미 VHDL로 기술된 component들을 서로 연결하여 표현하며 같은 component를 여러 곳에서 반복적으로 사용할 수도 있다. Component declaration (컴포넌트 선언)은 설계 내에서 component instantiation문을 사용하여 component들을 서로 연결하기 전에 필요로 하는 component들을 선언하여 인터페이스를 제공해주며 그 형식은 다음과 같다.

```
component 식별어
    [generic (......);]
    [port(.....);]
end component;
```

예를 들어 2-입력 OR 게이트와 n-입력 OR 게이트를 위한 component declaration을 하면 다음과 같다.

```
component  Or2
  port (a, b : in Bit;
         z : out Bit);
end component;
component OrN
  generic (n : positive := 8);
  port( vec : in bit_vector (n-1 downto 0));
         z  : out);
end component;
```

위 예의 component OrN에서 generic n의 값을 조정함으로써 같은 component를 사용하여 입력 port의 수를 다르게 할 수 있다. component declaration은 component instantiation문에서 사용되는 component를 가상적으로 선언해 주며 인터페이스를 정의해준다. 또한 선언된 component가 실제로 어떤 library 내의 어떠한 설계 entity를 사용할 것인지에 대해서는 configuration specification과 configuration declaration 내에서 사용되는 component configuration에서 정해진다.

2.13.2 Component Instantiation문

Component instantiation(컴포넌트 사례화)문은 앞에서 선언된 component를 사용하여 실제 설계상에 필요로 하는 예(instance)를 지정해 준다. 즉 설계에서 실제로 사용되는 subcomponent로서 component declaration에서 정의된 요소를 사용하여 port와 signal을 연결하여 표현한다. Component instantiation문의 형식은 다음과 같다.

```
label : component_이름
        [generic map(association_list)]
        [port map(association_list);]
```

위의 형식에서처럼 label이 가장 먼저 오며 component_이름은 반드시 component declaration에서 선언된 이름이어야 한다. Generic map과 Port map의 association list를 이용하여 설계하고자 하는 회로의 실제 generic과 port 값(이를 각각 actual generic과 actual port라고 부름)을 component에 있는 generic과 port(이를 각각 local generic과 local port라고 부른다)를 연결 또는 사상(mapping)시켜 준다. Component declaration에서 generic이 없으면 여기서 generic map이 필요 없으며 또한 port가 없으면 port map이 필요 없다.

예를 들어 다음과 같은 component declaration과 component instantiation문을 가질 수 있다.

```
architecture Sample of OR_gate
   -- component declaration
   component Or2
     port(a, b : in Bit;
           z : out Bit);
   end component;
   signal in1, in2, O : Bit;
   -- component instantiation statement
   lab1 : Or2 port map(a => In1,  b => In2, z => O);
 end Sample;
```

위의 예에서 보는 바와 같이 component declaration의 Or2를 실제 설계의 component instantiation문에서 사용하고 있으며 actual port의 signal In1, In2, O는 local port a, b, z에 연결됨을 볼 수 있다. 이와 같이 actual과 local을 연결하는 데는 두 가지 방법이 있다. 첫째는 위에서처럼

```
local => actual
```

의 형태는 취하는 이름 결합(name association)이다. 둘째는 local을 쓰지 않고 component declaration에서 나열된 local의 순서에 따라 actual을 나열하여 actual과 local을 연결하는 위치 결합(positional association)이다. 따라서 이름 결합의 경우에는 순서를 바꿀 수 있으나 위치 결합의 경우에는 그 순서를 반드시 지켜야 한다. 위 예의 component instantiation문에 있는 association_list를 위치 결합 형태로 바꾸면 다음과 같다.

```
lab1 : Or2 port map(In1, In2, O);
```

Component에서 이미 generic 값이 주어진 경우에 component instantiation문에서는 이를 그대로 사용할 수도 있고, 그 값을 다시 주어서 사용할 수도 있다. 다음의 예를 보자.

```
component decoder
    generic(B : positive := 1);
    port(Sel : Bit_vector(1 to B);
         Dout : Bit_vector(1 to 2**B));
end component;
  . . .
-- default generic value B = 1 is used
u1: decoder port map (Sel(1) => xin, Dout(1) => D1, Dout(2) =>D2);
-- new generic value is given
u2: decoder generic map (B => 2)
            port map (Sel(1) => I1, Sel(2) =>I2, Dout(1) => O1,
                      Dout(2) => O2, Dout(3) => O3, Dout(4) => O4);
```

Label이 u1인 component instantiation문에서는 앞의 component declaration에서 정의한 generic 값 B를 1로 그대로 사용하여 1 x 2 decoder를 instantiation하므로 별도의 generic map을 줄 필요가 없다. 그러나 U2에서는 B의 값을 새로 지정하기 위해서 generic map문장을 사용한다. B의 값으로 2가 주어지므로 2 x 4 decoder가

instantiation된다.

Port map에 open을 사용하여 연결되지 않는(unconnected) port를 나타낼 수 있다. 예를 들어보자.

```
 component rsff
   port(r, s, clk : in Bit;
        q, qbar : out Bit);
 end component;
   . . .
u1: rsff port map(rv, sv, clock, open, qb);
```

위는 RS 플립플롭의 예를 보이고 있다. 세 개의 입력 port는 연결이 되지만 네 번째 port q는 연결하지 않음을 볼 수 있다.

Component instantiation문에 사용되는 component는 반드시 가시적(visible)이어야 한다. 예를 들어 component declaration이 package에 있는 경우에는 다음과 같이 이를 가시적으로 해주어야 한다.

```
package Component_set is
   component Or2
     port(a, b : in Bit;
          z : out Bit);
   end component;
end component_set;

use Work.component_set;
architecture Sample of Or_gate is
   signal in1, in2, O : Bit;
   -- component instantiation statement
   lab1 : component_set.Or2
        port map(a => In1,  b => In2, z => O);
end Sample;
```

2.13.3 Configuration Specification

Component declaration에서 가상적으로 선언한 component를 component instantiation문에서 사용할 때 이 component가 실제로 어느 library 내의 어떠한 entity를 사용할 것

인지를 정해주는 두 가지 방법이 있으며 이들은 configuration specification과 configuration declaration이다. 여기서는 configuration specification(구성 명세)에 대해서 설명하기로 한다. 이는 architecture body 내에서 직접 사용할 수 있다.

Configuration specification의 형식은 다음과 같다.

```
for instantiation_list : component_이름
                    use binding_indication

instantiation_list ::=
         instantiation_label {, instantiation_label}
         | others
         | all

binding_indication ::=
         entity aspect
         | [generic map (association_list)]
         | [port map(association_list);]

entity_aspect ::=
         entity entity_이름[(architecture_이름)]
         | configuration configuration_이름
         | open
```

위 형식에서 instantiation list에 들어가는 label에는 다음과 같은 여러 가지 종류가 있다.

① 해당 component instantiation문의 label들을 나열한다. 예를 들어

```
for C1, C2, C3 : Inv use entity Work.inverter(inverter_body)
```

와 같이 작성할 수 있다. Label로서 C1, C2, C3을 각각 가진 세 instantiation문이 library Work에 저장되어 있는 entity로서 inverter와 그의 architecture inverter_body를 사용한다.

② Label 자리에 지정어 all을 사용한다. 이 경우에는 component를 instantiation문의 모든 경우에 적용하며 회로 설계에 사용되는 모든 component가 같은 종류일 때이다. 예를 들면, 4-bit 병렬 가산기를 설계할 때는 4개의 전가산기를 사용하므로 전가산기를 정의하는 하나의 component declaration만 필요하며 4개의 instantiation문에서는 똑같은 component를 사용하므로 all을 사용할 수 있다.

다음의 예를 보자.

```
for all : full_adder use entity Work.f_adder(f_adder_beh)
```

③ 지정어 others를 사용한다. Component specification에서 label이 나타난 것을 제외한 모든 instantiation에 적용한다.

```
for others : and use entity Work.and_gate(and_body)
```

위의 형식에서 generic map과 port map은 사용할 entity와 component declaration의 component 사이의 generic과 port를 연결하기 위해서 사용된다.

예를 들어, 두 개의 반가산기와 하나의 OR 게이트를 이용하여 전가산기의 설계 과정을 보기로 하자.

```
-- entity and architecture of a 2-input OR gate
entity Or_G is
  port(  p, q : in Bit;
       r : out Bit);
end Or_G;
architecture behav of Or_G is
```

```
           . . .
end behav;
-- entity and architecture of a half adder
entity Half_A is
  port( s, t : in Bit;
        u, v : out Bit);
end Half_A;
architecture behavor of Half_A is
           . . .
end behavor;
```

위와 같이 OR 게이트와 반가산기가 기술되어서 이들의 entity와 architecture가 library Work에 저장되어 있다고 가정하면 다음과 같이 configuration specification을 이용하여 작성할 수 있다.

```
entity Struct of Full_adder is
    port(X, Y, C_in : in Bit;
        S_out, C_out : out Bit);
end Full_Adder

architecture Structural_Des of Full_Adder is
  -- declaration of internal signals
  signal t_s, t_c1, t_c2 : Bit;
  -- component declarations
  component OR2
      port(i1, i2 : in Bit;
           O : out Bit);
  end component;
  component Half_adder
      port(A1, A2 : in Bit;
          Sum, Carry : out Bit);
  end component;
  -- configuration specification
  for ORG: OR2 use entity Work.Og_G(behav)
          port map (p => i1, q => i2, r => O);
  for others: Half_Adder use entity Work.Half_A(behavor)
          port map( s => A1, t => A2, u => Sum, v => Carry);
  -- component instantiation statements
  begin
     HA1 : Half_Adder
```

```
           port map ( A1 => X, A2 => Y, Sum => t_s,  Carry => t_c1);
     HA2 : Half_Adder
           port map ( A1 => t_s, A2 => C_in, Sum => S_out, Carry =>
t_c2);
      ORG : OR2
           port map ( i1 => t_c1, i2 => t_c2, O => C_out);
end Structural_Des;
```

위의 예에서 지정어 for 다음에 오는 문장이 configuration specification로서 port map의 association list에서는 entity의 port들과 선언된 component의 port들을 결합해주므로 위의 예에서처럼 entity의 port들과 component declaration의 port 이름이 다를 수도 있다. 위의 configuration specification을 다음과 같이 표현할 수도 있다.

```
for HA1, HA2: Half_Adder use entity Work.Half_A(behavor)
        port map ( s => A1, t => A2, u => Sum, v => Carry);
for ORG: OR2 use entity Work.Og_G(behav)
        port map (p => i1, q => i2, r => O);
```

2.13.4 Generate문

규칙적인 구조를 가지는 하드웨어를 설계하는 경우에는 주어진 조건에 따라 여러 번 반복적으로 component를 사용하기 위해서 generate(생성)문을 이용한다. 이는 같은 component를 반복적으로 가지는 설계를 하는데 많은 도움을 준다. 예를 들면, 메모리 배열, 레지스터 등을 정의하는 데 유용하게 사용할 수 있다. 그 형식은 다음과 같다.

```
label: generation_scheme generate
        concurrent문
       end generate [label];
```

위의 형식에서처럼 generate문은 generate라는 지정어와 generation_scheme과 concurrent문으로 이루어져 있다. Generation_scheme은 for scheme과 if scheme의 두 종류로 나누어진다. For scheme은 식별어가 가지는 값의 discrete range를 정해주며 그 형식은 다음과 같다.

```
for  식별어 in discrete_range
```

또한 if scheme은 다음 형식을 가진다.

```
if 조건
```

Generate문 내의 concurrent문으로서는 VHDL에서 사용하는 모든 concurrent문이 올 수 있다. 여러 개의 generate문을 사용함으로써 다소 불규칙적인 회로도 표현할 수 있다.

예를 들어 그림 2.15와 같이 4개의 D-플립플롭을 사용하여 4-비트 shift 레지스터를 설계하여 보자.

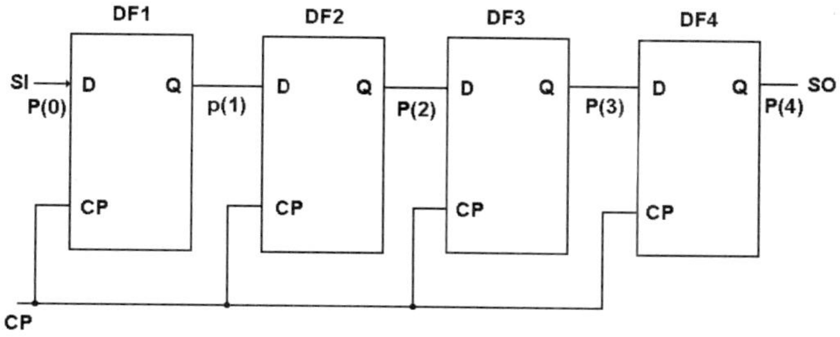

| 그림 2.15 | 4개의 D-플립플롭을 직렬로 연결한 shift 레지스터

그림 2.15를 위한 일반적인 VHDL 코드는 다음과 같다.

```
entity Shifter is
   port (si, cp : in bit;
        so : out bit):
end Shifter;

architecture No_gen_exam of Shifter is
   signal p : Bit_vector(0 to 4);
   component dff
      port (d, cp : in bit;
            q : out bit);
  end component;
begin
  df1 : dff port map(si, cp, p(1));
  df2 : dff port map(p(1), cp, p(2));
  df3 : dff port map(p(2), cp, p(3));
  df4 : dff port map(p(3), cp, so);
end No_gen_exam;
```

generate문을 사용하여 위의 architecture body 부분의 component instantiation문을 표현하면 다음과 같다. 이는 위와 등가(equivalent)의 VHDL 코드이다.

```
begin
   p(0) <= si;
   gl : for i in 0 to 3 generate
          dfx : dff port map(p(i), cp, p(i+1));
       end generate g1;
   so <= p(4);
 end No_gen_exam;
```

위에서는 규칙성을 부여하기 위해서 generate문 앞뒤에 별도의 signal assignment문

```
p(0) <= si; so <= p(4);
```

을 두었으나 이를 두지 않고 generate문 안에 if문과 같은 제어문을 둠으로써 표현할 수도 있다. 예를 들어 위의 generate문을 다음과 같이 바꿀 수도 있다.

```
g1 : for i in 0 to 3 generate
g2 : if i = 0 generate
       dfx : dff port map(si, cp, p(i+1));
    end generate g2;
g3 : if (i > 0) and (i < 3) generate
       dfx : dff port map(p(i), cp, p(i+1));
     end generate g3;
g4 : if (i = 3) generate
       dfx : dff port map(p(i), cp, so);
     end generate g4;
end generate g1;
```

2.14 그 외의 주요 기능

VHDL이 제공하는 그 외의 기능으로 configuration declaration, resolution 함수, overloading, block문 및 guarded signal assignment, disconnection specification, alias declaration 등을 들 수 있다.

2.14.1 Configuration Declaration

Component instantiation문에 사용되는 component가 어느 library 내의 어떠한 entity를 사용할 것이지를 결정해주는 두 번째 방법으로서 configuration declaration(구성 선언)이 있다. 첫 번째 방법으로서 앞에서 배운 configuration specification은 architecture body 내에서 결정을 해주지만, configuration declaration에서는 별도의 configuration unit를 두어서 처리하므로 하향식(top-down) 설계 방식에서 설계의 재사용 및 수정을 위해서 편리하게 사용할 수 있다. 즉 설계를 바꾼다거나 재사용할 경우에도 architecture body는 그대로 두고 configuration 선언만 수정하면 되므로 아주 편리하다.

Configuration declaration의 대략적인 형식을 보면 다음과 같다.

```
configuration configuration_이름 of entity_이름
   {use_clause | attribute_specification}
   block_configuration
end [configuration_이름];
```

위에서 보는 바와 같이 configuration이라는 지정어와 configuration_이름이 오며, entity_이름이 온다. 여기서 entity_이름은 설계의 가장 높은 레벨에 있는 전체 시스템의 이름을 말한다. 선택적으로 use_clause와 attribute_specification이 오며 block configuration이 뒤따라온다. 이 block configuration의 형식은 다음과 같다.

```
block_configuration ::=
     for block_specification
         {use_clause}
         {block_configuration |
          component_configuration}
     end for;

block_specification ::=
     architecture_이름
        | block문_label
        | generate문_label[(index_specification)]

component_configuration ::=
     for instantiation_list : component_이름
    [use binding_indication;]
         [block_configuration]
     end for;
```

위의 형식에서 보는 바와 같이 block_configuration 내에 이를 다시 사용할 수 (nested) 있으므로 계층(hierarchy) 구조의 설계를 가능하게 해준다. 지정어 for 다음에는 architecture_이름이나 label이 올 수 있으며 이 label로서는 block문이나 generate문의 label이 될 수도 있다. 즉 특정 block이나 문장의 label에 대해서 con- figuration declaration이 가능하다. 위에서 binding_indication은 다음과 같다.

```
binding_indication ::=
         entity aspect
         | [generic map (association_list)]
         | [port map(association_list);]
```

```
entity_aspect ::=
        entity entity_이름[(architecture_이름)]
        | configuration configuration_이름
        | open
```

Configuration declaration의 예를 들어보기로 한다.

```
entity System  is
   ...
end System;

architecture Struc_Des of System is
   ...
  component Processor
       generic(...); port(...);
  end component;
  component Bus_controller
       port(...);
  end component;
  component Comm_part
       port(...);
  end component;
begin
  CPU: Processor generic map(...) port map (...);
  Bus: Bus_controller port map (...);
  Part1: Comm_part port map(...);
  Part2: Comm_part port map(...);
end Struc_Des;
-- configuration declaration
```

```
library WORK, STD_COMP;
configuration System_Conf_1 of System is
   use WORK.all;
   for Struc_Des     -- an architecture of Struc_Des
      for CPU: Processor
        use entity STD_COMP.SPARCII(SV_496)
        generic map(Clock => 30 ns);
      for Bus: Bus_controller
        use configuration WORK.Conf_comp1;
      for all: Comm_part
```

```
            use configuration WORK.Conf_common;
          end for;
       end for;
   end System_Conf_1;
```

위의 System_Conf_1은 entity 이름이 System이며 이것의 architecture body 이름이 Structural_View를 위한 것이다. Component 이름인 Processor를 위한 label CPU에서는 library STD_COMP 내에 있는 entity로서 SPARCII와 architecture로서 SV_496을 사용하며 이때 generic을 이용한 Clock도 주어진다. 또한 Bus_controller는 library WORK에 있는 다른 configuration 선언 Conf_comp1을 사용하여 결정해준다. 또한 Comm_part도 미리 선언된 configuration declaration을 이용한다.

전가산기의 테스트 벤치에서 구조적 기술을 이용할 경우에는 다음과 같은 configuration declaration을 정의하여 수행할 수 있다.

```
use Work.all;
configuration FA_Adder_Conf of FA_test is
   for Test
       for FA : Full_Adder
          use entity Work.Full_Adder(Structural_Des);
            for Structural_Des
               for HA1, HA1 : Half_Adder use entity Work.Half_Adder
                    (Beh_Des);
             end for;
             for ORG : OR2 use entity Work.OR2 (Behavioral_Description);
               end for;
            end for;
      end for;
   end for;
end FA_Adder_Conf;
```

위에서는 기술된 Half_Adder와 OR2 게이트의 entity와 architecture가 미리 공용 library인 Work에 저장되어 있다고 가정하고 configuration declaration을 하였다.

2.14.2 Resolution 함수

Signal assignment문은 signal에 값을 전달하므로 그 signal의 driver를 갖게 한다. Signal은 이에 연결된 component instance의 port에 의해서도 영향을 받는다. 이와 같

은 driver나 port를 그 signal의 source라고 부른다.

일반적인 경우에는 signal을 driving하는 단일 source를 가진다. 그러나 한 signal에 여러 개의 driver가 동시에 가해지는 경우에 (즉 한 signal에 여러 개의 process가 정의되는 경우에) 각 driver로부터 값을 받아서 하나의 값을 만들어 내는 함수를 resolution 함수라고 한다. 또한 하나 이상의 source을 가지는 이러한 signal을 resolved signal(분해된 신호)이라고 한다. Resolved signal은 이를 위한 resolution 함수를 반드시 가져야 한다.

가장 좋은 예로서 Wired-OR이나 Wired-AND를 들 수 있다. 다음은 resolution 함수와 resolved signal을 이용하여 Wired-AND를 표현한 것이다. 모든 driver로부터 들어오는 값들을 AND 연산을 취하여 하나의 값으로 만든다. 즉 모든 driver가 '1'을 보낼 때만 그 결과가 '1'이 된다.

```
package Mypackage is
   function wired_and (input : Bit_vector) return Bit;
   type wired_and_vector is array(integer range <>) of wired_and Bit;
end Mypackage;
package body Mypackage is
   function wired_and (input: bit_vector) return bit is
   begin
      for i in input'range loop
         if input(i) = '0' then
           return '0';
         end if;
      end loop;
      return '1';
   end Wired_and;
end Mypackage;

use Work.Mypackage.all;
entity Resolution_exam is
```

```
    port (src1, src2, src3 : in Bit;
           res_sig : out wired_and bit);
end Resolution_exam;
architecture Sample_Des of Resolution_exam is
begin
     res_sig <= src1;
     res_sig <= src2;
```

```
    res_sig <= src3;
end Sample_Des;
```

위의 예에서 signal res_sig은 세 개의 근원 src1, src2, src3을 가지며, resolution 함수를 data type으로 가지므로 이는 resolved signal이다. 세 개의 값에서 하나 값의 계산은 resolution 함수인 wired_and가 수행하며 여기서 세 입력 signal 중에서 하나라도 '0'이면 res_sig가 '0'이 된다. 여기서 wired_and는 무제한 배열(unconstrained array)의 input이므로 resolved_signal에 연결된 source의 수에 따라 input의 index는 자동적으로 결정된다. 즉 연결된 input의 값을 하나씩 '0'인지 조사하여 모두 '1'이면 '1'을 return한다.

Sequential문에서는 resolved signal이 아니라도 여러 개의 driver를 가질 수 있다. 예를 들면,

```
architecture Sample of Seq is
  signal x : bit := 0;
begin
  process(p, w)
      x <= w after 5 ns;
      x <= p and w after 6 ns;
  end process;
end Sample;
```

이 가능하다. 그 이유는 동시에 signal x에 값이 전해지지 않기 때문이며, 위의 경우는 뒤의 signal assignment문이 앞의 transaction을 무시한다.

2.14.3 Overloading

VHDL에서는 enumeration type의 literal, 연산자, 함수 또는 프로시저의 한 이름에 하나 이상의 중복된 기능이 가능한 overloading(중복 기능)을 제공한다. 예를 들면 not, and, or, +, < 등을 연산자로서 뿐만 아니라 함수로 정의하여 사용할 수 있도록 한다. 따라서 같은 이름으로 여러 가지 기능을 할 수 있다.

예를 들면 '0', '1'과 같은 리터럴(literal)이 다음과 같이 overloading될 수 있다.

```
type Bit is ('0', '1');
type Three_value_logic is ('0', '1', 'X');
-- '0','1' are overloaded
```

함수나 프로시저를 overloading으로 정의할 때는 이름은 같지만 같더라도 parameter의 data type이 다르게 주어야 하며, 이들을 사용할 때는 parameter의 data type이 일치하는 함수나 프로시저를 골라서 사용한다.

```
procedure "and"(A, B : Three_level_logic);
function   "and"(A, B : Bit) return Bit;
function   "and"(A, B : Bit_vector) return Bit_vector;
-- "and" is overloaded;
```

기존의 표준화된 연산자 기호를 함수로서 overloading되도록 정의하고자 할 때는 이름 앞과 뒤에 " "을 표시하며 이 경우에는 연산자의 앞과 뒤에 피연산자를 둘 수 있다. 예를 들어 +는 연산자로서 덧셈을 위해 사용할 수도 있지만 다음과 같이 함수로서 정의하여 사용할 수도 있다.

```
function "+" (a, b : Bit_vector)
  return Bit_vector;
function "+" (a : Bit_vector,  b : integer)
  return integer;
```

라는 함수들을 정의한 경우에는

```
O = i1 + i2;
```

라고 불러서 사용할 수 있다.

Predefined 연산자를 overloading으로 정의한 함수를 호출할 경우에는 operand의 개수와 data type이 일치하는 함수를 찾아서 동작을 수행하여 그 결과를 리턴 한다. 일치하는 함수가 없으면 error 메시지를 출력하며 Package 내에 일치하는 함수가 여러 개 있을 경우에는 마지막으로 일치하는 함수를 고른다.

2.14.4 Block문과 Guarded Assignment문

Block문은 회로 설계 시에 내부적으로 계층 구조를 가져야 할 때 사용한다.

```
    . . .
  K <= N after 2 ns;
  A1 <= B1 after 10 ns;
  A2 <= B2 after 10 ns;
```

는

```
   . . .
K <= N after 2 ns;
L1: block begin
  A1 <= B1 after 10 ns;
  A2 <= B2 after 10 ns;
end block;
```

과 같다.

Architecture 내에 있는 문장들을 여러 block으로 나눌 수 있으며 예를 들면 한 block은 ALU 부분, 한 block은 레지스터 부분, 또 다른 block은 shifter 부분 등으로 나눌 수 있다.

각 block은 그 앞에 선택적으로 레이블을 가지며 그 block 내에서만 사용되는 선언문을 가지고 begin과 end block 사이에는 concurrent문을 가진다. 선언문으로서 다음을 가질 수 있다.

```
alias declaration
attribute declaration and specification
component declaration
configuration specification
constant declaration
data type declaration
disconnection specification
file declaration
signal declaration
procedure call
subtype declaration
use clause
```

Block문과 관련된 중요한 특징 중에 하나는 guarded assignment문의 사용이다. Guarded assignment문을 위한 Block문의 형식을 보면 다음과 같다.

```
[label :] block (guard_조건)
       begin
         {concurrent문}
       end block [label];
```

지정어 block 다음의 begin과 end block 사이에 오는 guarded라는 option을 가진

concurrent signal assignment문을 guarded assignment문이라고 부르며 이 문장은 (1) block 뒤에 오는 guard_조건(또는 guard)이 참이고 이 문장 오른쪽의 signal이 변하거나, (2) guard_조건이 거짓에서 참으로 변경될 때 수행된다.

예를 들어 다음과 같은 경우의 예를 보기로 하자.

```
architecture Guarded_example of OR is
 begin
   b1 : block(En = '1')
   begin
     Out1 <= guarded In1;
     Out2 <= In2;
   end block b1;
 end Guarded_example;
```

위에서 En이 '1'이면 Out1은 In1을 따른다. 그러나 이것이 거짓이면 Out1에 있는 값이 그대로 유지된다. 두 번째 문장은 guarded signal assignment문이 아니므로 guard 조건과 무관하게 동작하므로 In2가 바뀔 때마다 Out2가 변한다.

Concurrent signal assignment문에서는 transport나 inertial라는 option대신에 guarded라는 것을 사용할 수 있으나, process문 등의 내부에서 사용되는 sequential문으로서 signal assignment문은 guarded라는 option을 사용할 수 없다. 즉 guarded assignment문이 될 수 없다.

2.15 조합회로

여기서는 조합회로(combinational circuit)에 대한 각종 VHDL 표현들을 살펴보기로 한다. 기초적이면서 가능하면 간단하고 이해하기 쉬운 회로에 대해서 다룬다. 다음에는 간단한 조합회로들의 예로서, 멀티플렉서, 해독기, 7-세그먼트 디코더, 비교기, 홀수 패리티 발생기, ROM10x8, 가산기, ALU에 대한 VHDL 기술들을 나열한다.

참고사항...

지금까지 디지털 이진 신호의 자료형으로 Bit를 사용하였으나 지금 부터는 package로서 IEEE.std_logic_1164를 사용한다.

2.15.1 멀티플렉서

일반적으로 멀티플렉서는 n-비트의 선택 단자에 따라서 2n개의 입력선 중에서 하나를 선택한다. 그림 2.26은 두 개의 입력을 가지는 멀티플렉서로 sel 값에 따라 이 중에서 하나를 선택하여 출력 값으로 내보내는 회로이다. 즉 sel 값이 '0'인 경우 입력 A의 값을 Y로 내보내며, '1'인 경우는 B의 입력을 Y로 내보낸다.

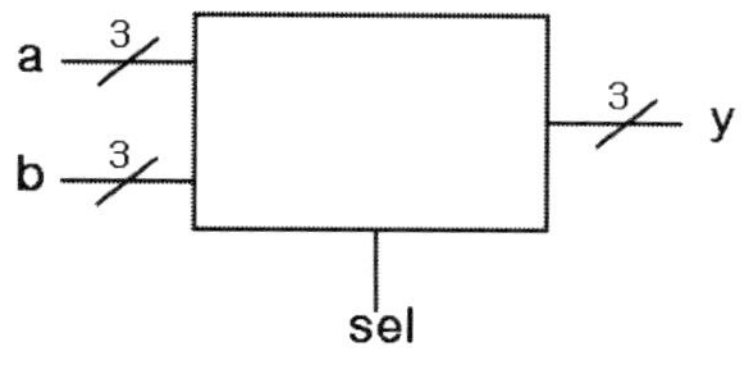

| 그림 2.26 | 입출력

| 표 2.17 | 진리표

sel	y
0	a
1	b

이 회로에 대한 모델링은 다음과 같다.

(1) Entity

```
entity Mux2x1 is
  port ( a, b  : in  std_logic_vector(2 downto 0);
         sel   : in  std_logic;

          y    : out std_logic_vector(2 downto 0));
end Mux2x1;
```

(2) Architecture 1

```
-- behavioral_2 modeling
    architecture Behavioral of Mux2x1 is
      begin
       process(a, b, sel)
       begin
         if sel = '0' then
           y <= a;
         else
           y <= b;
```

```
        end if;
      end process;
    end Behavioral;
```

(3) Architecture 2

```
-- behavioral_3 modeling
     architecture Behavioral of Mux2x1 is
          signal  temp : std_logic;
        begin
          process(a, b, sel)
          begin

            case sel is
               when '0' =>     y <= a;
               when others =>  y <= b;
          end process;
      end Bhavioral;
```

(4) Architecture 3

```
-- dataflow_1 modeling
     architecture Dataflow of Mux2x1 is
        begin
           with sel select
              y <= a when '0',
                    b when '1';
      end Dataflow;
```

2.15.2 디코더

디코더는 n개의 입력 선으로 부터 2진의 정보를 최대 2n개의 독자적인 출력 선으로 변환하는 조합회로이다. 그림 2.27의 경우에는 입력 sel 값으로 출력 포트 y를 선택하여 선택된 포트에는 '1'을 보내고 나머지에는 '0'을 출력하는 회로이다.

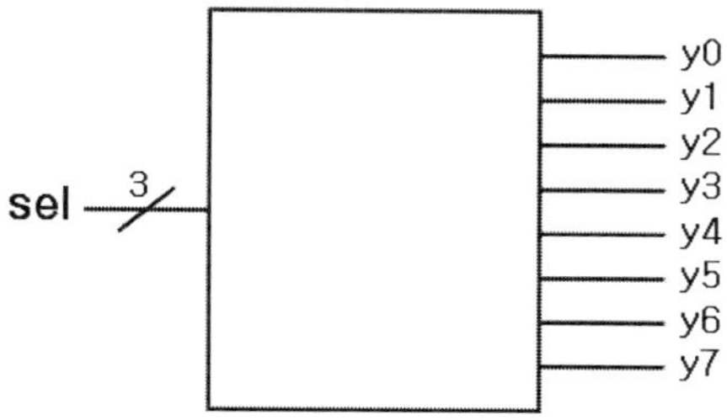

| 그림 2.27 | 입출력

| 그림 2.18 | 진리표

sel	y0	y1	y2	y3	y4	y5	y6	y7
0 0 0	1	0	0	0	0	0	0	0
0 0 1	0	1	0	0	0	0	0	0
0 1 0	0	0	1	0	0	0	0	0
0 1 1	0	0	0	1	0	0	0	0
1 0 0	0	0	0	0	1	0	0	0
1 0 1	0	0	0	0	0	1	0	0
1 1 0	0	0	0	0	0	0	1	0
1 1 1	0	0	0	0	0	0	0	1

이 회로에 대한 모델링은 다음과 같다.

(1) Entity

```
entity Dec3x8 is
  port ( sel  : in  std_logic_vector(2 downto 0);
        y0, y1, y2, y3, y4, y5, y6, y7 : out std_logic  );
end Dec3x8;
```

(2) Architecture

```
-- behavioral modeling
      architecture Behavioral of Dec3x8 is
         begin
          process(sel)
          begin
            if sel = "000" then
               y0<='1'; y1<='0'; y2<='0'; y3<='0';
               y4<='0'; y5<='0'; y6<='0'; y7<='0';
            elsif sel = "001" then
               y0<='0'; y1<='1'; y2<='0'; y3<='0';
               y4<='0'; y5<='0'; y6<='0'; y7<='0';
            elsif sel = "010" then
               y0<='0'; y1<='0'; y2<='1'; y3<='0';
               y4<='0'; y5<='0'; y6<='0'; y7<='0';
            elsif sel = "011" then
               y0<='0'; y1<='0'; y2<='0'; y3<='1';
```

```
    y4<='0'; y5<='0'; y6<='0'; y7<='0';
  elsif sel = "100" then
    y0<='0'; y1<='0'; y2<='0'; y3<='0';
    y4<='1'; y5<='0'; y6<='0'; y7<='0';
  elsif sel = "101" then
    y0<='0'; y1<='0'; y2<='0'; y3<='0';
    y4<='0'; y5<='1'; y6<='0'; y7<='0';
  elsif sel = "110" then
    y0<='0'; y1<='0'; y2<='0'; y3<='0';
    y4<='0'; y5<='0'; y6<='1'; y7<='0';
  else
    y0<='0'; y1<='0'; y2<='0'; y3<='0';
    y4<='0'; y5<='0'; y6<='0'; y7<='1';
  end if;
 end process;
end Behavioral;
```

다음에 나오는 동작적 기술은 위의 예에서처럼 별개의 출력을 기술하지 않고 그림 2.28과 같이 벡터를 사용하여 단순화시킨 예이다.

| 그림 2.28 | 입출력

(3) Entity 2

```
entity Dec3x8 is
  port (  sel  : in  std_logic_vector(2 downto 0);
          y : out std_logic_vector(7 downto 0));
end Dec3x8;
```

(4) Architecture

```
-- behavioral modeling
    architecture Behavioral of Dec3x8 is
      begin
       process(sel)
       begin
          if sel = "000" then
            y <= "00000001";
          elsif sel = "001" then
            y <= "00000010";
          elsif sel = "010" then
            y <= "00000100";
          elsif sel = "011" then
            y <= " 00001000";
          elsif sel = "100" then
            y <= "00010000";
          elsif sel = "101" then
            y <= "00100000";
          elsif sel = "110" then
            y <= "0100000";
          else
            y <= "1000000";
          end if;
        end process;
     end Behavioral;
```

(5) Architecture

```
-- behavioral modeling
    architecture Behavioral of Dec3x8 is
      begin
       process(sel)
       begin
         case sel is
           when "000" =>
             y <= "00000001";
           when "001" =>
             y <= "00000010";
           when "010" =>
             y <= "00000100";
```

```
            when "011" =>
              y <= " 00001000";
            when "100" =>
              y <= "00010000";
            when "101" =>
              y <= "00100000";
            when "110" =>
              y <= "0100000";
            when others =>
              y <= "1000000";
            end case;
          end process;
      end Behavioral;
```

(6) Architecture

```
  -- dataflow modeling
      architecture Dataflow of Dec3x8 is
        begin
          with sel select
              y <= "00000001" when "000",
                   "00000010" when "001",
                   "00000100" when "010",
                   "00001000" when "011",
                   "00010000" when "100",
                   "00100000" when "101",
                   "0100000"  when "110",
                   "1000000" when others;
      end Dataflow;
```

2.15.3 BCD to 7세그먼트 디코더

이 회로는 입력되는 0부터 9까지의 BCD 값에 대하여 그림 2.30의 7-세그먼트에 그 수를 표시하도록 하는 회로이다. 진리표와 심벌은 그림 2.20과 표 2.19와 같다.

| 표 2.19 | 진리표

입력	BCD	y						
		a	b	c	d	e	f	g
0	0 0 0 0	1	1	1	1	1	1	0
1	0 0 0 1	1	1	0	0	0	0	0
2	0 0 1 0	1	0	1	1	0	1	1
3	0 0 1 1	1	1	1	0	0	1	1
4	0 1 0 0	1	1	0	0	1	0	1
5	0 1 0 1	0	1	1	0	1	1	1
6	0 1 1 0	0	1	1	1	1	0	1
7	0 1 1 1	1	1	0	0	1	1	0
8	1 0 0 0	1	1	1	1	1	1	1
9	1 0 0 1	1	1	0	0	1	1	1

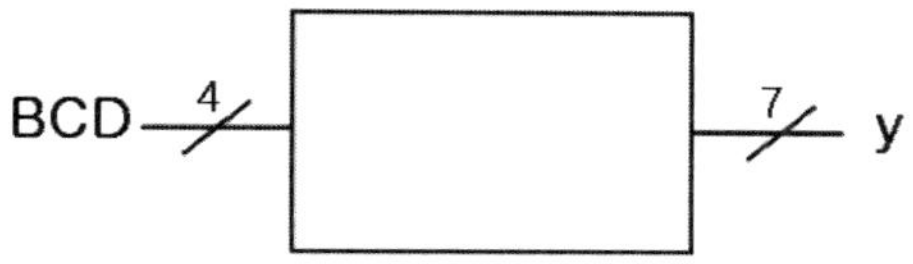

| 그림 2.29 | 입출력

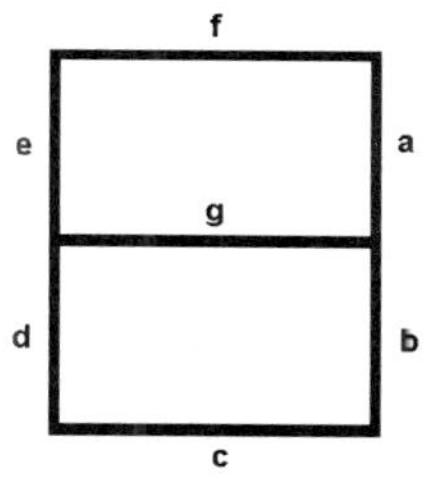

| 그림 2.30 | 7-세그먼트 표시기

이 회로에 대한 모델링은 다음과 같다.

(1) Entity

```
entity Dec7 is
  port (  bcd  : in  std_logic_vector(3 downto 0);
          y   : in  std_logic_vector(6 downto 0)  );
end Dec7;
```

(2) Architecture 1

```
-- behavioral modeling
    architecture Behavioral of Dec7 is
      begin
       process(bcd)
       begin
```

```
        if bcd="0000" then
          y<="1111110";
        elsif bcd="0001" then
          y<="1100000";
        elsif bcd="0010" then
          y<="1011011";
        elsif bcd="0011"then
          y<="1110011";
        elsif bcd="0100"then
          y<="1100101";
        elsif bcd="0101"then
          y<="0110111";
        elsif bcd="0110"then
          y<="0111101";
        elsif bcd="0111"then
          y<="1100110";
        elsif bcd="1000"then
          y<="1111111";
        elsif bcd="1001"then
          y<="1100111";
        else then
          y<="0000000";
        end if;
       end process;
   end behavioral;
```

(3) Architecture 2

```
-- behavioral modeling
     architecture Behavioral of Dec7 is
       begin
        process(bcd)
        begin
         case sel is
           when "0000" =>
             y<="1111110";
 when "0001" =>
             y<="1100000";
           when "0010" =>
             y<="1011011";
           when "0011" =>
```

```
            y<="1110011";
          when "0100" =>
            y<="1100101";
          when "0101" =>
            y<="0110111";
          when "0110" =>
            y<="0111101";
         when "0111" =>
            y<="1100110";
          when "1000" =>
            y<="1111111";
          when "1001" =>
            y<="1100111";
          when others =>
            y<="0000000";
          end case;
        end process;
    end Behavioral;
```

(4) Architecture 3

```
-- dataflow modeling
     architecture dataflow of Dec7 is
        begin
         with sel select
              y<="1111110" when "0000",
                  "1100000" when "0001",
                  "1011011" when "0010",
                  "1110011" when "0011",
                  "1100101" when "0100",
                  "0110111" when "0101",
                  "0111101" when "0110",
                  "1100110" when "0111",
                  "1111111" when "1000",
                  "1100111" when "1001",
                  "0000000" when others;
     end dataflow;
```

2.15.4 비교기

두 개의 입력 a, b에 대해서 서로의 값이 같으면 '1'을 출력하고 다를 경우에는 '0'을 출력하는 회로이다. 비교기의 입출력 진리표는 그림 2.31과 표 2.21과 같다.

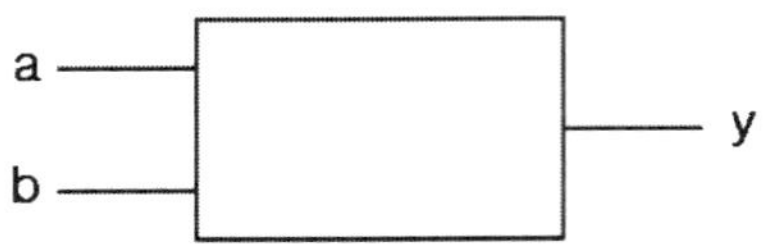

| 그림 2.31 | 입출력

| 표 2.21 | 진리표

a	b	c
0	0	1
0	1	0
1	0	0
1	1	1

이 회로에 대한 모델링은 다음과 같다.

(1) Entity

```
entity Comp is
   port (  a, b  : in  std_logic;
           c     : out std_logic  );
end Comp;
```

(2) Architecture 1

```
-- dataflow modeling
      architecture Dataflow of Compar is
        begin
         c <= not(a xor b);
       end Dataflow;
```

(3) Architecture 2

```
-- behavioral modeling
      architecture Behavioral of Compar is
        begin
          process(a, b)
          begin
```

```
            if a = b then
               c <= '1';
            else
               c <= '0';
            end if;
          end process;
     end Behavioral;
```

2.15.5 홀수 패리티 검사기

패리티는 2진 정보를 전송할 때 발생하는 오류를 검사하기 위해서 사용된다. 홀수 패리티 검사기는 전송된 8비트의 2진 자료 중에서 '1'의 개수를 세어서 홀수이면 '1'을 아니면 '0'을 출력하는 회로이다.

| 그림 2.32 | 입출력

다음은 홀수 패리티 검사기의 Entity 및 동작적 모델링의 예이다.

(1) Entity

```
entity Parity_check is
   port (  word     : in  std_logic_vector(7 downto 0);
           check    : out std_logic  );
end Parity_check;
```

(2) Architecture

```
-- behavioral modeling
       architecture Behavioral of Parity_check is
         begin
           process(word)
```

```
          variable odd : std_logic;
        begin
          odd := '0';
          for j in 0 to 7 loop
            odd := odd xor word(j)
          end loop;
          check <= odd;
        end process;
    end Behavioral;
```

2.15.6 ROM

여기서는 4-비트 주소 입력과 8-비트 자료 출력을 가지는 ROM(Read Only Memory)의 입출력(그림 2.33)과 그의 동작적 모델링 예이다.

| 그림 2.33 | 입출력

이 경우에는 conv_integer와 std_logic_vector를 지원하는 IEEE라이브러리와 arithmetic이라는 패키지가 있다는 가정 하에서 코딩이 이루어지고 있다. 그 이유는 address가 vector이기 때문에 정수로 변환해야 한다. 따라서 이러한 패키지를 사용한다는 선언을 Entity 위에 먼저 한다.

(1) Entity

```
library IEEE;
use IEEE.arithmetic.all;
entity ROM is
  port (  address  : in  std_logic_vector(3 downto 0);
          data     : out std_logic_vector(7 downto 0)  );
end ROM;
```

(2) Architecture

```
-- behavioral modeling
   architecture Behavioral of ROM is
      type memtype is array (0 to 9) of std_logic_vector(7 downto 0);
      constant romdata : memtype := (
         "01111100",
         "00101111",
         "00101011",
         "11101000",
         "11111000",
         "00111000",
         "00000000",
         "01101000",
         "01001100",
         "01101000");
      begin
         process(address)
         begin
           data <= romdata(conv_integer(address));
         end process;
   end Behavioral;
```

2.15.7 가산기

두 개의 4-비트 입력 a, b의 값을 더해서 출력 y로 내보내주는 회로이다. 이 회로에 대한 입출력과 진리표는 그림 2.34와 같다.

| 그림 2.34 | 입출력

이 회로에 대한 Entity 및 동작적 모델링은 다음과 같다.

(1) Entity

```
entity Adder is
   port ( a, b     : in  std_logic_vector(3 downto 0);
          y      : out std_logic_vector(3 downto 0)  );
 end Adder;
```

(2) Architecture 1

```
-- behavioral_1 modeling
     architecture Behavioral of Adder is
       function "+" (L : std_logic_vector;    R : std_logic)
              return std_logic_vector is
         variable carry : std_logic;
         variable sum   : std_logic_vector(L'left downto 0);
       begin
         carry := R;
         for i in 0 to L'left loop
           sum(i) := L(i) xor carry;
           carry  := L(i) and carry;
         end loop;
         return sum;
       end "+";

     begin
        y <= a + b;
     end Behavioral;
```

(3) Architecture 2

```
-- behavioral_2 modeling
```

-- 이 경우에는 arithmetic라는 패키지가 "+"의 기능을 포함하는 경우이다. 대부분의 시뮬레이터가 "+"를 지원하므로 패키지를 찾아 Entity 위에 먼저 선언하고 다음과 같이 간단히 코딩하면 된다.

```
architecture Behavioral of Adder is
begin
  y <= a + b;
end behavioral;
```

2.15.8 산술 및 논리 연산장치

다음은 입력되는 inst에 따라서 수행하는 ALU(Arithmetic and Logic Unit) 회로이다. 8-비트 입력 a, b에 대해서 AND, OR, RIGHT SHIFT, LEFT SHIFT, +, −, *, A Transfer를 수행한다. 이 회로의 입출력은 그림 2.35와 같으며 동작표는 2.22와 같다.

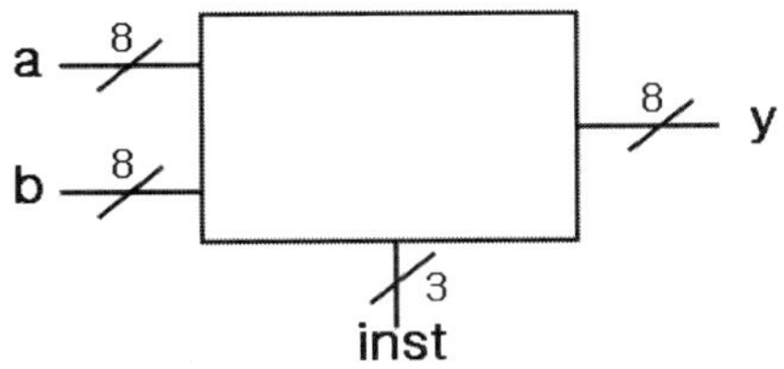

| 그림 2.35 | 입출력

| 표 2.22 | 동작표

INST	OPERATION
0 0 0	a AND b
0 0 1	a OR b
0 1 0	shift left 1 bit
0 1 1	shift right 1 bit
1 0 0	a + b
1 0 1	a - b
1 1 0	a * b
1 1 1	transfer a

앞의 경우와 마찬가지로 다음에 기술하는 "+"나 "−"의 기능을 패키지가 모두 포함하는 경우이다. 대부분의 시뮬레이터가 이러한 기능을 포함하므로 시뮬레이터가 이러한 기능의 패키지를 지원하지 않는 경우의 코딩은 생략하기로 한다.

(1) Entity

```
library IEEE;
  use IEEE.arithmetic.all;

    entity ALU is
       port (  a, b  : in  std_logic_vector(7 downto 0);
               inst  : in  std_logic_vector(2 downto 0);
               y     : out std_logic_vector(7 downto 0)  );
     end ALU;
```

(2) Architecture

```
-- behavioral modeling
    architecture Behavioral of ALU is
```

```
begin
    process(a, b, inst)
    begin
      case inst is
        when "000" =>
          y <=a and b;
        when "001" =>
          y <=a or b;
        when "010" =>
          y <=shl(a,"01");
        when "011" =>
          y <=shr(a,"01");
        when "100" =>
          y <=a + b;
        when "101" =>
          y <=a - b;
        when "110" =>
          y <=conv_std_logic_vector(conv_integer(a * b), 8);
        when others =>
          y <=a;
      end case;
    end process;
end Behavioral;
```

2.16 순차회로

이 절에서는 가능하면 간단하고 쉬우면서도 실제 설계에서 자주 사용되는 순차회로(sequential logic)에 대한 VHDL 표현들을 살펴보기로 한다.

2.16.1 D-플립플롭

플립플롭이란 기억소자로서 1비트의 정보를 저장할 수 있는 능력을 가진 2진 셀(binary cell)이며 클럭에 따라서 작동한다. 그림 2.36은 D-플립플롭의 심벌이며 클럭(ck)의 입력이 '1'이면 d의 값에 따라서 q의 값이 결정된다. 동작표는 표 2.23에 나타나 있다.

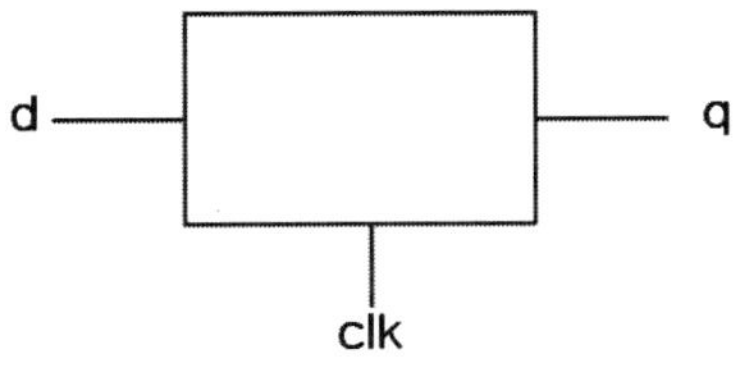

| 그림 2.36 | D-플립플롭 입출력

| 표 2.23 | 동작표

ck	d	q
↑	0	0
↑	1	1

다음은 FLIP FLOP의 VHDL 모델링이다.

(1) Entity

```
entity Dff is
  port ( d, ck  : in  std_logic;
         q      : out std_logic  );
end Dff;
```

(2) Architecture 1

```
-- behavioral modeling (rising edge trigger)
     architecture Behavioral of Dff is
       begin
        process
        begin
          wait until ck'event and ck='1';
          q <= d;
        end process;
      end Behavioral;
```

(3) Architecture 2

```
-- behavioral modeling (rising edge trigger)
     architecture Behavioral of Dff is
       begin
        process(d, ck)
        begin
           if ck'event and ck = '1' then
```

```
            q <= d;
         end if;
       end process;
     end Behavioral;
```

(4) Architecture 3

```
-- dataflow modeling (rising edge trigger)
     architecture Dataflow of Dff is
      begin
        ff : block( ck'event and ck = '1')
            q <= guarded d;
          end block ff;
      end Dataflow;
```

2.16.2 래치

래치(latch)는 플립플롭과 비슷하게 동작한다. 그러나 플립플롭은 클럭에 따라 작동하는 데 비하여 래치는 인에이블(en) 단자의 레벨 상태에 따라 작동한다는 점이 다르다. D-래치의 입출력과 동작표는 그림 2.37과 표 2.24에 각각 나타나 있다.

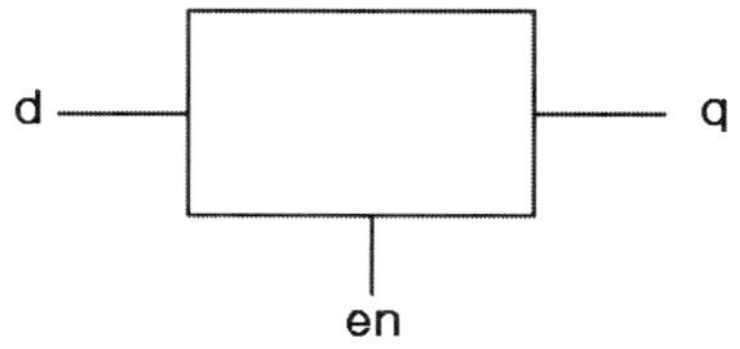

| 그림 2.37 | D-래치 입출력

| 표 2.24 | 동작표

en	d	q
1	0	0
	1	1
0	0	0
	1	0

다음은 래치에 대한 모델링의 예이다.

(1) Entity

```
entity Latch is
   port ( d, en  : in  std_logic;
          q    : out std_logic  );
end Latch;
```

(2) Architecture 1

```
-- behavioral modeling (level trigger)
     architecture Behavioral of Latch is
        begin
         process(d, en)
         begin
           if en then
             q <= d;
           end if;
         end process;
      end Behavioral;
```

위에서 보는 바와 같이 플립플롭과는 다르게 rising 또는 falling edge triggered가 아니고 if를 사용한 en을 check한다. 여기서 주의할 것은 if문에서 else가 없다는 사실이다.

(3) Architecture 2

```
architecture BTL of Latch is
   begin
   latch : block (en = '1')
        q <= guarded d;
   end block latch;
 end ;
```

(4) Architecture 3

```
-- behavioral_2 modeling (level trigger)
     architecture Behavioral of Latch is
         signal temp : std_logic;
        begin
         process(d, en)
         begin
           temp <= (d and en) or (not(en) and temp);
         end process;
         process(temp)
         begin
           q <= temp;
```

```
        end process;
      end Behavioral;
```

2.16.3 비동기 16진 카운터

카운터를 설계할 때 먼저 고려해야 할 것은 출력의 비트 수이다. 그 이유는 출력되는 비트의 수만큼 플립플롭의 개수가 생성되기 때문이다. 예를 들어, 16진 카운터라면 출력이 4비트이면 충분하므로(2^4=16) 4비트 이상은 사용하지 않아야 한다. 만일 출력을 위해서 6이나 7비트를 사용하여도 16진 카운터를 만들 수는 있지만 플립플롭의 낭비가 있을 수 있다. 마지막으로 동기식인지 비동기식 인지를 분명히 해야 한다. 그림 2.38이 카운터의 입출력을 나타내고 있다.

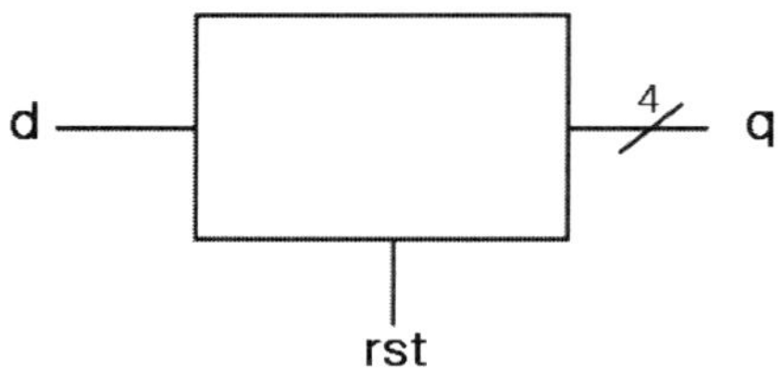

| 그림 2.38 | 입출력

다음은 비동기 16진 카운터의 VHDL 코드이다.

(1) Entity

```
entity Counter16 is
  port ( ck, rst : in  std_logic;
         q    : out std_logic_vector(3 downto 0)  );
end Counter16;
```

(2) Architecture 1

```
-- behavioral_1 modeling (asynchronous reset)
     architecture Behavioral of Counter16 is
        begin
         process(ck, rst)
```

```
        variable v_g : std_logic_vector(3 downto 0);
      begin
        if rst = '0' then   -- 클럭(ck)과 무관하게, rst = 0이면 무조건
          v_g := "0000"; --   reset이 이루어지므로
                         --   비동기(asynchronous) reset이 된다.
        elsif ck'event and ck = '1' then
          v_g := v_g + 1;
        end if;
        g <= v_g;
      end process;
    end Behavioral;
```

(3) Architecture 2

```
-- behavioral_2 modeling (asynchronous reset)
    architecture Behavioral of Counter16 is
      function "+" (L : std_logic_vector;  R : std_logic)
               return std_logic_vector is
        variable carry : std_logic;
        variable sum   : std_logic_vector(L'left downto 0);
      begin
        carry := R;
        for i in 0 to L'left loop
          sum(i) := L(i) xor carry;
          carry  := L(i) and carry;
        end loop;
        return sum;
      end "+";

     begin
       process(ck, rst)
          variable v_g : std_logic_vector(3 downto 0);
       begin
         if rst = '0' then
           v_g := "0000";
         elsif ck'event and ck = '1' then
           v_g := v_g + 1;
         end if;
         g <= v_g;
```

```
        end process;
      end Behavioral;
```

2.16.4 비동기 28진 카운터

0부터 27까지 세고 클럭(ck)이 28번째에서 0이 되는 카운터를 설계한다. 그림 2.39가 카운터의 입출력을 나타낸다.

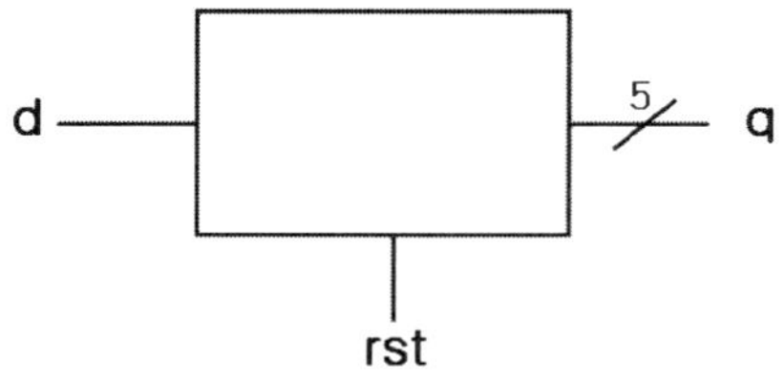

| 그림 2.39 | 입출력

다음은 비동기 28진 카운터의 Entity와 Architecture의 예이다.

(1) Entity

```
entity Counter28 is
  port ( ck, rst   : in  std_logic;
         q      : out std_logic_vector(4 downto 0)  );
end Counter28;
```

(2) Architecture 1

```
-- behavioral modeling (asynchronous reset)
     architecture Behavioral of Counter28 is
        begin
         process(ck, rst)
        variable v_g : std_logic_vector(4 down 0);
         begin
           if rst = '0' then
```

```
            v_g := "00000";
          elsif ck'event and ck = '1' then
             if v_q = 27 then                    ---- counting 28
               v_q := "00000";
             else
               v_q := v_q + 1;
             end if;
         q <= v_q;
         end if;
       end process;
    end Behavioral;
```

2.16.5 동기적 10진 카운터

0부터 9까지 세고 10번째의 클럭 입력에서 0으로 되는 10진 카운터 설계의 예이며 이를 동기적으로 처리한다. 그림 2.40은 입출력을 나타낸다.

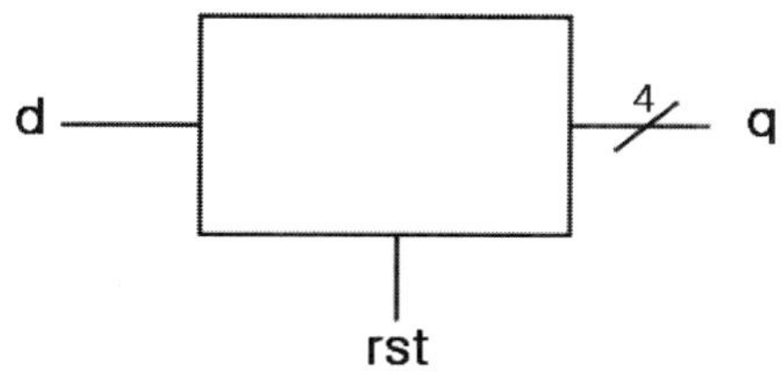

| 그림 2.40 | 입출력

다음은 10진 동기식 카운터의 Entity와 Architecture를 나타낸다.

(1) Entity

```
entity Counter10 is
  port ( ck, rst : in  std_logic;
         q    : out std_logic_vector(3 downto 0)  );
end Counter10;
```

(2) Architecture

```
-- behavioral modeling (asynchronous reset)
    architecture Behavioral of Counter10 is
      begin
       process(ck, rst)
       variable v_q : std_logic_vector(3 downto 0);
       begin

        if ck'event and ck = '1' then
          if rst = '0' then    --  reset가 입력되면 바로 reset가
               v_q := "0000";     --  이루어지는 것이 아니라, 클럭에
                               --  동기되어 이루어진다.
          elsif v_q = 9 then      ---- counting 10
               v_q := "0000";
          else
               v_q := v_q + 1;
          end if;
         end if;
        q <= v_q
        end process;
     end Behavioral;
```

CHAPTER 3

FPGA 설계 응용

3.1 LED

3.1.1 counter로 led 제어

회로에는 조합회로와 순차회로가 있는데, 카운터는 간단한 순차 회로 중의 하나이다. 카운터는 증가하면 업-카운터, 감소하면 다운-카운터라고 부른다. 업-카운터는 clock에 따라 증가하는 카운터이다.

1) 8-bit counter

8-bit counter는 0부터 255까지 증가한 다음에 다시 0으로 초기화되는 과정을 반복하는 회로로서 클럭이 상승 에지(rising edge)에 동기를 맞추어 동작한다. 또한 리셋(reset)을 통해서 초기화를 시키도록 설계되어 있으며, 리셋은 비동기식으로 구현한다.

그림 3.1은 8bit counter의 블럭도이다.

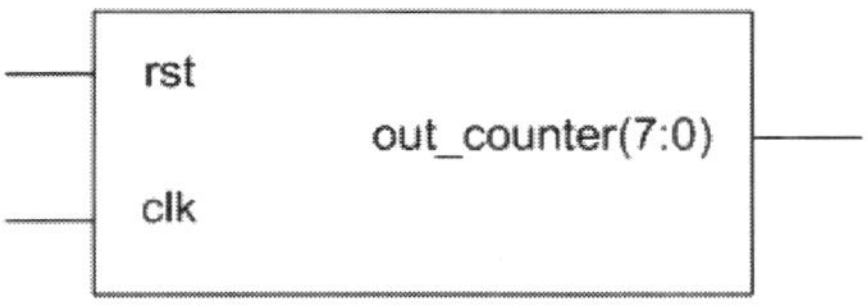

| 그림 3.1 | 8-bit counter의 블럭도

그림 3.2에서 입력은 clk와 rst이며, 출력으로는 out_counter이다. 여기서 clk의 상승 에지에 동기 되어 동작하는 시스템임을 알 수 있다. 리셋(rst)이 1일 경우 초기화 되며, 리셋(rst)이 0일 경우 1씩 증가하도록 되어 있다.

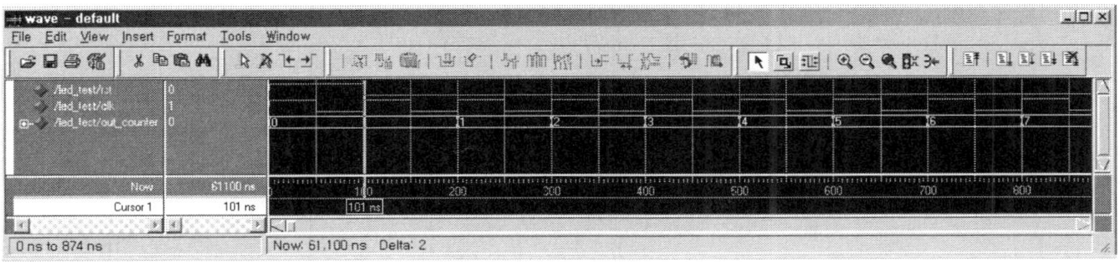

| 그림 3.2 | 비동기 reset을 포함한 시뮬레이션 결과

또한 8-bit counter이므로 그림 3.3과 같이 255까지 증가한 후에 다시 0으로 바뀌는 것을 볼 수 있으며, 이후에도 1씩 증가하는 것을 볼 수 있다.

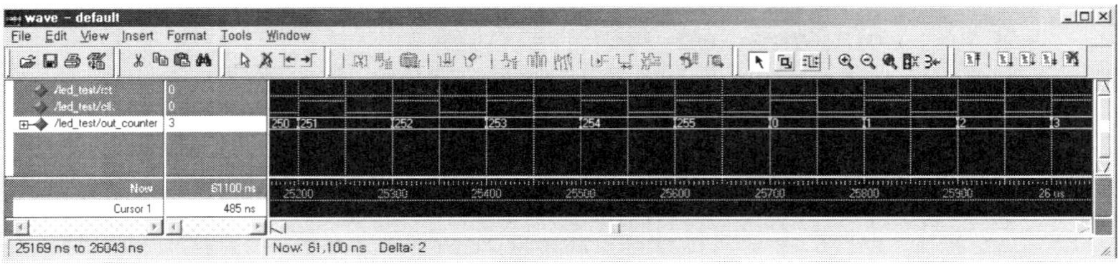

| 그림 3.3 | 비동기식 8-bit counter의 결과

다음은 비동기 리셋을 포함한 8-bit counter를 VHDL로 모델링 한 것으로 그림 3.3의 동작을 수행하는 코드(counter.vhd)이다.

```
library IEEE;
use IEEE.STD_LOGIC_1164.ALL;
use IEEE.STD_LOGIC_ARITH.ALL;
use IEEE.STD_LOGIC_UNSIGNED.ALL;

entity led_test is
    port (
         rst         : in std_logic;
         clk         : in std_logic;   -- 25MHz
         out_counter : out std_logic_vector(7 downto 0));
end led_test;

architecture Behavioral of led_test is

    SIGNAL LED_CLK    :STD_LOGIC;

begin
process(rst, LED_CLK)
    variable v_counter : std_logic_vector(7 downto 0) := "00000000";
    begin
       if(rst='1') then
         v_counter := "00000000";
       elsif (LED_CLK'event and LED_CLK='1') then
         v_counter := v_counter + 1;
       end if;
```

```
                out_counter <= v_counter;
end process;
-- 1.5Hz
        process(clk)
                variable cnt : integer range 0 to 17000000;
                variable clk_out : std_logic;

        begin
                if (clk'event and clk = '1') then
                        if cnt < 16777216 then
                              cnt := cnt + 1;
                        elsif cnt = 16777216 then
                              cnt := 0;
                              clk_out := not clk_out;
                        end if;
                end if;
                LED_CLK <= clk_out;
        end process;

end Behavioral;
```

여기에서 메인클럭(25MHz)을 사용하게 되면 LED의 출력이 너무 빠르므로 클럭을 1.5Hz로 분주하여 사용하도록 설계하였다.

3.1.2 ISE-project

(1) New Project를 통한 ISE Project 생성하기

❶ File 메뉴에서 New Project를 사용해 새로운 프로젝트를 생성한다.

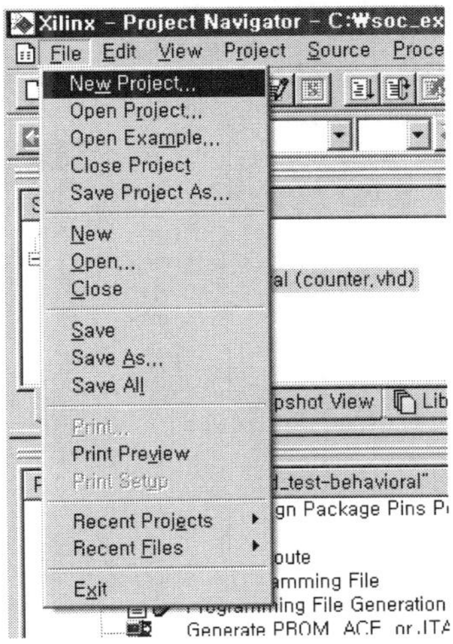

❷-① New project

Project를 설치할 경로와 프로젝트 이름을 지정하고 top-level module의 형식을 지정한다.

프로젝트 설치경로: C:\soc_example_test\counter_test

프로젝트 이름: counter_test

top-level modele Type: HDL

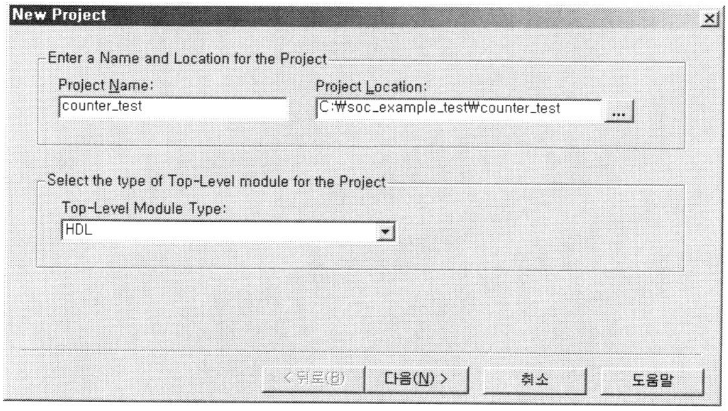

❷-② New project

프로젝트가 생성되었으면 그림 3.5와 같이 FPGA의 타입을 맞춘다.

Device Family: Virtex4

Device: xc4vlx60

Package: ff1148

speed Grade: -10

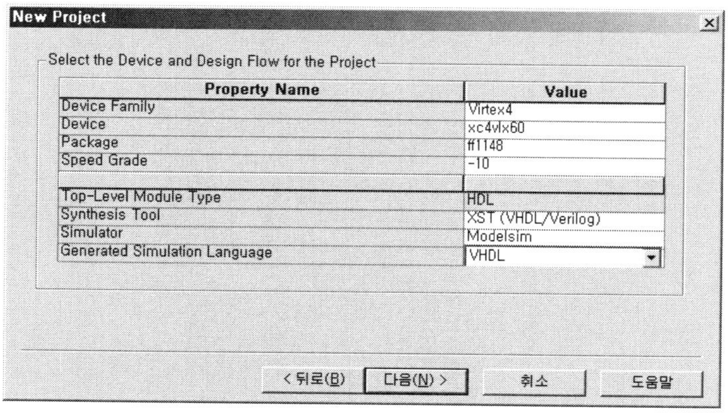

❷-③ New project

프로젝트를 생성하고 FPGA의 타입을 맞추었으면, 다음 단계에서는 파일을 생성하거나 추가하는 단계이다. counter.vhd 파일을 만들어 놓았으므로, 다음단계로 넘어간다.

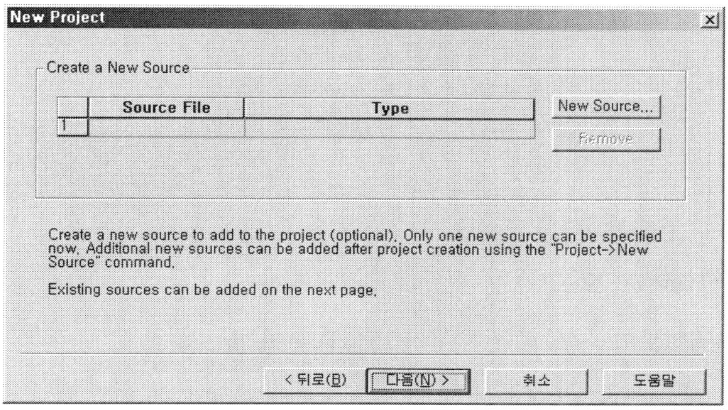

❷-④ New project

추가할 파일이 프로젝트 디렉토리에 있다면 Add source 버튼을 클릭하여 파일(counter.vhd)을 추가해보자. 오른쪽 그림과 같이 VHDL design file을 선택한다.

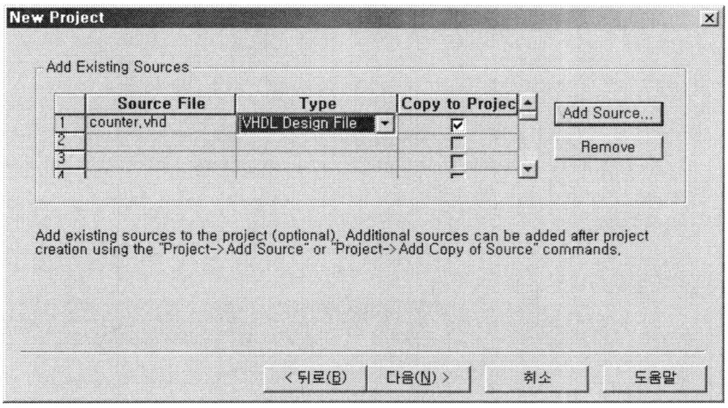

❷-⑤ New project

프로젝트가 완료되었으면, 프로젝트의 정보가 맞게 입력되었는지 확인한다. 다음과 같이 생성되었는지 확인한다.

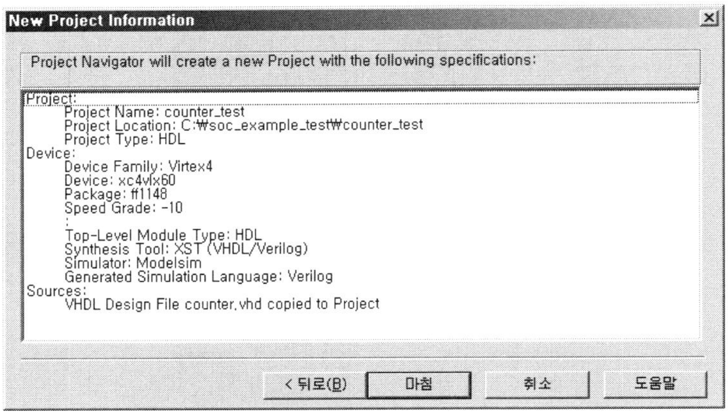

(2) Project 생성

프로젝트가 완성되면 다음 그림과 같이 될 것이다.

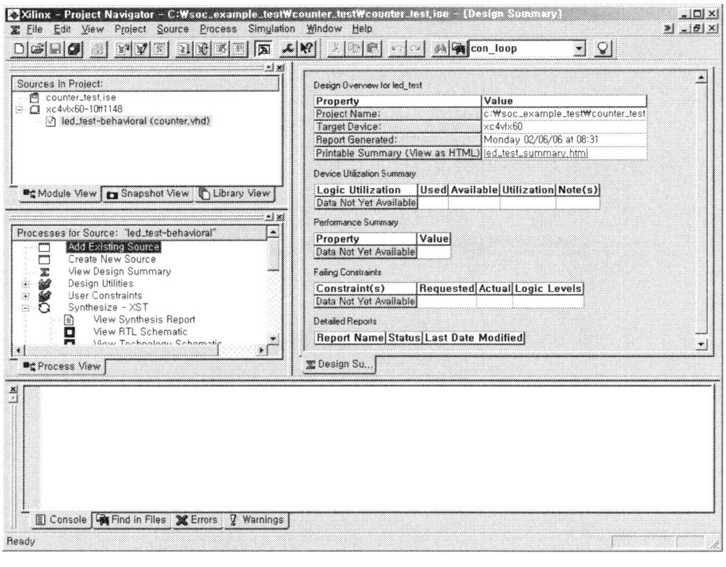

(3) 설정 및 컴파일

❶ 핀 설정을 위한 컴파일

프로젝트 생성이 완료되었으면, Synthesize-XST를 클릭하여 프로젝트를 컴파일 한다. FPGA의 핀을 설정하기 위해서 컴파일을 수행하여야만 한다.

❷-① 핀 설정

소스를 Synthsize하였다면 다음으로 핀을 할당하는데 Assign Package Pins Post-Translate를 클릭하여 핀을 설정할 수 있다.

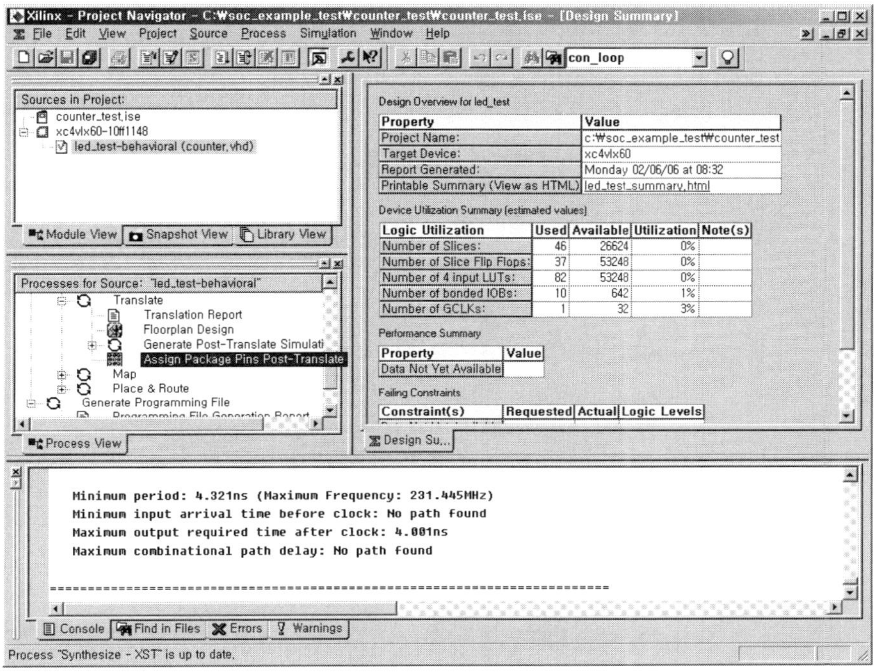

❷-② 핀 설정

핀은 다음과 같이 out_counter와 clk그리고 rst를 설정한다.

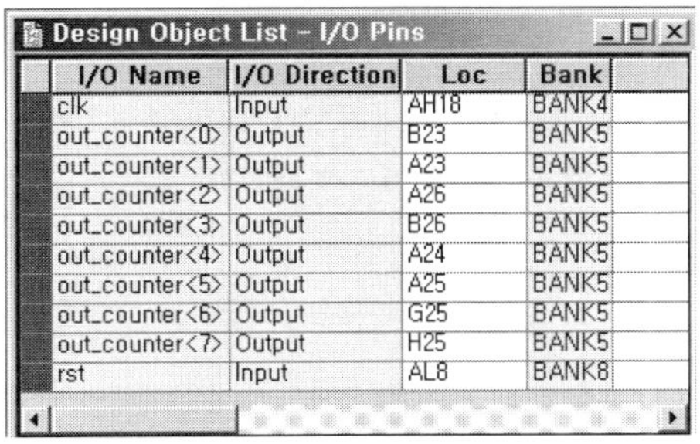
Design Object List - I/O Pins

I/O Name	I/O Direction	Loc	Bank
clk	Input	AH18	BANK4
out_counter<0>	Output	B23	BANK5
out_counter<1>	Output	A23	BANK5
out_counter<2>	Output	A26	BANK5
out_counter<3>	Output	B26	BANK5
out_counter<4>	Output	A24	BANK5
out_counter<5>	Output	A25	BANK5
out_counter<6>	Output	G25	BANK5
out_counter<7>	Output	H25	BANK5
rst	Input	AL8	BANK8

❸ FPGA에 Configuration하기 위한 컴파일

핀 설정이 끝나면 컴파일을 수행한다. 완벽하게 컴파일 되면 Place & Route까지 완료된다.

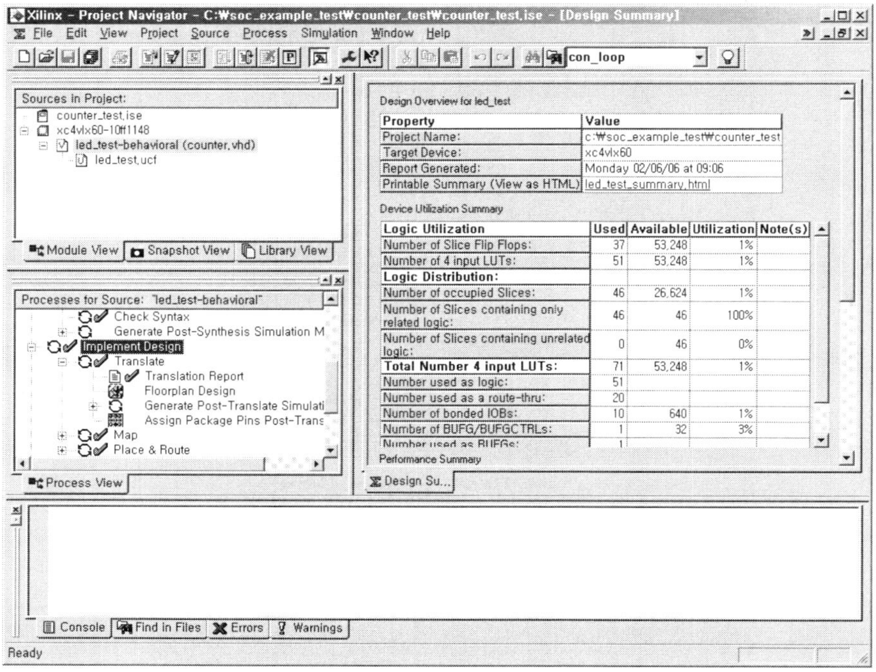

(4) FPGA configuration

❶ 컴파일

FPGA에 configuration하기 위해서 전체 과정을 컴파일 한 후 iMPACT를 통해서 FPGA에 configuration할 수 있다. Configure Device (iMPACT)를 더블 클릭하면 Configuration을 위한 컴파일이 수행된다.

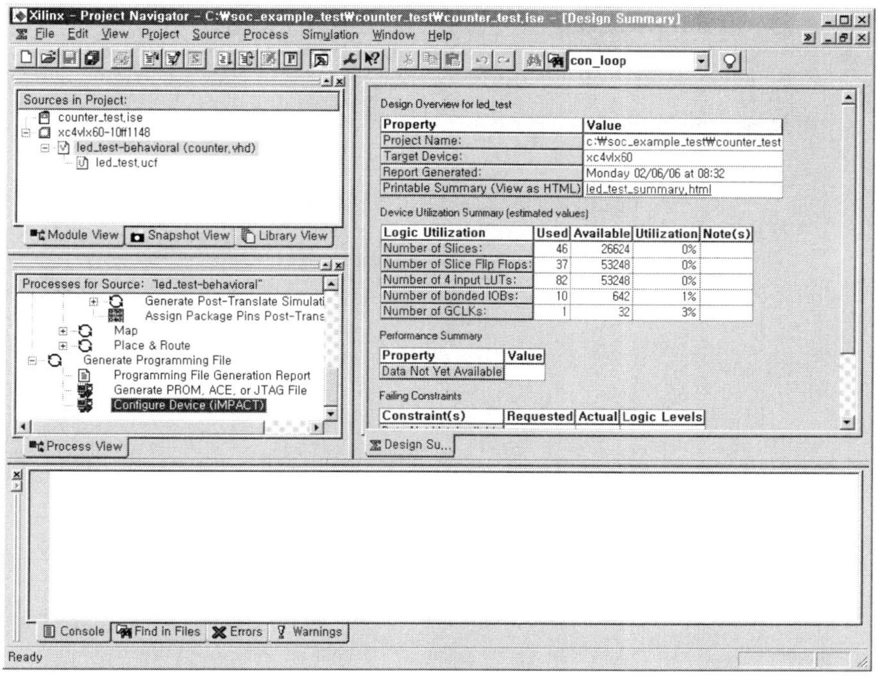

❷-① iMPACT 실행

iMPACT를 실행시켜 Configuration하려면 우선 FPGA를 스캔하여야 하는데, Boundary-Scan Mode를 사용한다. 여기서 에러가 발생하면, 전원과 JTAG가 제대로 연결되었는지 확인 해 봐야한다.

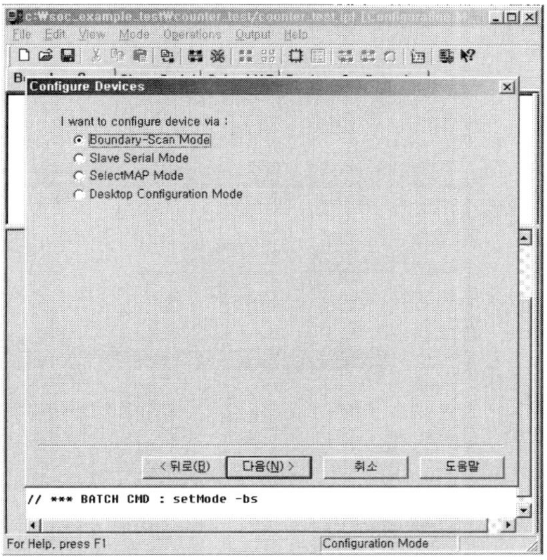

❷-② iMPACT 실행

Boundary-scan을 할 때 자동으로 찾기를 수행하려면 위의 Automatically connect to cable and identify Boundary-Scan chain을 선택하고 마침을 클릭한다.

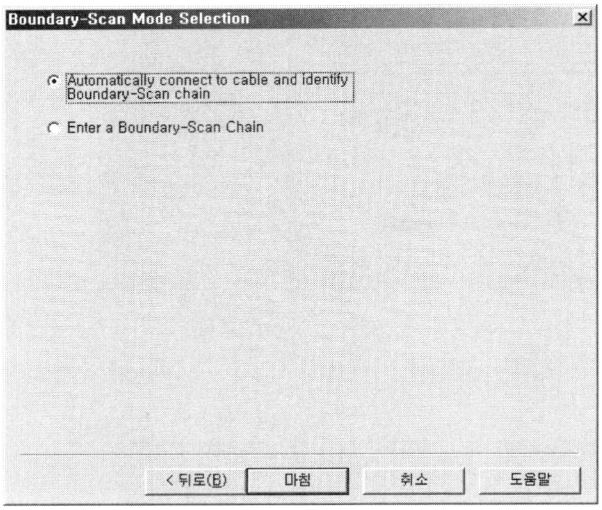

❸-① Configuration 파일 불러오기

Boundary-scan을 마치고 나면 두개의 장치가 선택된다. 하나는 FPGA이고 다른 하나는 FPGA를 configuration해주는 ROM이다. 전원이 켜질 때 마다 configuration을 다시 하고 싶다면 xcf32p에 configuration하고, 전원이 켜져있는 동안만 configuration 하려면 xc4vlx60에 configuration하면 된다.

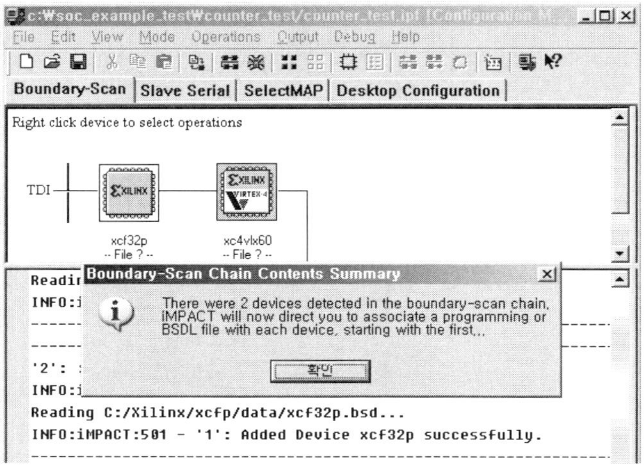

❸-② Configuration 파일 불러오기

본 실습에서는 전원이 켜져있는 동안만 configuration하기 위해서 xcf32p의 파일은 bypass를 선택한다.

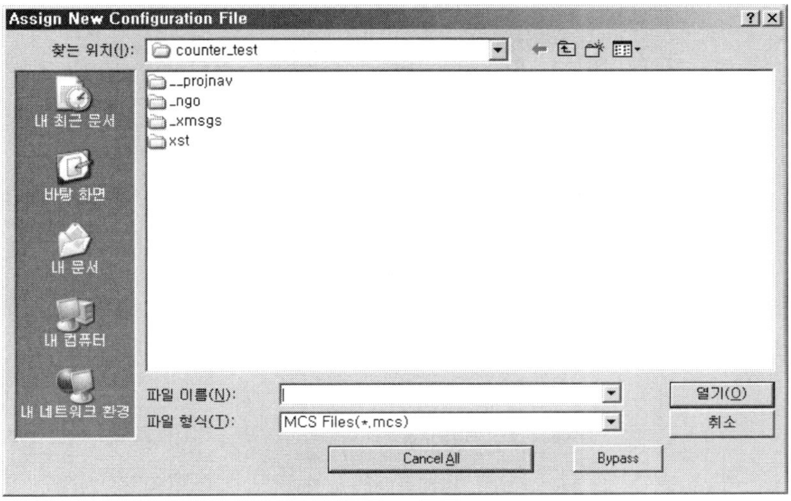

❸-③ Configuration 파일 불러오기

xc4vlx60에 configuration할 파일로 led_test.bit을 선택한다.

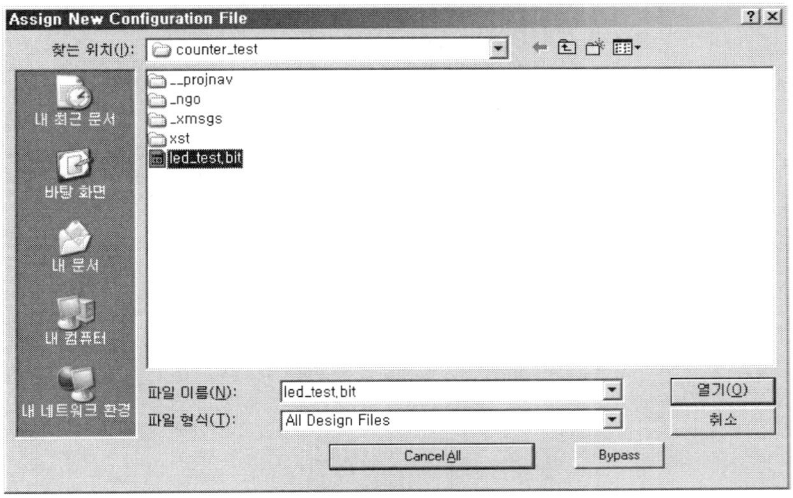

❸-④ Configuration 파일 불러오기

파일이 제대로 불러지면 다음과 같은 메시지가 화면상에 출력된다. 확인을 클릭한다.

❹ Program하기

파일이 제대로 불러졌으면 xc4vlx60을 선택한 후 메뉴의 operations에서 program을 선택하거나 버튼을 눌러 configuration하면 된다. 옵션은 선택하지 않고 진행한다.

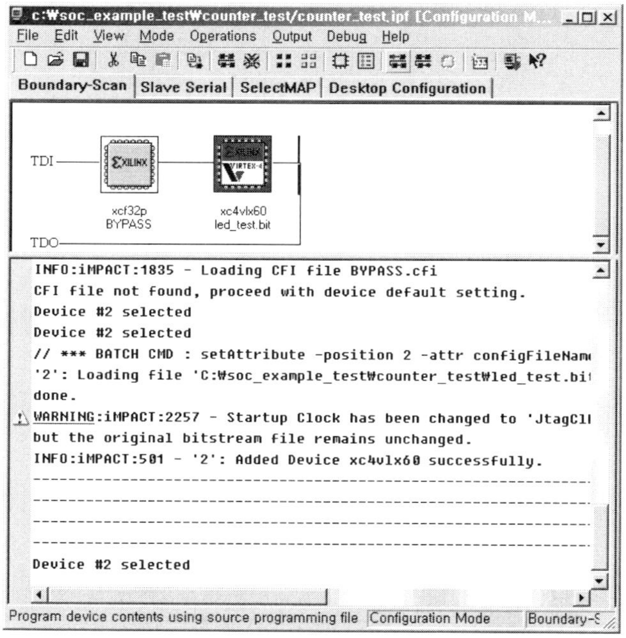

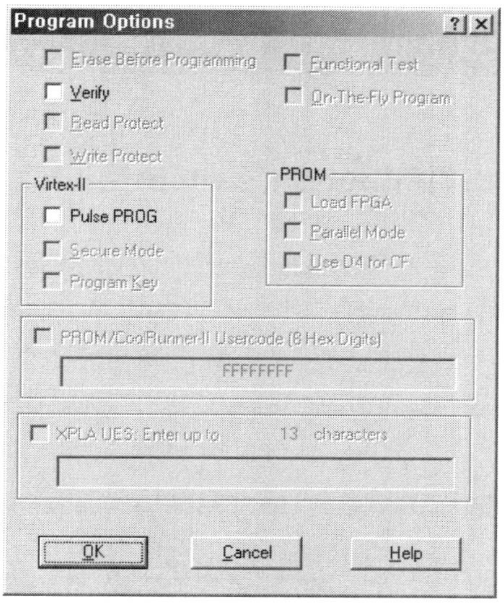

❺ Configuration 완료

완료되면 다음 그림과 같이 Programming Succeeded가 화면에 출력된다.

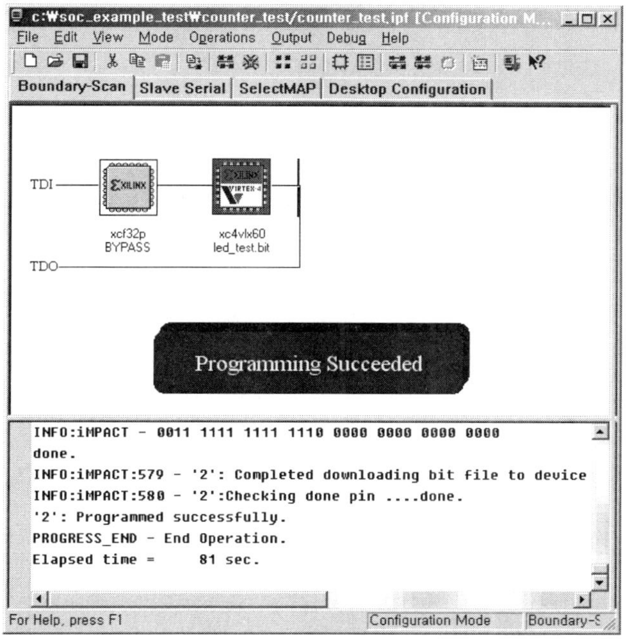

3.2 Button Switch

3.2.1 버튼 스위치(button switch)로 LED 제어

버튼 스위치는 동기식(Synchronous) 버튼과 비동기식(Asynchronous) 버튼이 있다. 비동기식 버튼의 경우에는 클럭에 상관없이 동작하며, 동기식 버튼의 경우에는 클럭의 상승에지에서 동작하도록 설계한다. 비동기식의 경우 아래 그림과 같이 버튼을 누를 경우 입력에 따라 출력도 바뀌는 시스템이다.

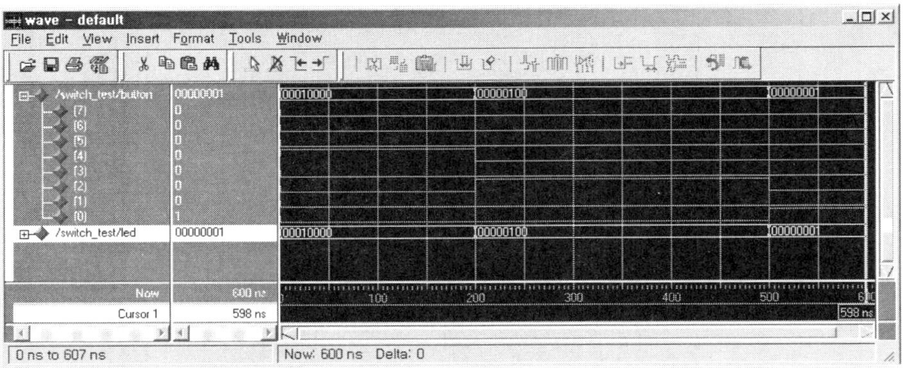

| 그림 3.4 | 비동기식 스위치의 동작파형

그림 3.5는 8개의 스위치를 이용하여 8개의 LED를 제어하는 블럭도를 보여주고 있다.

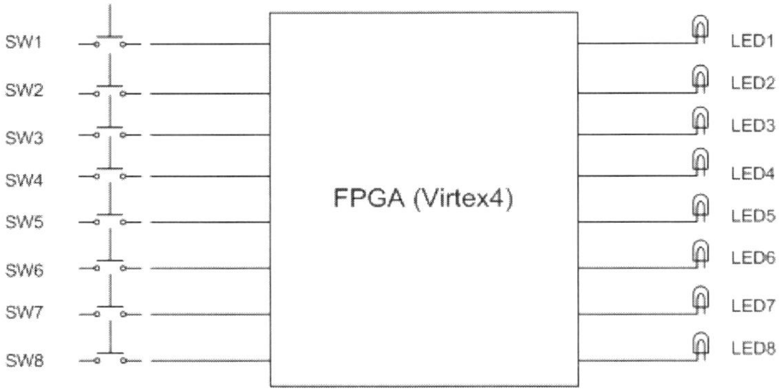

| 그림 3.5 | 스위치를 이용한 LED제어 블럭도

다음은 위의 동작을 수행하는 VHDL 코드(switch_test.vhd)이다. SoCMaster3에 설치되어 있는 LED는 캐소드(Cathod) 타입이므로, 0일 때 불이 들어오고 1일 때 불이 꺼지도록 되어있다.

```
entity switch_test is
       port (   button : in std_logic_vector(7 downto 0);
          led    : out std_logic_vector(7 downto 0));
end switch_test;

architecture Behavioral of switch_test is
begin
    process(button)
    variable led_out : std_logic_vector(7 downto 0) := "11111111";
    begin
       if(button = "00000001") then
          led_out :=  "11111110";
       elsif(button = "00000010") then
          led_out :=  "11111101";
       elsif(button = "00000100") then
          led_out :=  "11111011";
       elsif(button = "00001000") then
          led_out :=  "11110111";
       elsif(button = "00010000") then
          led_out :=  "11101111";
       elsif(button = "00100000") then
          led_out :=  "11011111";
       elsif(button = "01000000") then
          led_out :=  "10111111";
       elsif(button = "10000000") then
          led_out :=  "01111111";
       else
          led_out :=  "11111111";
       end if;

          led <= led_out;
    end process;
end Behavioral;
```

3.2.2 ISE-project

1) New Project를 통한 ISE Project 생성하기

File 메뉴에서 New Project를 사용해 새로운 프로젝트를 생성한다.

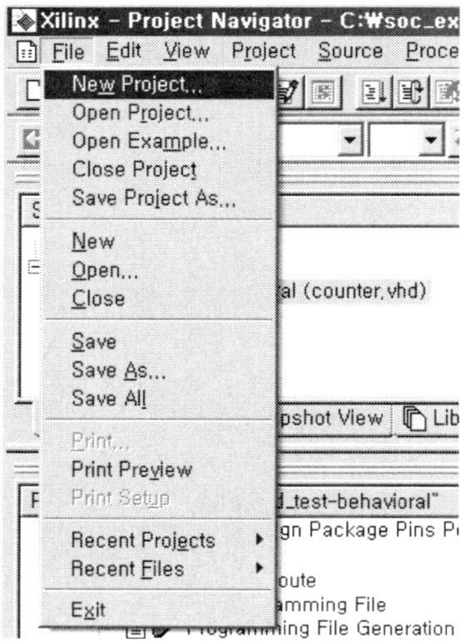

Project를 설치할 경로와 프로젝트 이름을 지정하고 top-level module의 형식을 지정한다.

프로젝트 설치경로: C:\soc_example_test\switch_test

프로젝트 이름: switch_test

top-level modele Type: HDL

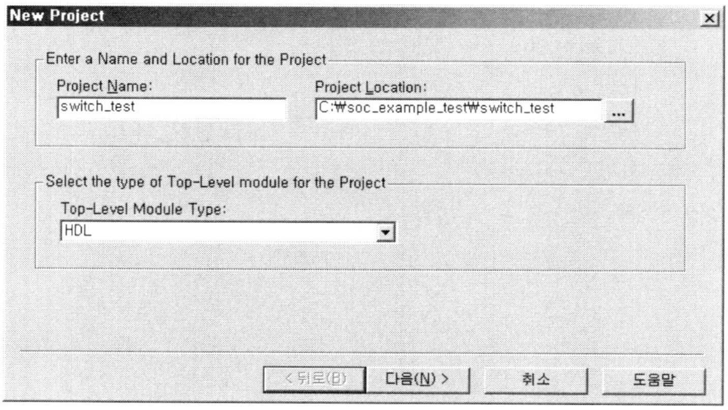

프로젝트가 생성되었으면 다음 그림과 같이 FPGA의 타입을 맞춘다.

Device Family: Virtex4

Device: xc4vlx60

Package: ff1148

speed Grade: -10

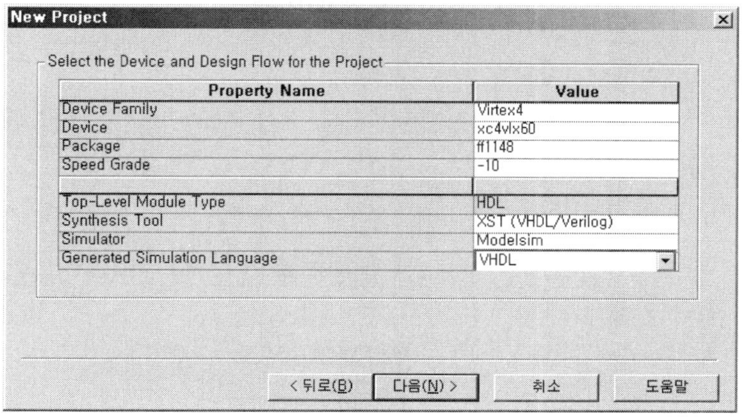

프로젝트를 생성하고 FPGA의 타입을 맞추었으면, 다음 단계에서는 파일을 생성하거나 추가하는 단계이다. switch_test.vhd 파일을 만들어 놓았으므로, 다음단계로 넘어간다.

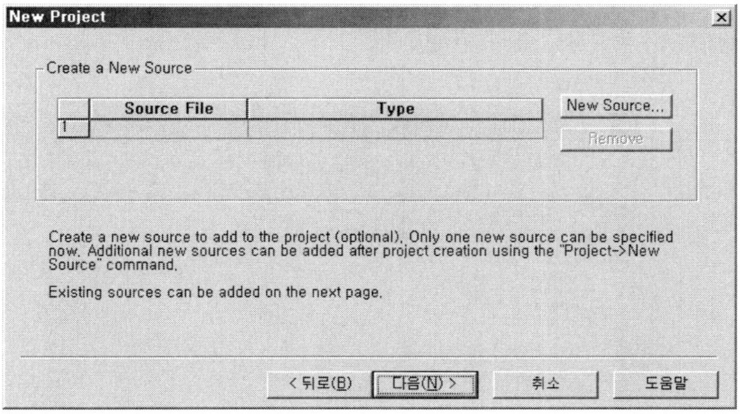

추가할 파일이 프로젝트 디렉토리에 있다면 Add source 버튼을 클릭하여 파일(switch_test.vhd)을 추가해보자. 다음 그림과 같이 VHDL design file을 선택한다.

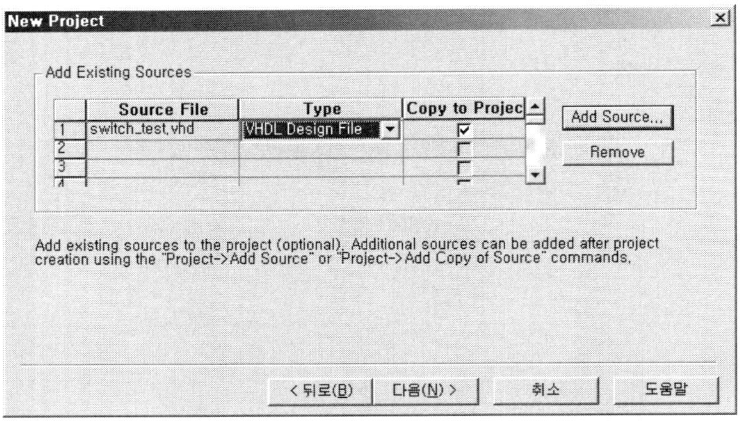

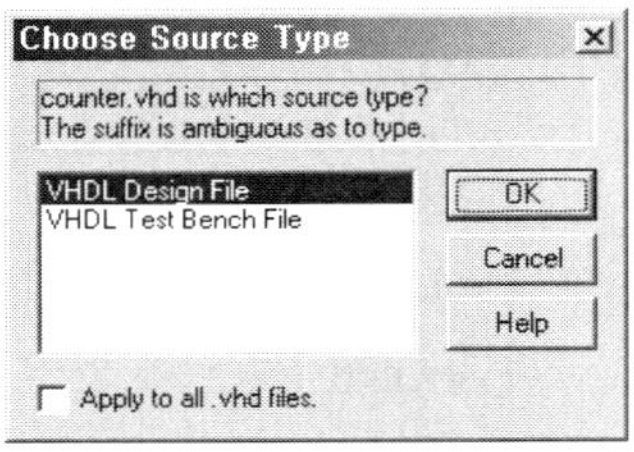

프로젝트가 완료되었으면, 프로젝트의 정보가 맞게 입력되었는지 확인한다. 다음과 같이 생성되었는지 확인한다.

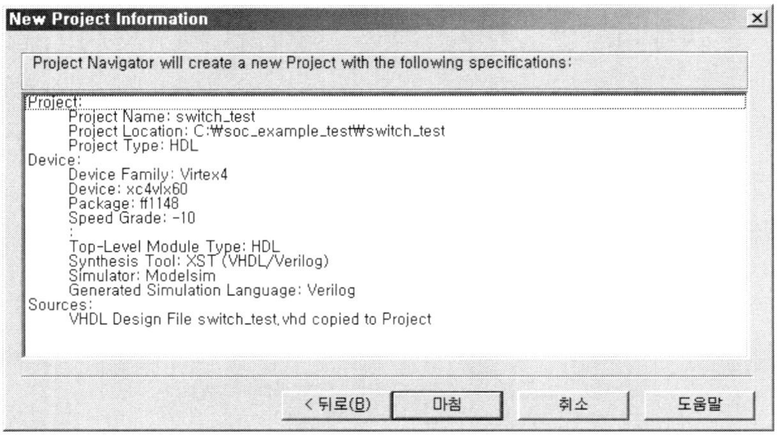

프로젝트가 완성되면 다음 그림과 같이 될 것이다.

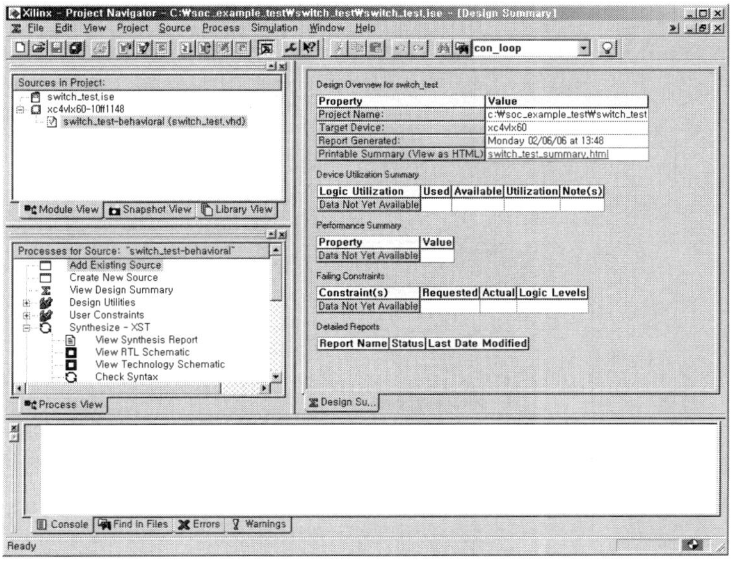

2) 설정 및 컴파일

프로젝트 생성이 완료되었으면, Synthesize-XST를 클릭하여 프로젝트를 컴파일 한다. FPGA의 핀을 설정하기 위해서 컴파일을 수행하여야만 한다.

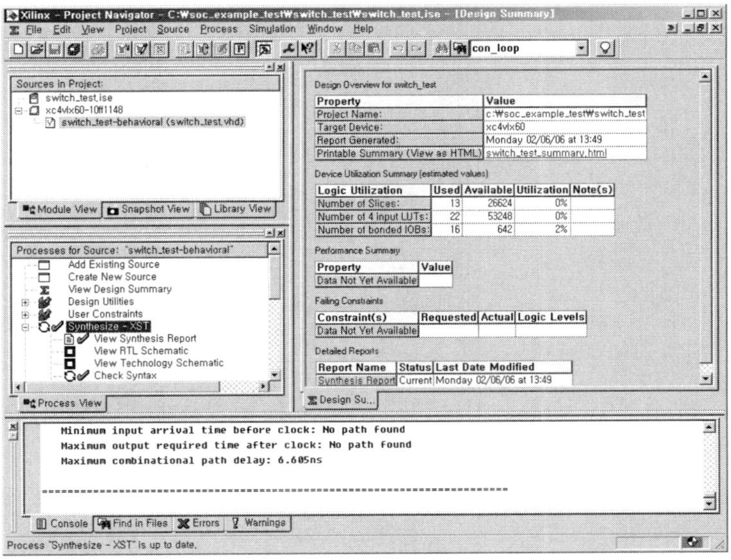

소스를 Synthesize하였다면 다음으로 핀을 할당하는데 Assign Package Pins Post-Translate를 클릭하여 핀을 설정할 수 있다.

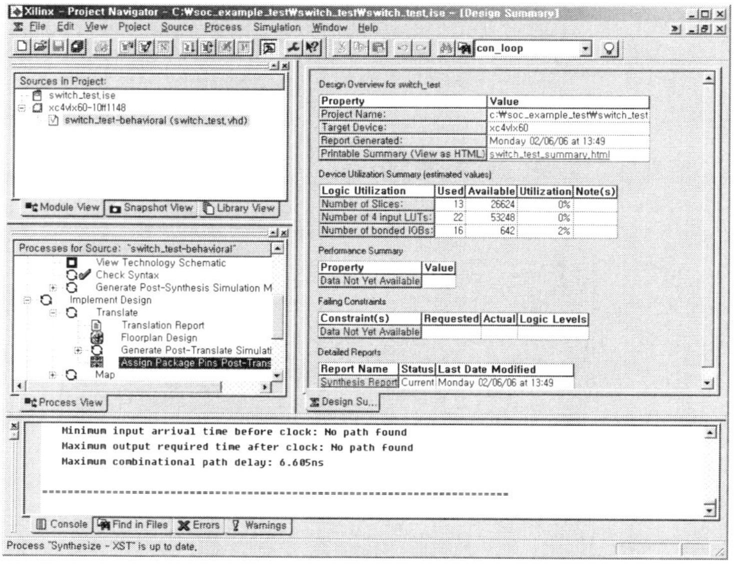

핀은 다음과 같이 button과 led를 설정한다.

Design Object List - I/O Pins

I/O Name	I/O Direction	Loc	Bank	I/O
button<0>	Input	AL8	BANK8	
button<1>	Input	AK8	BANK8	
button<2>	Input	AH8	BANK8	
button<3>	Input	AH7	BANK8	
button<4>	Input	AM13	BANK8	
button<5>	Input	AN13	BANK8	
button<6>	Input	AM6	BANK8	
button<7>	Input	AM5	BANK8	
led<0>	Output	B23	BANK5	
led<1>	Output	A23	BANK5	
led<2>	Output	A26	BANK5	
led<3>	Output	B26	BANK5	
led<4>	Output	A24	BANK5	
led<5>	Output	A25	BANK5	
led<6>	Output	G25	BANK5	
led<7>	Output	H25	BANK5	

핀 설정이 끝나면 컴파일을 수행한다. 완벽하게 컴파일 되면 Place & Route까지 완료된다.

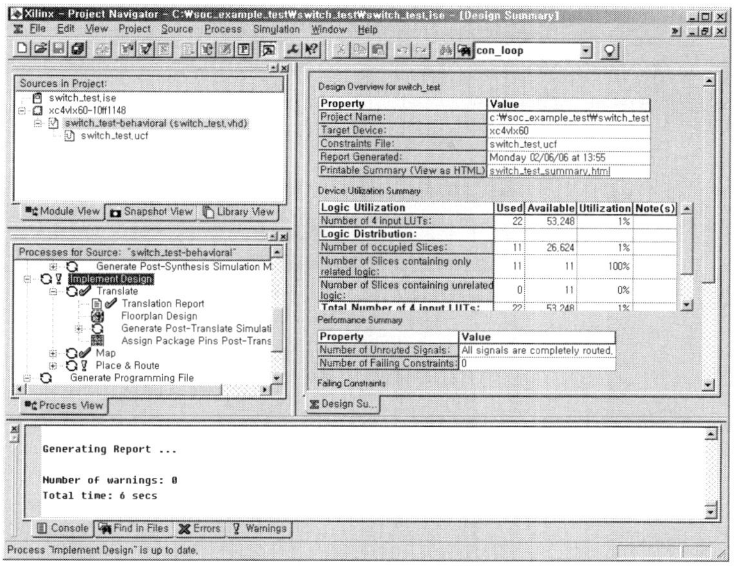

3) FPGA configuration

FPGA에 configuration하기 위해서 전체 과정을 컴파일 한 후 iMPACT를 통해서 FPGA에 configuration할 수 있다. Configure Device (iMPACT)를 더블 클릭하면 Configuration을 위한 컴파일이 수행된다.

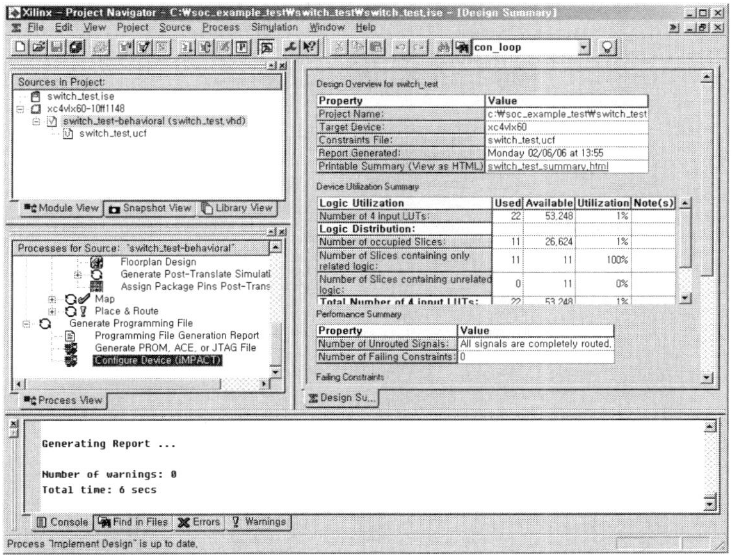

iMPACT를 실행시켜 Configuration하려면 우선 FPGA를 스캔하여야 하는데, Boundary-Scan Mode를 사용한다. 여기서 에러가 발생하면, 전원과 JTAG가 제대로 연결되었는지 확인해 봐야 한다.

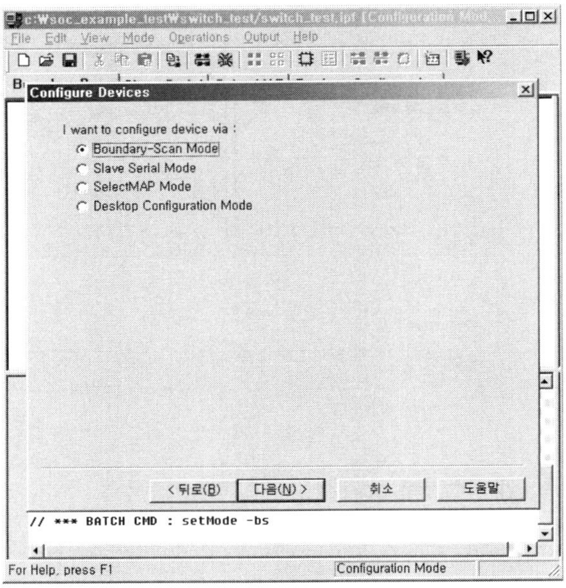

Boundary-scan을 할 때 자동으로 찾기를 수행하려면 위의 Automatically connect to cable and identify Boundary-Scan chain을 선택하고 마침을 클릭한다.

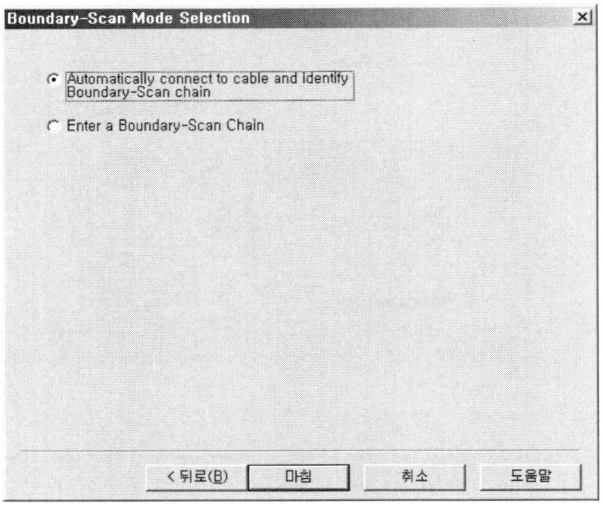

Boundary-scan을 마치고 나면 두개의 장치가 선택된다. 하나는 FPGA이고 다른 하나는 FPGA를 configuration해주는 ROM이다. 전원이 켜질 때 마다 configuration을 다시 하고 싶다면 xcf32p에 configuration하고, 전원이 켜져있는 동안만 configuration 하려면 xc4vlx60에 configuration하면 된다.

본 실습에서는 전원이 켜져있는 동안만 configuration하기 위해서 xcf32p의 파일은 bypass를 선택한다.

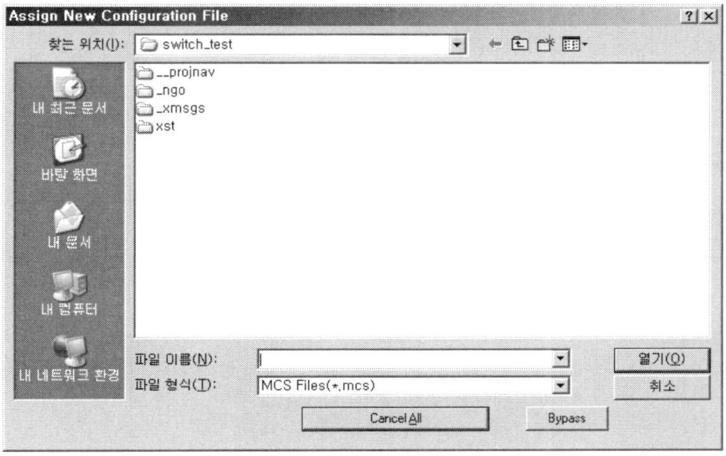

xc4vlx60에 configuration할 파일로 led_test.bit을 선택한다.

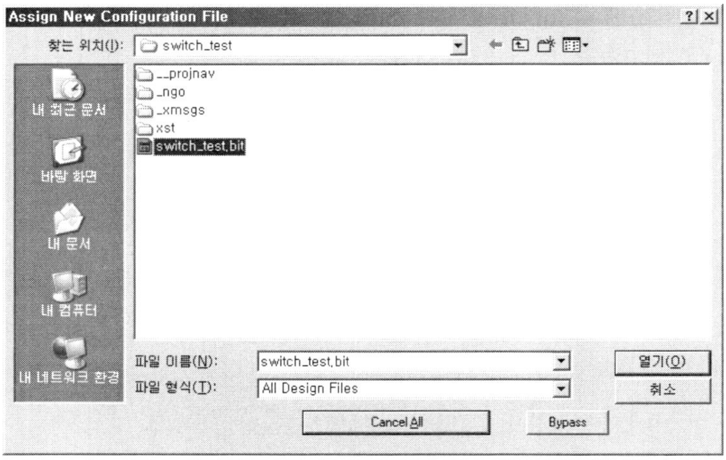

파일이 제대로 불러지면 다음과 같은 메시지가 화면상에 출력된다. 확인을 클릭한다.

파일이 제대로 불러졌으면 xc4vlx60을 선택한 후 메뉴의 operations에서 program을 선택하거나 버튼을 눌러 configuration하면 된다. 옵션은 선택하지 않고 진행한다.

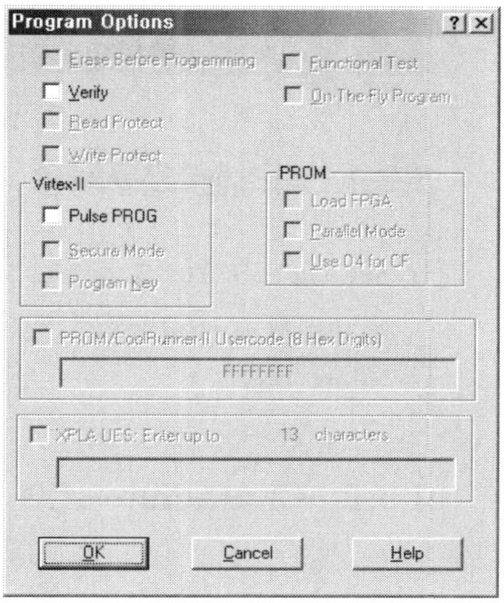

완료되면 다음 그림과 같이 Programming Succeeded가 화면에 출력된다.

3.3 Character LCD

3.3.1 시스템 요구사항

SoCMaster3 Rev 1.0, 1.1, 1.2, 2.0
Xilinx JTAG-to-Parallel 인터페이스 케이블
Xilinx ISE 7.1

3.3.2 Character-LCD 구성 및 동작 설명

(1) Character-LCD이란?

LCD는 액정 디스플레이(liquid crystal display)의 약자로, 전자계산기나 무선 호출기 등에 많이 사용되며, 휴대용 컴퓨터의 화면 표시용으로도 사용되고 있다. 액정은 전압이 걸리면 일정한 방향으로 늘어서는 성질이 있다. 이러한 성질과 전기석에 의한 편광 성질을 이용하여 전압이 걸린 곳이 검게 표시되는 것이다. LCD는 사용하기 편하며 전력 소모가 매우 적은 장점이 있으나, 동작 속도가 느려 빠른 표시를 할 때는 잔상이 남는 문제점이 있다. 이와 같은 특징으로 LCD는 소규모/휴대용 마이크로 컴퓨터 시스템에서 가장 간편하며 강력한 기능을 갖는 표시 장치이다.

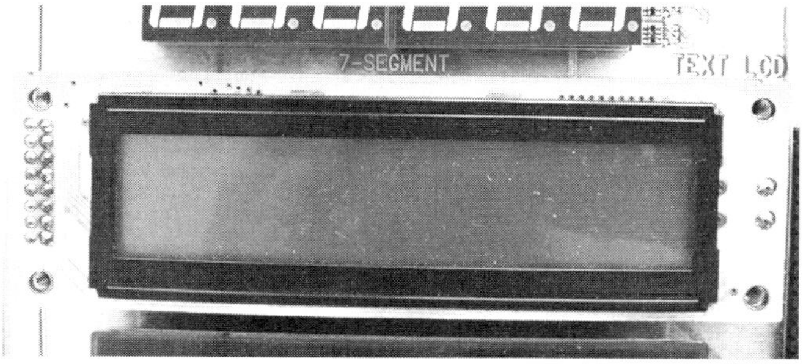

| 그림 3.6 | SoCMaster Character-LCD의 실물 사진

(2) Character-LCD 구동 방법

SoC Master에서 사용한 LCD는 LCD 패널과 제어기가 하나로 되어 있는 모듈 형태의 것으로, 제어기에 데이터 버스 등을 통하여 데이터를 전송하기만 하면 원하는 표시를 얻을 수 있다. 아래 그림은 LCD 모듈의 내부 구조도이다. LCD 제어기는

DB0~DB7의 8비트 데이터 버스를 통해 데이터를 주고받으며, E(Enable: 모듈 선택 신호), R/W(입력/출력 선택), RS(내부 레지스터 선택)의 제어 선을 통해 제어된다. Vdd와 Vss에 +5V 전원을 넣으면 모듈이 동작한다.

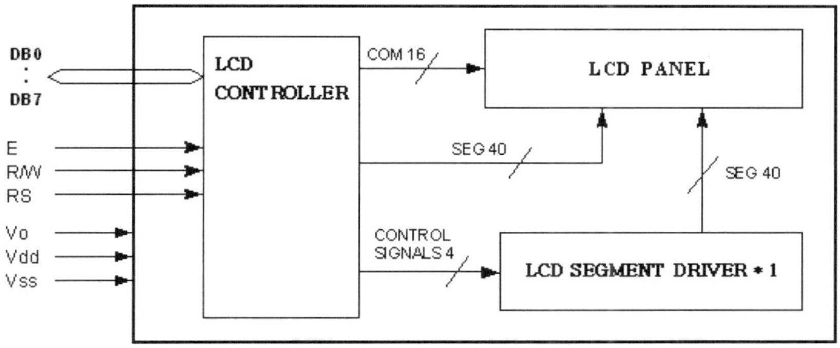

| 그림 3.7 | LCD의 블록 다이어그램

(3) LCD 제어용 핀

- DB0 ~ DB7 : 데이터를 주고받는 데이터 버스
- RS : 명령어를 입출력과 내부의 메모리의 입출력 중 하나를 선택하기 위해 사용되는 핀. 8255A의 A0, A1과 비슷한 의미라고 생각하면 된다. RS가 0이면 명령어 쓰기, 플래그/어드레스 읽기 모드가 되며, RS가 1이면 내부 메모리에 값을 읽거나 쓰는 모드가 된다.
- R/W : 데이터 읽기와 데이터 쓰기를 선택하는 데 사용한다. R/W가 0이면 데이터 쓰기이며, R/W가 1이면 데이터 읽기 상태가 된다.
- E : LCD에 제어 명령이나 데이터를 쓰거나 읽는 등의 동작을 하려면 이 핀이 1이 되어야 한다.

(4) LCD 제어 코드

| 표 3.1 | LCD 제어 코드

번호	기 능	코 드									
		RS	R/W	DB7	DB6	DB5	DB4	DB3	DB2	DB1	DB0
1	디스플레이 클리어	0	0	0	0	0	0	0	0	0	1
2	Home으로 돌아옴	0	0	0	0	0	0	0	0	1	×
3	입력 모드 설정	0	0	0	0	0	0	0	1	I/D	S
4	디스플레이 ON/OFF	0	0	0	0	0	0	1	D	C	B
5	커서/시프트	0	0	0	0	0	1	S/C	R/L	×	×
6	시스템 설정	0	0	0	0	1	IF	N	F	×	×
7	CG RAM 설정	0	0	0	1	ACG					
8	DD RAM 설정	0	0	1	ADD						
9	BF/어드레스 읽기	0	1	BF	AC						
10	CG나 DD 쓰기	1	0	출력 데이터							
11	CG나 DD 읽기	1	1	입력 데이터							

표 3.1은 LCD를 사용하기 위한 제어 신호와 기능을 정리한 것이다. 표의 각 기능에 해당하는 설명은 다음과 같다.

1: 화면을 지운다.

화면 클리어 후 커서는 홈 위치(00 번지)로 돌아간다. 그리고, DD RAM의 모든 어드레스에 스페이스 코드인 0x20이 들어가고 AC(Address Counter)에 DD RAM 어드레스에 0번지가 세트된다. AC는 DD/CG RAM으로 데이터를 쓰거나 기억된 데이터를 읽을 때, 목적지가 되는 RAM의 어드레스를 지정한다. IR에 어드레스 세트 인스트럭션을 써 넣으면, IR에서 AC로 어드레스 정보가 전송된다. DD/CG RAM에 문자 데이터를 써넣으면 엔트리 모드 설정에 따라서 AC는 자동적으로 +1 혹은 −1만큼 증감한다. 그리고 AC의 내용은 RS가 0, R/W가 1일 때, DB0 ~ DB7을 통해서 읽는다.

2: 커서를 좌측 상단의 위치(Home)로 옮긴다.

커서를 0으로 돌아가게 한다. AC에 DD RAM의 어드레스의 0번지가 세트된다.

3: 출력되는 글자가 한 글자씩 뒤로 갈 것인가 앞으로 갈 것인가를 결정

I/D=1 : 증가, I/D=0 감소, S=1 : Accompanies display shift

4: 화면의 ON/OFF, 커서의 ON/OFF, 커서의 깜박임 ON/OFF 결정

D=1 : 화면 ON, C=1 : 커서 ON, B=1 : 깜박임 ON

5: LCD에 출력할 문자를 계속 전송할 경우의 방향을 결정한다.
   S/C=1 : 디스플레이 시프트, S/C=0 : 커서 이동
   R/L=1 : 오른쪽, R/L=0 : 왼쪽
6: LCD의 제어 설정. 4비트/8비트 데이터 설정과 폰트 크기 등을 결정한다.
   IF=1 : 8비트, IF=0 : 4비트
   N=1 : 2행, N=0 : 1행
   F=1 : 5×10 폰트 사용, F=0 : 5×7 폰트 사용
7: LCD에 표시할 위치에 해당하는 어드레스를 지정한다. 어드레스는 DB[6:0]로 표시되는 DD RAM의 어드레스가 AC에 설정되고 이후 읽기/쓰기 데이터는 DD RAM에 쓰이고 읽혀지게 된다.
   어드레스는 아래 표와 같다.

LCD 화면 (왼쪽 위)

00	01	02	03	04	05	06	07	08	09	0A	0B	0C	0D	0E	0F	10	11	12	13
40	41	42	43	44	45	46	47	48	49	4A	4B	4C	4D	4E	4F	50	51	52	53

(오른쪽 아래)

(5) Character-LCD READ/WRITE 동작

Character-LCD의 LCD의 제어 코드를 READ/WRITE 하기 위해서는 일정한 동작 타이밍에 신호를 주어야 한다. 다음 그림과 같이 동작 타이밍에 맞추어 각각의 신호를 제어해야 READ/WRITE 동작이 가능하다.

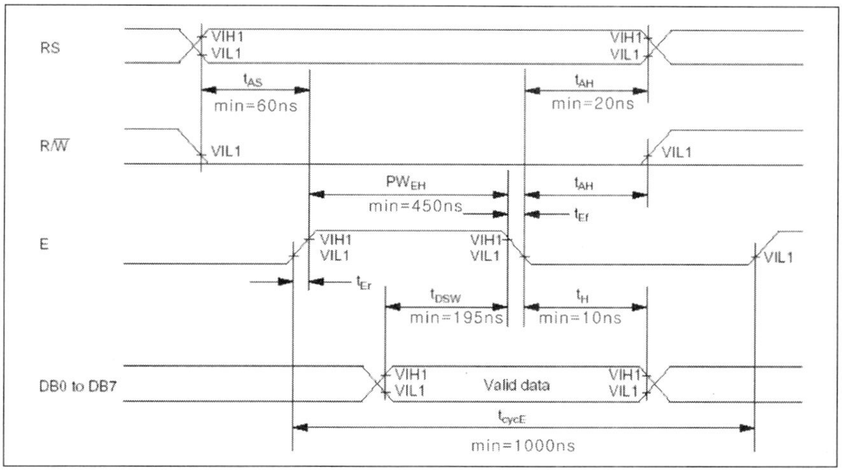

| 그림 3.8 | Character-LCD WRITE 동작 타이밍

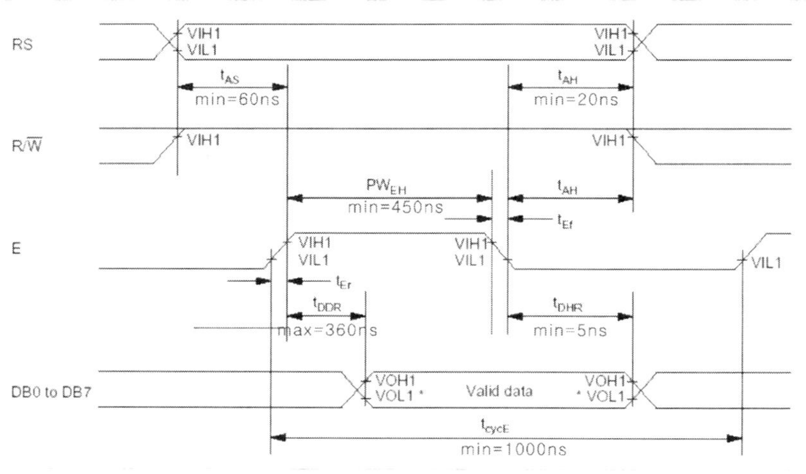

| 그림 3.9 | Character-LCD READ 동작 타이밍

3.3.3 Character-LCD 회로구성

| 표 3.2 | Character-LCD Signal Connection Table

Signal Name	FPGA	Signal Name	FPGA
F_LE	B21	F_LDB0	C22
F_LRS	C30	F_LDB1	B22
F_LRW	A21	F_LDB2	A30
		F_LDB3	B30
		F_LDB4	K24
		F_LDB5	J24
		F_LDB6	C29
		F_LDB7	C30

3.3.4 Xilinx FPGA 실습

(1) 설계 소스

1) charlcd.vhd

```
library ieee;
use ieee.std_logic_1164.all;
use ieee.Numeric_std.all;
use ieee.std_logic_arith.all;
use ieee.std_logic_unsigned.all;

entity charlcd is
    port (
       MAIN_CLK        : in std_logic;
       LCD_RS_OUT      : out std_logic;
       LCD_RW_OUT      : out std_logic;
       LCD_EN_OUT      : out std_logic;
       LCD_DATA_OUT    : out std_logic_vector(7 downto 0));
end charlcd;

architecture BEH of charlcd is
    type PJK is (LCD_SET,LINE1,LINE2,DELAY,LCD_COMMAND);
    signal LCD_STATE : PJK;
    signal count_s : integer range 0 to 30;
    type LCD is (SYSTEM_SET_5,SYSTEM_SET_6, CLEAR_ DISPLAY_1,
                 ENTRY_MODE_SET_3,DISPLAY_ONOFF_4,RETURN_HOME,WRITE);
    signal LCD_MODE     : LCD;
    signal LCD_CLK      : std_logic;
    signal RS           : std_logic;
    signal LCD_DATA     : std_logic_vector(7 downto 0);

    signal NextPRData   : std_logic_vector(31 downto 0);
    signal RDATA        : std_logic_vector(31 downto 0);

    signal reg_a        : std_logic_vector(31 downto 0);
    signal reg_b        : std_logic_vector(31 downto 0);
    signal reg_c        : std_logic_vector(31 downto 0);
    signal reg_d        : std_logic_vector(31 downto 0);
    signal reg_e        : std_logic_vector(31 downto 0);
```

```
    signal reg_f       : std_logic_vector(31 downto 0);
    signal reg_g       : std_logic_vector(31 downto 0);
    signal reg_h       : std_logic_vector(31 downto 0);
    signal reg_command : std_logic_vector(7 downto 0);
    signal reg_speed   : std_logic_vector(15 downto 0);




 CONSTANT LCD_BLANK    : std_logic_vector(7 downto 0)    := "00100000";

 CONSTANT LCD_DASH     : std_logic_vector(7 downto 0)    := "00101101";
 CONSTANT LCD_COLON    : std_logic_vector(7 downto 0)    := "00111010";
 CONSTANT LCD_COMMA    : std_logic_vector(7 downto 0)    := "00101100"
 CONSTANT LCD_DOT      : std_logic_vector(7 downto 0)    := "00101110";
 CONSTANT LCD_0        : std_logic_vector(7 downto 0)    := "00110000";
 CONSTANT LCD_1        : std_logic_vector(7 downto 0)    := "00110001";
 CONSTANT LCD_2        : std_logic_vector(7 downto 0)    := "00110010";
 CONSTANT LCD_3        : std_logic_vector(7 downto 0)    := "00110011";
 CONSTANT LCD_4        : std_logic_vector(7 downto 0)    := "00110100";
 CONSTANT LCD_5        : std_logic_vector(7 downto 0)    := "00110101";
 CONSTANT LCD_6        : std_logic_vector(7 downto 0)    := "00110110";
 CONSTANT LCD_7        : std_logic_vector(7 downto 0)    := "00110111";
 CONSTANT LCD_8        : std_logic_vector(7 downto 0)    := "00111000";
 CONSTANT LCD_9        : std_logic_vector(7 downto 0)    := "00111001";
 CONSTANT LCD_A        : std_logic_vector(7 downto 0)    := "01000001";
 CONSTANT LCD_B        : std_logic_vector(7 downto 0)    := "01000010";
 CONSTANT LCD_C        : std_logic_vector(7 downto 0)    := "01000011"
 CONSTANT LCD_D        : std_logic_vector(7 downto 0)    := "01000100";
 CONSTANT LCD_E        : std_logic_vector(7 downto 0)    := "01000101";
 CONSTANT LCD_F        : std_logic_vector(7 downto 0)    := "01000110";
 CONSTANT LCD_G        : std_logic_vector(7 downto 0)    := "01000111";
 CONSTANT LCD_H        : std_logic_vector(7 downto 0)    := "01001000";
 CONSTANT LCD_I        : std_logic_vector(7 downto 0)    := "01001001";
 CONSTANT LCD_J        : std_logic_vector(7 downto 0)    := "01001010";
 CONSTANT LCD_K        : std_logic_vector(7 downto 0)    := "01001011";
 CONSTANT LCD_L        : std_logic_vector(7 downto 0)    := "01001100";
 CONSTANT LCD_M        : std_logic_vector(7 downto 0)    := "01001101";
 CONSTANT LCD_N        : std_logic_vector(7 downto 0)    := "01001110";
 CONSTANT LCD_O        : std_logic_vector(7 downto 0)    := "01001111";
 CONSTANT LCD_P        : std_logic_vector(7 downto 0)    := "01010000";
```

```
CONSTANT LCD_Q          : std_logic_vector(7 downto 0)    := "01010001";
CONSTANT LCD_R          : std_logic_vector(7 downto 0)    := "01010010";
CONSTANT LCD_S          : std_logic_vector(7 downto 0)    := "01010011";
CONSTANT LCD_T          : std_logic_vector(7 downto 0)    := "01010100"
CONSTANT LCD_U          : std_logic_vector(7 downto 0)    := "01010101";
CONSTANT LCD_V          : std_logic_vector(7 downto 0)    := "01010110";
CONSTANT LCD_W          : std_logic_vector(7 downto 0)    := "01010111";
CONSTANT LCD_X          : std_logic_vector(7 downto 0)    := "01011000";
CONSTANT LCD_Y          : std_logic_vector(7 downto 0)    := "01011001";
CONSTANT LCD_Z          : std_logic_vector(7 downto 0)    := "01011010";
CONSTANT LCD_UNDER      : std_logic_vector(7 downto 0)    := "01011111";

CONSTANT LCD_S_a        : std_logic_vector(7 downto 0)    := "01100001";
CONSTANT LCD_S_b        : std_logic_vector(7 downto 0)    := "01100010";
CONSTANT LCD_S_c        : std_logic_vector(7 downto 0)    := "01100011";
CONSTANT LCD_S_d        : std_logic_vector(7 downto 0)    := "01100100";
CONSTANT LCD_S_e        : std_logic_vector(7 downto 0)    := "01100101";
CONSTANT LCD_S_f        : std_logic_vector(7 downto 0)    := "01100110";
CONSTANT LCD_S_g        : std_logic_vector(7 downto 0)    := "01100111";
CONSTANT LCD_S_h        : std_logic_vector(7 downto 0)    := "01101000";
CONSTANT LCD_S_i        : std_logic_vector(7 downto 0)    := "01101001";
CONSTANT LCD_S_j        : std_logic_vector(7 downto 0)    := "01101010";
CONSTANT LCD_S_k        : std_logic_vector(7 downto 0)    := "01101011";
CONSTANT LCD_S_l        : std_logic_vector(7 downto 0)    := "01101100";
CONSTANT LCD_S_m        : std_logic_vector(7 downto 0)    := "01101101";
CONSTANT LCD_S_n        : std_logic_vector(7 downto 0)    := "01101110";
CONSTANT LCD_S_o        : std_logic_vector(7 downto 0)    := "01101111";
CONSTANT LCD_S_p        : std_logic_vector(7 downto 0)    := "01110000";
CONSTANT LCD_S_q        : std_logic_vector(7 downto 0)    := "01110001";
CONSTANT LCD_S_r        : std_logic_vector(7 downto 0)    := "01110010";
CONSTANT LCD_S_s        : std_logic_vector(7 downto 0)    := "01110011";
CONSTANT LCD_S_t        : std_logic_vector(7 downto 0)    := "01110100";
CONSTANT LCD_S_u        : std_logic_vector(7 downto 0)    := "01110101";
CONSTANT LCD_S_v        : std_logic_vector(7 downto 0)    := "01110110";
CONSTANT LCD_S_w        : std_logic_vector(7 downto 0)    := "01110111";
CONSTANT LCD_S_x        : std_logic_vector(7 downto 0)    := "01111000";
CONSTANT LCD_S_y        : std_logic_vector(7 downto 0)    := "01111001";
CONSTANT LCD_S_z        : std_logic_vector(7 downto 0)    := "01111010";

CONSTANT add_line_1     : std_logic_vector(7 downto 0)    := "10000000";
CONSTANT add_line_2     : std_logic_vector(7 downto 0)    := "11000000";
```

```
CONSTANT add_line_3    : std_logic_vector(7 downto 0)    := "10010100";
CONSTANT add_line_     : std_logic_vector(7 downto 0)    := "11010100";


begin

process(LCD_CLK)
   variable count      : integer range 0 to 21;
   variable cnt_d      : integer range 0 to 20;


begin
   if LCD_CLK = '1' and LCD_CLK'event then
      count := count + 1;

      case LCD_STATE is
         when LCD_SET =>
            if count = 14 then
               count := 0;
               LCD_STATE <= LINE1;
            else
               LCD_STATE <= LCD_SET;
            end if;

         when LINE1 =>
            if count = 17 then
               count := 0;
               LCD_STATE <= LINE2;
            else
               LCD_STATE <= LINE1;
            end if;

         when LINE2 =>
            if count = 17 then
               count := 0;
               LCD_STATE <= DELAY;
            else
               LCD_STATE <= LINE2;
            end if;
         when DELAY =>
            if count = 20 then
```

```
                cnt_d := cnt_d + 1;

                count := 0;
            end if;
            if cnt_d = 15 then
                cnt_d := 16;
                LCD_STATE<= LCD_COMMAND;
            elsif cnt_d = 20 then
                cnt_d := 0;
                LCD_STATE <=LINE1;
            else
                LCD_STATE <= DELAY;

            end if;
        when LCD_COMMAND =>
                count := 0;
                LCD_STATE <= DELAY;

        end case;
      count_s <= count ;
   end if;
end process;

process (LCD_CLK)
   variable data_v    : integer range 0 to 255;
   variable cnt_v              : integer range 0 to 255;
begin

   cnt_v := count_s;

   case LCD_STATE is
   when LCD_SET =>     RS <= '0';
   when LINE1 =>
           CASE cnt_v IS
   WHEN 0 =>RS <= '0'; LCD_DATA <= add_line_1;
   WHEN 1 =>RS <= '1'; LCD_DATA <= reg_a(31 downto 24);
   WHEN 2 =>RS <= '1'; LCD_DATA <= reg_a(23 downto 16);
   WHEN 3 =>RS <= '1'; LCD_DATA <= reg_a(15 downto 8);
   WHEN 4 =>RS <= '1'; LCD_DATA <= reg_a(7  downto 0);
   WHEN 5 =>RS <= '1'; LCD_DATA <= reg_b(31 downto 24);
   WHEN 6 =>RS <= '1'; LCD_DATA <= reg_b(23 downto 16);
   WHEN 7 =>RS <= '1'; LCD_DATA <= reg_b(15 downto 8);
   WHEN 8 =>RS <= '1'; LCD_DATA <= reg_b(7  downto 0);
```

```
    WHEN 9 =>RS <= '1'; LCD_DATA <= reg_c(31 downto 24);
    WHEN 10 =>RS <= '1'; LCD_DATA <= reg_c(23 downto 16);
    WHEN 11 =>RS <= '1'; LCD_DATA <= reg_c(15 downto 8);
    WHEN 12 =>RS <= '1'; LCD_DATA <= reg_c(7  downto 0);
    WHEN 13 =>RS <= '1'; LCD_DATA <= reg_d(31 downto 24);
    WHEN 14 =>RS <= '1'; LCD_DATA <= reg_d(23 downto 16);
    WHEN 15 =>RS <= '1'; LCD_DATA <= reg_d(15 downto 8);
    WHEN 16 =>RS <= '1'; LCD_DATA <= reg_d(7  downto 0);
    WHEN OTHERS =>
    END CASE;


    when LINE2 =>
            CASE cnt_v IS
    WHEN 0 =>RS <= '0'; LCD_DATA <= add_line_2;
    WHEN 1 =>RS <= '1'; LCD_DATA <= reg_e(31 downto 24);
    WHEN 2 =>RS <= '1'; LCD_DATA <= reg_e(23 downto 16);
    WHEN 3 =>RS <= '1'; LCD_DATA <= reg_e(15 downto 8);
    WHEN 4 =>RS <= '1'; LCD_DATA <= reg_e(7  downto 0);
    WHEN 5 =>RS <= '1'; LCD_DATA <= reg_f(31 downto 24);
    WHEN 6 =>RS <= '1'; LCD_DATA <= reg_f(23 downto 16);
    WHEN 7 =>RS <= '1'; LCD_DATA <= reg_f(15 downto 8);
    WHEN 8 =>RS <= '1'; LCD_DATA <= reg_f(7  downto 0);
    WHEN 9 =>RS <= '1'; LCD_DATA <= reg_g(31 downto 24);
    WHEN 10 =>RS <= '1'; LCD_DATA <= reg_g(23 downto 16);
    WHEN 11 =>RS <= '1'; LCD_DATA <= reg_g(15 downto 8);
    WHEN 12 =>RS <= '1'; LCD_DATA <= reg_g(7  downto 0);
    WHEN 13 =>  RS <= '1'; LCD_DATA <= reg_h(31 downto 24);
    WHEN 14 =>  RS <= '1'; LCD_DATA <= reg_h(23 downto 16);
    WHEN 15 =>  RS <= '1'; LCD_DATA <= reg_h(15 downto 8);
    WHEN 16 =>  RS <= '1'; LCD_DATA <= reg_h(7  downto 0);
    WHEN OTHERS =>
    END CASE;
    when DELAY => rs <= '0'; LCD_DATA <= "00000010";
    when LCD_COMMAND => rs <= '0'; LCD_DATA <= reg_command;
    end case;

    when DELAY => rs <= '0'; LCD_DATA <= "00000010";
    when LCD_COMMAND => rs <= '0'; LCD_DATA <= reg_command;
    end case;

end process;
```

```
process(LCD_CLK)
    variable cnt : integer range 0 to 2 ;
begin
    if LCD_CLK = '1' and LCD_CLK'event then
       cnt := cnt + 1;
       if cnt = 2 then
          cnt := 0;
       end if;
       case LCD_MODE is
          when SYSTEM_SET_5 => if cnt = 1 then
             LCD_ MODE  <= SYSTEM_SET_6; end if;
          when SYSTEM_SET_6 => if cnt = 1 then
             LCD_ MODE <= CLEAR_DISPLAY_1; end if;
          when CLEAR_DISPLAY_1 =>  if cnt = 1 then
             LCD_MODE <= ENTRY_MODE_SET_3; end if;
          when ENTRY_MODE_SET_3 => if cnt = 1 then
             LCD_ MODE <= DISPLAY_ONOFF_4; end if;
          when DISPLAY_ONOFF_4 => if cnt = 1 then
             LCD_ MODE <= RETURN_HOME; end if;
          when RETURN_HOME => if cnt = 1 then
             LCD_ MODE <= WRITE; end if;
          when WRITE => if cnt = 1 then
             LCD_MODE <= WRITE; end if;
       end case;
    end if;
end process;

process(LCD_CLK,LCD_MODE)
begin
    case LCD_MODE is
       when SYSTEM_SET_5 =>     LCD_RS_OUT <= '0'; LCD_RW_OUT <= '0';
             LCD_DATA_OUT <= "00111000";
       when SYSTEM_SET_6 =>     LCD_RS_OUT  <=  '0';  LCD_RW_OUT  <=  '0';
             LCD_DATA_OUT <= "00111000";
       when CLEAR_DISPLAY_1 =>  LCD_RS_OUT  <=  '0';  LCD_RW_OUT  <=  '0';
             LCD_DATA_OUT <= "00000001";
       when  ENTRY_MODE_SET_3=> LCD_RS_OUT  <=  '0';  LCD_RW_OUT  <=  '0';
             LCD_DATA_OUT <= "00000110";
       when  DISPLAY_ONOFF_4  =>LCD_RS_OUT  <=  '0';  LCD_RW_OUT  <=  '0';
             LCD_DATA_OUT <= "00001100";
       when  RETURN_HOME  =>   LCD_RS_OUT  <=  '0';  LCD_RW_OUT  <=  '0';
             LCD_DATA_OUT <= "00000010";
       when WRITE =>     LCD_RS_OUT <= RS;  LCD_RW_OUT <= '0';
             LCD_DATA_OUT <= LCD_DATA;
       end case;
```

```
        LCD_EN_OUT <= LCD_CLK;
end process;

process(MAIN_CLK)
   variable cnt : std_logic_vector(15 downto 0);
   variable clk_out : std_logic;
begin
   if (MAIN_CLK'event and MAIN_CLK = '1') then
      if cnt < reg_speed then
         cnt := cnt + 1;
      elsif cnt = reg_speed then
         cnt := "0000000000000000";
         clk_out := not clk_out;
      end if;
   end if;

   LCD_CLK <= clk_out;

end process;

   reg_a <= LCD_S     & LCD_S_o      & LCD_C  & LCD_M;
   reg_b <= LCD_S_a   & LCD_s_s      & LCD_S_t       & LCD_S_e;
   reg_c <= LCD_S_r   & LCD_BLANK    & LCD_DASH      & LCD_BLANK;
   reg_d <= LCD_I     & LCD_I        & LCD_I         & LCD_BLANK;
   reg_e <= LCD_H     & LCD_S_u      & LCD_s_i       & LCD_S_n;
   reg_f <= LCD_S_s   & LCD_BLANK    & LCD_C  & LCD_S_o;
   reg_g <= LCD_DOT   & LCD_COMMA    & LCD_BLANK& LCD_S_l;
   reg_h <= LCD_S_t   & LCD_S_d      & LCD_DOT       & LCD_BLANK;
   reg_command <= "00000010";
   reg_speed <= X"1388";

end BEH;
```

(2) Xilinx ISE Project

New Project 메뉴를 실행하여 새로운 프로젝트를 만든다. File 메뉴에서 New Project를 실행하면 제일 첫 화면으로 다음 화면이 실행된다. 여기에서는 Project 이름과 경로 그리고 Top-level의 설계 형식을 선택한다.

Project Name : charlcd

Project Location : D:\example\SoCMaster3_exam\fpga\charlcd

Top Module Type : HDL

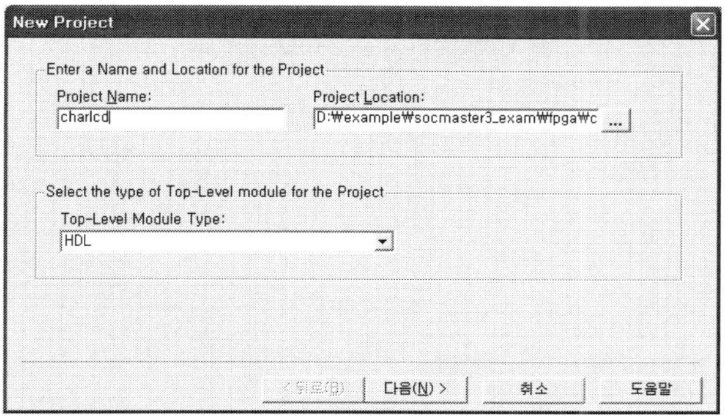

이번에는 Xilinx의 어떤 Device를 사용할 것인지 선택하는 메뉴가 실행된다. 현재 SoCMaster3에서 사용하고 있는 Device는 Virtex4LX60-FF11480-C10을 사용하고 있으므로 다음과 같이 선택하도록 한다.

Device Family : Virtex4
Device : xc4vlx60
Package : ff1148
SpeedGrade : -10

Top-Level Module Type : HDL
Synthesis Tool : XST
Generated Simulation Language : VHDL

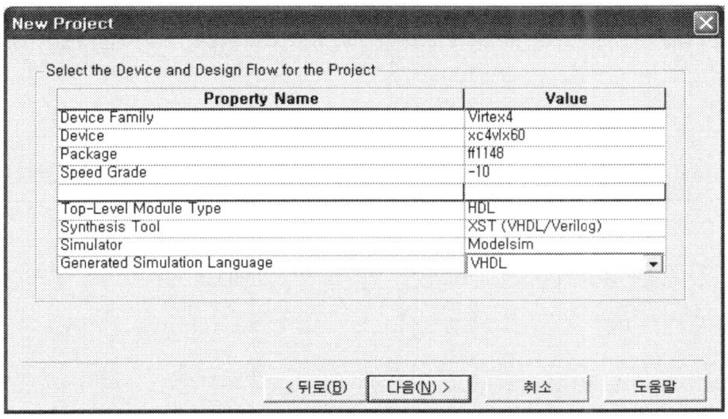

모든 선택이 완료되었다면 Xilinx ISE Project는 다음 그림과 같이 Xilinx ISE 실행화면이 나온다. 이제 왼쪽 아래에 있는 Processes 메뉴에서 Add Existing Source 메뉴를 실행하여 설계된 디자인 소스 파일들을 Xilinx ISE 프로젝트에 추가해보자.

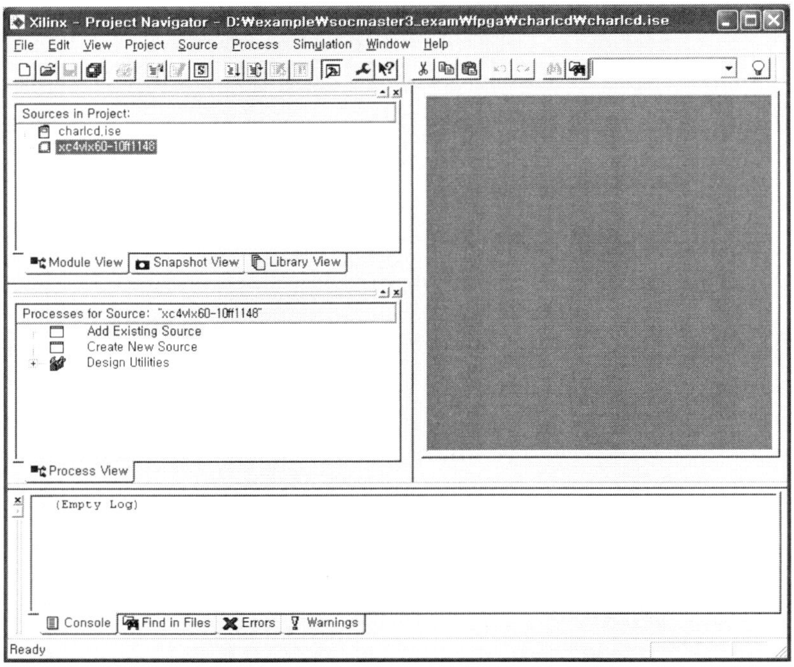

추가할 디자인파일 charlcd.vhd charlcd.ucf 파일을 추가하였다면 Source in Project 창에 다음 그림과 같이 계층 구조로 설계 파일이 보이게 된다.

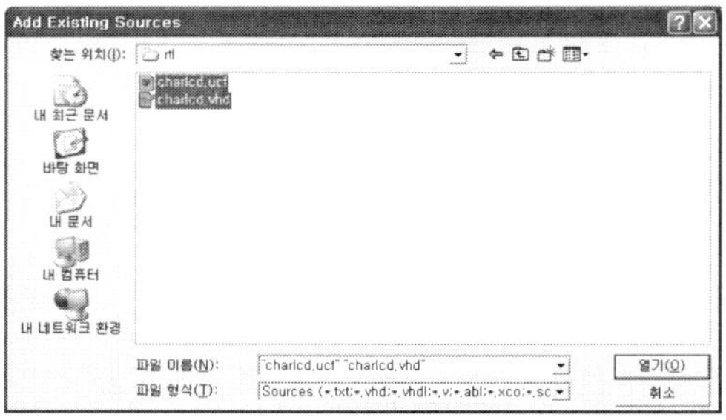

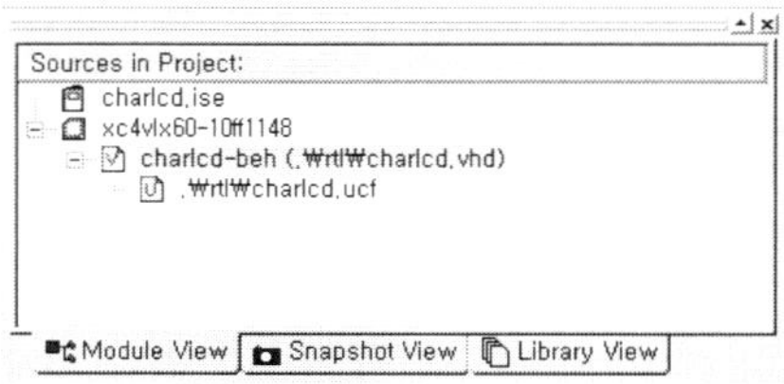

Xilinx ISE는 Source in Project 창에서 선택한 설계 파일의 종류에 따라 Processes for Source 파일의 메뉴가 바뀌며 선택한 파일에 해당하는 Process가 진행된다. Xilinx ISE를 사용할 때 이 점을 주의해야 한다. 필자도 가끔 실수하는 경우가 있는데, 설계 파일을 수정하고 Process를 진행할 설계 파일을 선택한 다음 Process를 진행하지 않을 경우 설계 변경한 내용이 반영되지 않는 문제가 발생한다.

이 프로젝트의 경우 Process를 실행하기 전에 항상 Source in Project에서 charlcd-beh이 선택되어 있는지 확인하는 것이 중요하다.

다음으로 Generate Programming File 메뉴를 더블 클릭하여 실행하면 아래 그림과 같이 아무런 에러 없이 정상적으로 진행된 Process에는 녹색으로 체크 표시가 되어 완료가 되었음을 알려주고 마지막으로 FPGA에 Configuration할 Bit Stream File이 생성된다. 생성된 Bit Stream File의 이름은 Process를 진행한 설계 파일인 charlcd.bit 파일이 생성된다.

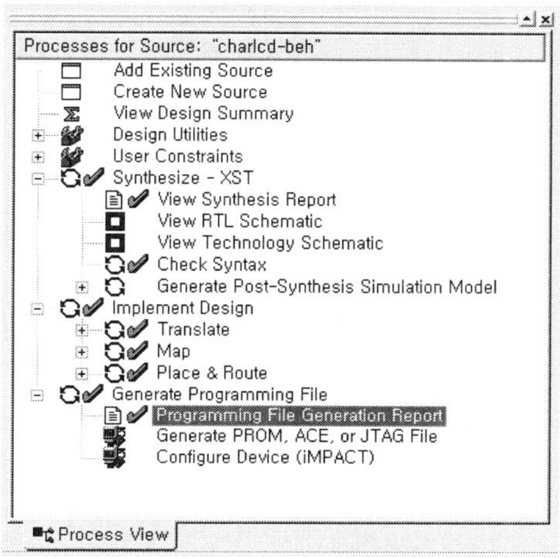

Bit File이 생성된 다음 Configure Device(iMPACT)를 실행하면 iMPACT의 메인 화면이 실행되고 자동적으로 FPGA에 Configuration할 Wizard 프로그램이 실행된다. 다음 화면이 실행되면 Boundary-Scan Mode를 선택한 후 Automatically ccnnect to cable and identify Boundary-Scan chain을 실행하여 JTAG 체인이 어떻게 연결되어 있는지 확인한다.

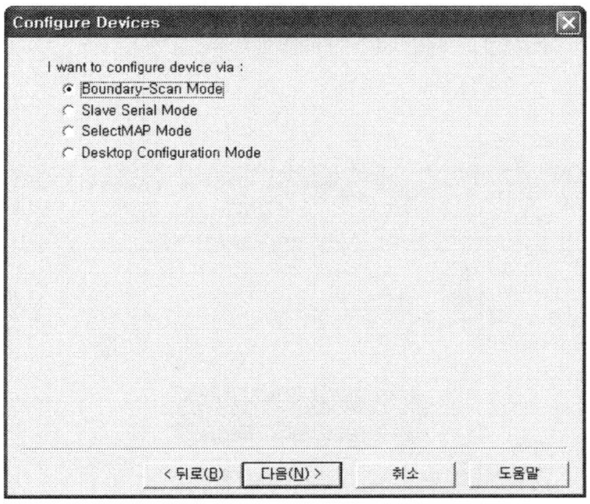

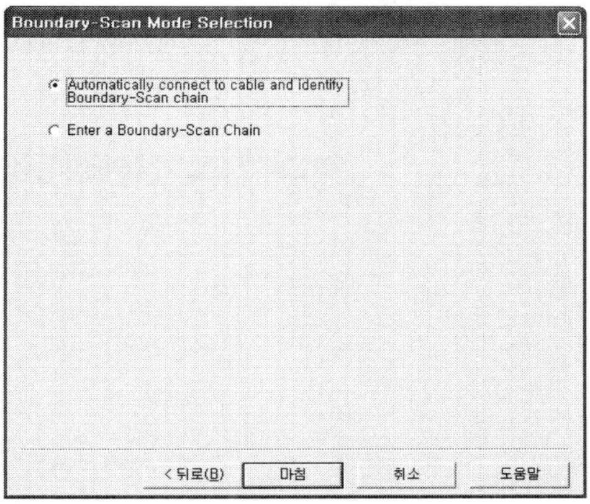

위와 같이 선택한 후 마침을 클릭하면 JTAG 체인이 연결된 상태를 나타낼 것이다. 첫 번째 연결된 Device는 xcf32p로 FPGA에 Configuration하기 위한 Configuration PROM이다. 두 번째 연결된 Device는 xc4vlx60으로 Xilinx FPGA인 Virtex4-LX60 이다. 두 번째 연결된 FPGA를 더블 클릭하여 charlcd.bit 파일을 선택한다.

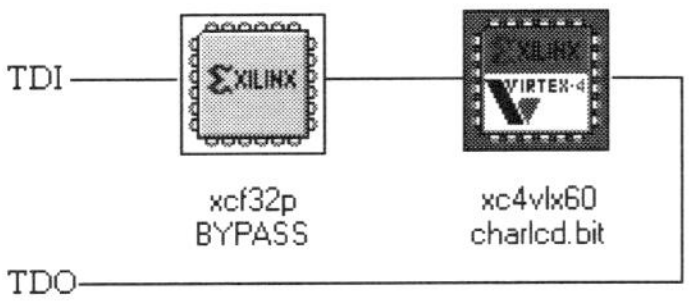

파일이 선택되면 다음 xc4vlx60을 선택하고 Operations 메뉴에서 Program...을 실행시킨다.

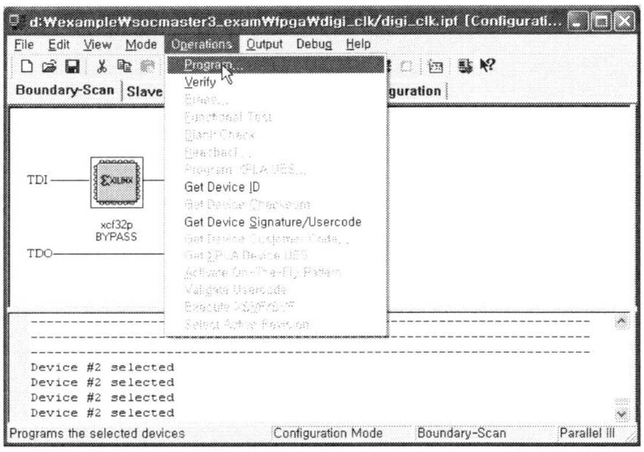

Program Options 메뉴가 실행되면 다음 그림과 같이 된 상태에서 OK를 실행시키면 FPGA에 Configuration을 수행하고 수행이 완료되면 'Programming Succeeded'를 디스플레이 한 후 Character LCD에 동작이 설계한 내용과 일치하는지 확인하자. 정상적으로 동작이 된다면 디지털시계가 동작될 것이다.

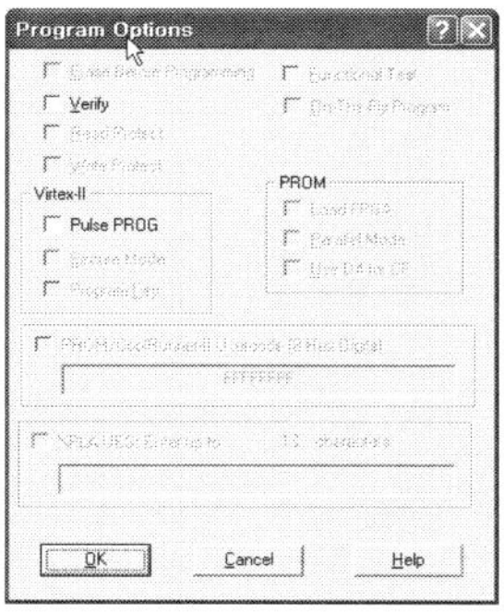

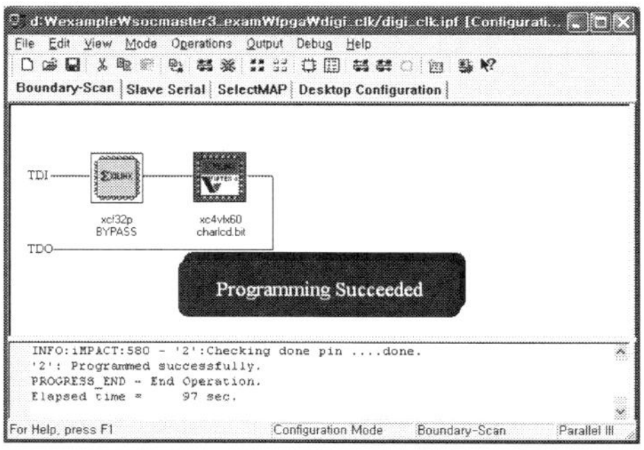

3.4 디지털 시계

3.4.1 시스템 요구사항

SoCMaster3 Rev 1.0, 1.1, 1.2, 2.0
Xilinx JTAG-to-Parallel 인터페이스 케이블
Xilinx ISE 7.1

3.4.2 LED, 7-Segment 구성 및 동작 설명

SoCMaster3 FPGA에서 제어가 가능하도록 제공되는 LED는 모두 8개로, 각각의 LED(D16 ~ D23)는 Xilinx Virtex4(SoCMaster3에서는 XC4VLX60FF1148-10C 사용) FPGA I/O핀에 연결되어 있으며 '1'(HIGH)을 출력하면 LED가 꺼지고 '0' (LOW)을 출력하면 LED가 켜지도록 그림 3.10에 설계되어 있다.

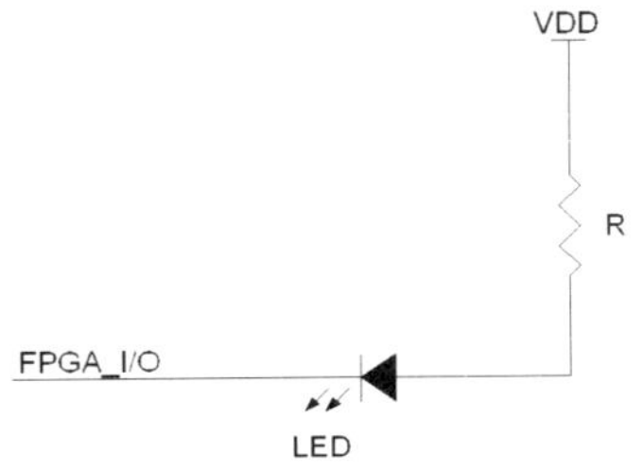

| 그림 3.10 | SoCMaster3 LED 회로

다음 그림 3.11은 7-Segment이다. 7-Segment는 A~G와 DP의 8개 LED로 구성된다. 각 LED는 표시되는 문자의 일부분을 구성하므로 각각을 Segment라 부른다. 각 LED에는 전류 제한용 저항을 외부에 직렬로 연결하여 사용한다. 또한 전류 제한용 저항의 값에 따라 LED의 밝기가 결정된다. 7-Segment는 숫자뿐만 아니라 A~F의 영문도 표현할 수 있다. 그러므로 7-Segment는 0~9, A~F의 16개 문자를 표현할 수 있어서 BCD나 16진수의 표현에 많이 쓰인다.

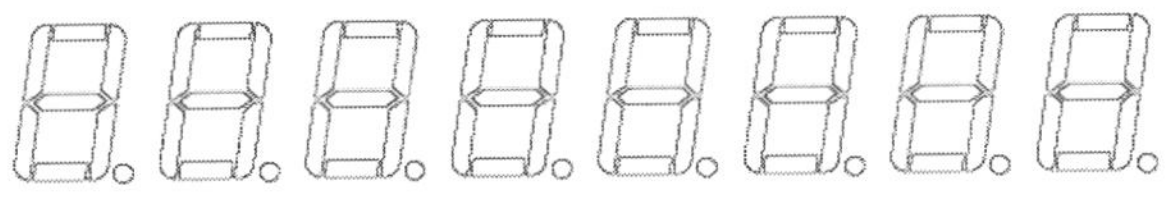

| 그림 3.11 | 8자리 7-Segment

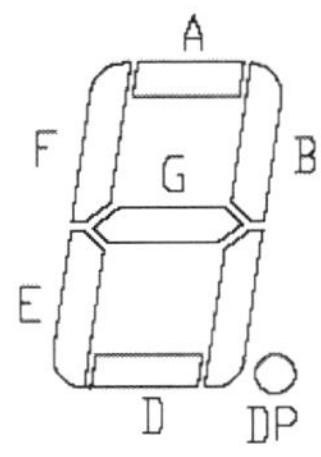

| 그림 3.12 | 7-Segment LED 번호

7-Segment는 LED의 연결 상태에 다라 두 가지 구조로 나뉜다. Anode형과 Cathode형으로 나뉘며 각각의 형태는 그림 3.13, 그림 3.14와 같다.

(1) A(Anode)형

COM 핀에 VCC를 연결하고 입력으로 논리적인 "0"이 들어오면 동작한다.

예) COM 핀에 VCC 입력 후 A 핀에 "0"이 들어오면 7-Segment의 A에 해당하는 Segment에 불이 들어온다.

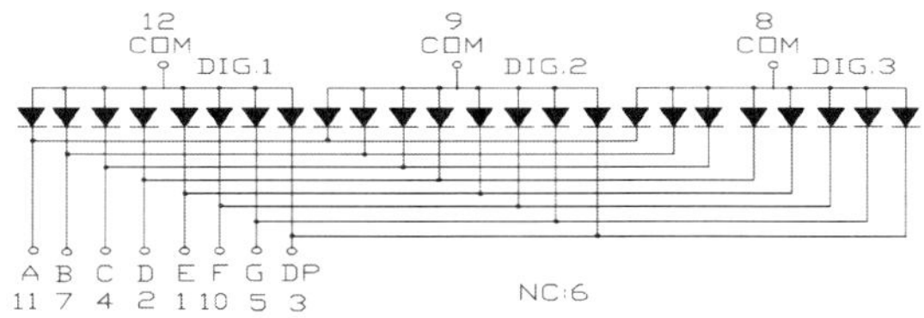

| 그림 3.13 | Anode형 7-Segment

(2) K(Cathode)형

COM 핀에 GND를 연결하고 입력으로 논리적인 "1"이 들어오면 동작한다.

예) COM 핀에 VCC 입력 후 B 핀에 "1"이 들어오면 7-Segment의 B에 해당하는 Segment에 불이 들어온다.

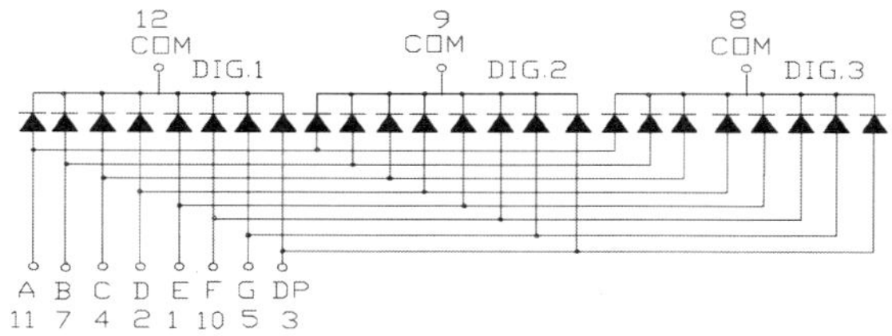

| 그림 3.14 | Cathode형 7-Segment

다음 표는 7-Segment의 0~9, DOT를 표시하기 위한 데이터 설정 값이다. 현재 SoCMaster3에서는 Anode형 7-Segment를 사용하고 있으므로 Anode형을 기준으로 한 데이터 값이다.

숫 자	DATA 설정 값							
	A	B	C	D	E	F	G	DP
0	0	0	0	0	0	0	1	1
1	1	0	0	1	1	1	1	1
2	0	0	1	0	0	1	0	1
3	0	0	0	0	1	1	0	1
4	1	0	0	1	1	0	0	1
5	0	1	0	0	1	0	0	1
6	0	1	0	0	0	0	0	1
7	0	0	0	1	1	0	1	1
8	0	0	0	0	0	0	0	1
9	0	0	0	0	1	0	0	1
DOT	1	1	1	1	1	1	1	0

7-Segment의 디스플레이 방법

그림 3.15와 같이 디스플레이 되기 위해서는 다음의 표에 있는 순서1 ⇒ 순서2 ⇒ 순서3 ⇒ 순서1의 과정을 반복적으로 하면 사람이 눈으로 보는 잔상에 의해 마치 한꺼번에 디스플레이 되는 것처럼 보이게 된다.

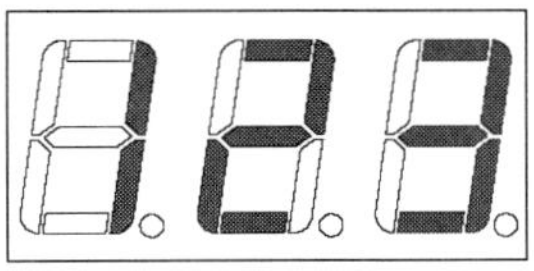

| 그림 3.15 | 7-Segment

순서	숫 자	DATA 설정 값								COM 설정 값		
		A	B	C	D	E	F	G	DP	DIG.1	DIG.2	DIG.3
1	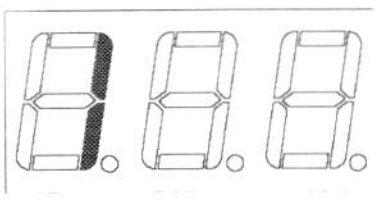	1	0	0	1	1	1	1	1	1	0	0
2	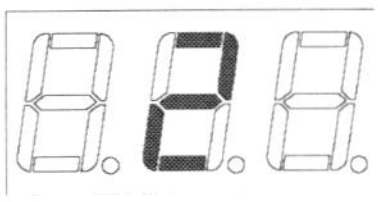	1	1	0	1	1	0	1	1	0	1	0
3	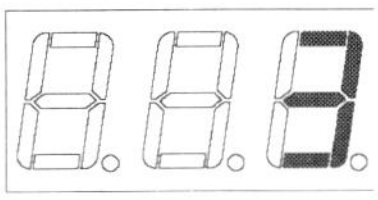	0	0	0	0	1	1	0	1	0	0	1

3.4.3 LED, 7-Segment 회로 구성 및 FPGA 핀 연결표

SoCMaster3의 LED, 7-Segment 부분의 회로 구성은 다음과 같다.

(1) LED, 7-Segment 회로 구성

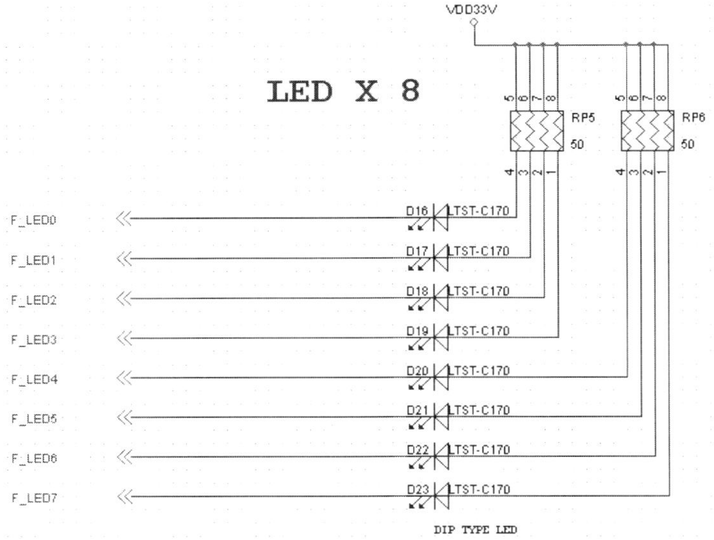

| 그림 3.16 | LED 회로구성

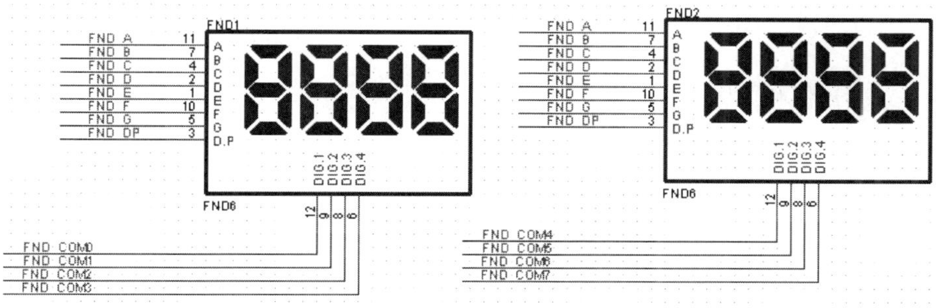

| 그림 3.17 | 7-Segment 회로구성

(2) LED, 7-Segment의 FPGA 핀 연결표

| 표 3.3 | LED Signal Connection Table

Signal Name	LED	FPGA	Signal Name	LED	FPGA
F_LED0	D16	B23	F_LED4	D20	A24
F_LED1	D17	A23	F_LED5	D21	A25
F_LED2	D18	A26	F_LED6	D22	G25
F_LED3	D19	B26	F_LED7	D23	H25

| 표 3.4 | 7-Segment Signal Connection Table

Signal Name	FPGA	Signal Name	FPGA
F_SEG_D0	P20	F_SEG_D0	P20
F_SEG_D1	R19	F_SEG_D1	R19
F_SEG_D2	L28	F_SEG_D2	L28
F_SEG_D3	L29	F_SEG_D3	L29
F_SEG_D4	P24	F_SEG_D4	P24
F_SEG_D5	R24	F_SEG_D5	R24
F_SEG_D6	H32	F_SEG_D6	H32
F_SEG_D7	J32	F_SEG_D7	J32
F_SEG_COM0	M27	F_SEG_COM4	J31
F_SEG_COM1	M28	F_SEG_COM5	K31
F_SEG_COM2	H33	F_SEG_COM6	L30
F_SEG_COM3	H34	F_SEG_COM7	L30

3.4.4 Xilinx FPGA 실습

(1) 설계 소스

1) digi_clk.vhd

```
library ieee;
use IEEE.STD_LOGIC_1164.ALL;
use IEEE.STD_LOGIC_ARITH.ALL;
use IEEE.STD_LOGIC_UNSIGNED.ALL;

---- Uncomment the following library declaration if instantiating
---- any Xilinx primitives in this code.
--library UNISIM;
--use UNISIM.VComponents.all;

entity digi_clk is
    Port ( CLK_IN : in std_logic;
           RESETn : in std_logic;
           LED_OUT : out std_logic_vector(7 downto 0);
           SEGOUT : out std_logic_vector(7 downto 0);
           SEGCOM : out std_logic_vector(7 downto 0));
end digi_clk;

architecture Behavioral of digi_clk is

                COMPONENT D_CLOCK
                PORT (
                        CLK_IN   : in std_logic;
                        RESETn   : in std_logic;
                        SEGDATA  : out std_logic_vector(31 downto 0));
                END COMPONENT;



    COMPONENT seven_seg
        PORT (
                clk     : IN  std_logic;
                data    : IN  std_logic_vector(31 DOWNTO 0);
                SEGOUT  : OUT std_logic_vector(7 DOWNTO 0);
                SEGCOM  : OUT std_logic_vector(7 DOWNTO 0);
                LED_OUT : OUT std_logic_vector(7 DOWNTO 0));
    END COMPONENT;
```

```
        SIGNAL SEGDATA : std_logic_vector (31 downto 0);


begin

    D_CLOCK_inst : D_CLOCK
    PORT MAP (
                CLK_IN    => CLK_IN,
                RESETn    => RESETn,
                SEGDATA   => SEGDATA);


        seven_seg_inst : seven_seg
    PORT MAP(
        clk       => CLK_IN,
        data      => SEGDATA,

        SEGOUT    => SEGOUT,
        SEGCOM    => SEGCOM,
        LED_OUT   => LED_OUT);

end Behavioral;
```

2) d_clock.vhd

```
--=============================================================
-- Origin Date : 2003.11.21
-- Modify Date : 2003.11.21
-- Author Name : H.K AHN
-- Entity Name : d_clock
-- File   Name : d_clock.vhd
-- Design Description
-- 디지탈 시계 연산부분.
--=============================================================
library IEEE;
use IEEE.std_logic_1164.all;
entity d_clock is
  port(
                CLK_IN   : in std_logic;
                RESETn   : in std_logic;
                SEGDATA  : out std_logic_vector(31 downto 0));
end d_clock;
```

```
architecture behavior of d_clock is

      signal temp_clk          : std_logic;
      signal ONESEC_CLK        : std_logic;
      signal tensec_clk        : std_logic;
      signal onemin_clk        : std_logic;
      signal tenmin_clk        : std_logic;
      signal hour_clk          : std_logic;
      signal onesec_cnt        : std_logic_vector(3 downto 0);
      signal tensec_cnt        : std_logic_vector(3 downto 0);
      signal onemin_cnt        : std_logic_vector(3 downto 0);
      signal tenmin_cnt        : std_logic_vector(3 downto 0);
      signal hour_cnt          : std_logic_vector(3 downto 0);
      signal segout_tmp        : std_logic_vector(31 downto 0);

begin
--============================================================
-- FND DATA OUTPUT
--============================================================
    SEGDATA <= segout_tmp;
--============================================================
-- 1 second count
--============================================================
    process(ONESEC_CLK)
    begin
       if RESETn = '0' then
          onesec_cnt <= "0001";
       elsif ONESEC_CLK'event and ONESEC_CLK = '1' then
          case onesec_cnt is
             when "0000" => onesec_cnt <= "0001";
                        tensec_clk <= '1';
             when "0001" => onesec_cnt <= "0010";
                        tensec_clk <= '0';
             when "0010" => onesec_cnt <= "0011";
             when "0011" => onesec_cnt <= "0100";
             when "0100" => onesec_cnt <= "0101";
             when "0101" => onesec_cnt <= "0110";
             when "0110" => onesec_cnt <= "0111";
             when "0111" => onesec_cnt <= "1000";
             when "1000" => onesec_cnt <= "1001";
             when "1001" => onesec_cnt <= "0000";
             when others => onesec_cnt <= "0000";
          end case;
       end if;
    end process;
```

```
    process(ONESEC_CLK, onesec_cnt)
    begin
       if RESETn = '0' then
          segout_tmp(3 downto 0) <= X"0";
       elsif (ONESEC_CLK'event and ONESEC_CLK = '1') then
          case onesec_cnt is
             when "0000" => segout_tmp(3 downto 0) <= X"0";
             when "0001" => segout_tmp(3 downto 0) <= X"1";
             when "0010" => segout_tmp(3 downto 0) <= X"2";
             when "0011" => segout_tmp(3 downto 0) <= X"3";
             when "0100" => segout_tmp(3 downto 0) <= X"4";
             when "0101" => segout_tmp(3 downto 0) <= X"5";
             when "0110" => segout_tmp(3 downto 0) <= X"6";
             when "0111" => segout_tmp(3 downto 0) <= X"7";
             when "1000" => segout_tmp(3 downto 0) <= X"8";
             when "1001" => segout_tmp(3 downto 0) <= X"9";
             when others => segout_tmp(3 downto 0) <= X"0";
          end case;
       end if;
    end process;


--=============================================================
-- 10 second count
--=============================================================
    process(tensec_clk)
    begin
       if RESETn = '0' then
          tensec_cnt <= "0001";
       elsif tensec_clk'event and tensec_clk = '1' then
          case tensec_cnt is
             when "0000" => tensec_cnt <= "0001"; onemin_clk <= '1';
             when "0001" => tensec_cnt <= "0010"; onemin_clk <= '0';
             when "0010" => tensec_cnt <= "0011";
             when "0011" => tensec_cnt <= "0100";
             when "0100" => tensec_cnt <= "0101";
             when "0101" => tensec_cnt <= "0000";
             when others => tensec_cnt <= "0000";

          end case;
       end if;
    end process;
```

```
    process(tensec_clk, tensec_cnt)
    begin
       if RESETn = '0' then
          segout_tmp(7 downto 4) <= X"0";
       elsif tensec_clk'event and tensec_clk = '1' then
          case tensec_cnt is
             when "0000" => segout_tmp(7 downto 4) <= X"0";
             when "0001" => segout_tmp(7 downto 4) <= X"1";
             when "0010" => segout_tmp(7 downto 4) <= X"2";
             when "0011" => segout_tmp(7 downto 4) <= X"3";
             when "0100" => segout_tmp(7 downto 4) <= X"4";
             when "0101" => segout_tmp(7
7 downto 4) <= X"5";
             when others => segout_tmp(7 downto 4) <= X"0";
          end case;
       end if;
    end process;


--=============================================================
-- 1 minute count
--=============================================================
    process(onemin_clk)
    begin
       if RESETn = '0' then
          onemin_cnt <= "0001";
       elsif onemin_clk'event and onemin_clk = '1' then
          case onemin_cnt is
             when "0000" => onemin_cnt <= "0001";
                tenmin_clk <= '1';
             when "0001" => onemin_cnt <= "0010";
                tenmin_clk <= '0';
             when "0010" => onemin_cnt <= "0011";
             when "0011" => onemin_cnt <= "0100";
             when "0100" => onemin_cnt <= "0101";
             when "0101" => onemin_cnt <= "0110";
             when "0110" => onemin_cnt <= "0111";
             when "0111" => onemin_cnt <= "1000";
             when "1000" => onemin_cnt <= "1001";
             when "1001" => onemin_cnt <= "0000";
             when others => onemin_cnt <= "0000";
          end case;
       end if;
    end process;
```

```
    process(onemin_clk, onemin_cnt)
    begin
       if RESETn = '0' then
          segout_tmp(15 downto 12) <= X"0";
       elsif (onemin_clk'event and onemin_clk = '1') then
          case onemin_cnt is
             when "0000" => segout_tmp(15 downto 12) <= X"0";
             when "0001" => segout_tmp(15 downto 12) <= X"1";
             when "0010" => segout_tmp(15 downto 12) <= X"2";
             when "0011" => segout_tmp(15 downto 12) <= X"3";
             when "0100" => segout_tmp(15 downto 12) <= X"4";
             when "0101" => segout_tmp(15 downto 12) <= X"5";
             when "0110" => segout_tmp(15 downto 12) <= X"6";
             when "0111" => segout_tmp(15 downto 12) <= X"7";
             when "1000" => segout_tmp(15 downto 12) <= X"8";
             when "1001" => segout_tmp(15 downto 12) <= X"9";
             when others => segout_tmp(15 downto 12) <= X"0";
          end case;
       end if;
    end process;

--===========================================================
-- 10 minute count
--===========================================================

    process(tenmin_clk)
    begin
       if RESETn = '0' then
          tenmin_cnt <= "0001";
       elsif tenmin_clk'event and tenmin_clk = '1' then
          case tenmin_cnt is
             when "0000" => tenmin_cnt <= "0001"; hour_clk <= '1';
             when "0001" => tenmin_cnt <= "0010"; hour_clk <= '0';
             when "0010" => tenmin_cnt <= "0011";
             when "0011" => tenmin_cnt <= "0100";
             when "0100" => tenmin_cnt <= "0101";
             when "0101" => tenmin_cnt <= "0000";
             when others => tenmin_cnt <= "0000";
          end case;
       end if;
    end process;
```

```
process(tenmin_clk, tenmin_cnt)
    begin
       if RESETn = '0' then
          segout_tmp(19 downto 16) <= X"0";
       elsif tenmin_clk'event and tenmin_clk = '1' then
          case tenmin_cnt is
             when "0000" => segout_tmp(19 downto 16) <= X"0";
             when "0001" => segout_tmp(19 downto 16) <= X"1";
             when "0010" => segout_tmp(19 downto 16) <= X"2";
             when "0011" => segout_tmp(19 downto 16) <= X"3";
             when "0100" => segout_tmp(19 downto 16) <= X"4";
             when "0101" => segout_tmp(19 downto 16) <= X"5";
             when others => segout_tmp(19 downto 16) <= X"0";
          end case;
       end if;
    end process;



--=============================================================
-- hour count
--=============================================================
   process(hour_clk)
   begin
      if RESETn = '0' then
         hour_cnt <= "0001";
      elsif hour_clk'event and hour_clk = '1' then
         case hour_cnt is
              when "0000" => hour_cnt <= "0001";
              when "0001" => hour_cnt <= "0010";
              when "0010" => hour_cnt <= "0011";
              when "0011" => hour_cnt <= "0100";
              when "0100" => hour_cnt <= "0101";
              when "0101" => hour_cnt <= "0110";
              when "0110" => hour_cnt <= "0111";
              when "0111" => hour_cnt <= "1000";
              when "1000" => hour_cnt <= "1001";
              when "1001" => hour_cnt <= "1010";
              when "1010" => hour_cnt <= "1011";
              when "1011" => hour_cnt <= "0000";
              when others => hour_cnt <= "0000";

         end case;
      end if;
   end process;
```

```
    process(hour_clk, hour_cnt)
    begin
       if RESETn = '0' then
          segout_tmp(31 downto 24) <= X"12";
       elsif hour_clk'event and hour_clk = '1' then
          case hour_cnt is
             when "0000" => segout_tmp(31 downto 24) <= X"12";
             when "0001" => segout_tmp(31 downto 24) <= X"01";
             when "0010" => segout_tmp(31 downto 24) <= X"02";
             when "0011" => segout_tmp(31 downto 24) <= X"03";
             when "0100" => segout_tmp(31 downto 24) <= X"04";
             when "0101" => segout_tmp(31 downto 24) <= X"05";
             when "0110" => segout_tmp(31 downto 24) <= X"06";
             when "0111" => segout_tmp(31 downto 24) <= X"07";
             when "1000" => segout_tmp(31 downto 24) <= X"08";
             when "1001" => segout_tmp(31 downto 24) <= X"09";
             when "1010" => segout_tmp(31 downto 24) <= X"10";
             when "1011" => segout_tmp(31 downto 24) <= X"11";
              when others => segout_tmp(31 downto 24) <= X"12";
          end case;
       end if;
    end process;

--=========================================================
-- ONESEC GEN
--=========================================================
    process(CLK_IN)
       variable cnt : integer range 0 to 12499999;
       variable clk_out : std_logic;
    begin
       if RESETn = '0' then
          cnt := 0 ;
       elsif (CLK_IN'event and CLK_IN = '1') then
          if cnt < 12499999 then
             cnt := cnt + 1;
          elsif cnt = 12499999 then
             cnt := 0;
             clk_out := not clk_out;
          end if;
       end if;
          temp_clk <= clk_out;
          ONESEC_CLK <= clk_out;
    end process;
```

```
--===========================================================
-- End Architecture
--==========================================================
end behavior;
```

3) seven_seg.vhd

```
library IEEE;
use IEEE.std_logic_1164.all;
use IEEE.numeric_std.all;

ENTITY seven_seg IS
    PORT (
        clk             : IN std_logic;
        data            : IN std_logic_vector(31 DOWNTO 0);

        SEGOUT          : OUT std_logic_vector(7 DOWNTO 0);
        SEGCOM          : OUT std_logic_vector(7 DOWNTO 0);
        LED_OUT  : OUT std_logic_vector(7 DOWNTO 0));
END seven_seg;

ARCHITECTURE rtl OF seven_seg IS
    COMPONENT bin2seg
        PORT (
            bin_data    : IN  std_logic_vector(3 DOWNTO 0);
            seg_data    : OUT std_logic_vector(7 DOWNTO 0));
    END COMPONENT;

    SIGNAL seg1         :  std_logic_vector( 7 DOWNTO 0);
    SIGNAL seg2         :  std_logic_vector( 7 DOWNTO 0);
    SIGNAL seg3         :  std_logic_vector( 7 DOWNTO 0);
    SIGNAL seg4         :  std_logic_vector( 7 DOWNTO 0);
    SIGNAL seg5         :  std_logic_vector( 7 DOWNTO 0);
    SIGNAL seg6         :  std_logic_vector( 7 DOWNTO 0);
    SIGNAL seg7         :  std_logic_vector( 7 DOWNTO 0);
    SIGNAL seg8         :  std_logic_vector( 7 DOWNTO 0);
```

```
    SIGNAL SEGCOM_tmp     :  std_logic_vector( 7 DOWNTO 0);
    SIGNAL SEGOUT_tmp     :  std_logic_vector( 7 DOWNTO 0);
    SIGNAL LED_OUT_tmp    :  std_logic_vector( 7 DOWNTO 0);

BEGIN

    bin2seg_1 : bin2seg PORT MAP ( bin_data => data(31 DOWNTO 28),
seg_data => seg1);
    bin2seg_2 : bin2seg PORT MAP ( bin_data => data(27 DOWNTO 24),
seg_data => seg2);
bin2seg_3 : bin2seg
        PORT MAP ( bin_data => data(23 DOWNTO 20), seg_data => seg3);
    bin2seg_4 : bin2seg
        PORT MAP ( bin_data => data(19 DOWNTO 16), seg_data => seg4);
    bin2seg_5 : bin2seg
        PORT MAP ( bin_data => data(15 DOWNTO 12), seg_data => seg5);
    bin2seg_6 : bin2seg
        PORT MAP ( bin_data => data(11 DOWNTO  8), seg_data => seg6);
    bin2seg_7 : bin2seg
        PORT MAP ( bin_data => data( 7 DOWNTO  4), seg_data => seg7);
    bin2seg_8 : bin2seg
        PORT MAP ( bin_data => data( 3 DOWNTO  0), seg_data => seg8);

        LED_OUT <= not data( 7 DOWNTO  0);

    PROCESS(clk)
        variable clk_cnt : integer range 0 to 20000;
    variable com_cnt : integer range 0 to 65436 ;
    BEGIN
        IF (clk'event and clk = '1') THEN
            IF (clk_cnt = 16384) THEN
                clk_cnt := 0;
                IF (com_cnt = 7) THEN
                    com_cnt := 0;
                ELSE
                  com_cnt := com_cnt + 1;
                END IF;
            ELSE
                clk_cnt := clk_cnt + 1 ;
            END IF;
```

```
case com_cnt is
            when 0 => SEGCOM_tmp <= "10000000" ;
                      SEGOUT_tmp <= NOT seg1 ;
            when 1 => SEGCOM_tmp <= "01000000" ;
                      SEGOUT_tmp <= NOT seg2 ;
            when 2 => SEGCOM_tmp <= "00100000" ;
                      SEGOUT_tmp <= NOT "00000010" ;
            when 3 => SEGCOM_tmp <= "00010000" ;
                      SEGOUT_tmp <= NOT seg4 ;
            when 4 => SEGCOM_tmp <= "00001000" ;
                      SEGOUT_tmp <= NOT seg5 ;
            when 5 => SEGCOM_tmp <= "00000100" ;
                      SEGOUT_tmp <= NOT "00000010" ;
            when 6 => SEGCOM_tmp <= "00000010" ;
                      SEGOUT_tmp <= NOT seg7 ;
            when others=> SEGCOM_tmp <= "00000001" ;
                      SEGOUT_tmp <= NOT seg8 ;
         END CASE;

      END IF;
   END PROCESS;
   SEGCOM <= SEGCOM_tmp;
   SEGOUT <= SEGOUT_tmp;

END rtl;



------------------------------------------------------------
library IEEE;
use IEEE.std_logic_1164.all;
use IEEE.numeric_std.all;

ENTITY bin2seg IS
   PORT (
      bin_data    : IN  std_logic_vector(3 DOWNTO 0);
      seg_data    : OUT std_logic_vector(7 DOWNTO 0));
END bin2seg;

ARCHITECTURE rtl of bin2seg is
   signal seg_data_tmp : std_logic_vector(7 downto 0);
BEGIN
```

```
    seg_data <= seg_data_tmp;

    PROCESS(bin_data)
    BEGIN
       case bin_data is
          when "0000" => seg_data_tmp <= "11111100" ;
          when "0001" => seg_data_tmp <= "01100000" ;
          when "0010" => seg_data_tmp <= "11011010" ;
          when "0011" => seg_data_tmp <= "11110010" ;
          when "0100" => seg_data_tmp <= "01100110" ;
          when "0101" => seg_data_tmp <= "10110110" ;
          when "0110" => seg_data_tmp <= "10111110" ;
          when "0111" => seg_data_tmp <= "11100100" ;
          when "1000" => seg_data_tmp <= "11111110" ;
          when others => seg_data_tmp <= "11110110" ;
       END CASE;
    END PROCESS;

END rtl;
```

(2) Xilinx ISE Project

New Project 메뉴를 실행하여 새로운 프로젝트를 만든다. File 메뉴에서 New Project를 실행하면 제일 첫 화면으로 아래의 화면이 실행된다. 이 메뉴에서는 Project 이름과 경로 그리고 Top-level의 설계 형식을 선택한다.

Project Name : digi_clk

Project Location : D:\example\SoCMaster3_exam\fpga\digi_clk

Top Module Type : HDL

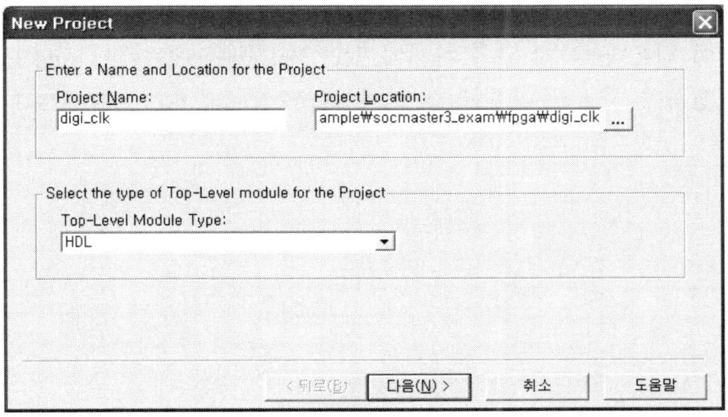

위와 같이 프로젝트의 이름과 경로 지정을 끝내면 다음은 사용하는 Device를 선택하는 메뉴가 실행된다. 각 메뉴의 설정 내용은 다음과 같다. 현재 SoCMaster3에서 사용하고 있는 Device는 Virtex4LX60-FF11480-C10이므로 다음과 같이 선택하도록 한다.

Device Family : Virtex4
Device : xc4vlx60
Package : ff1148
SpeedGrade : -10

Top-Level Module Type : HDL
Synthesis Tool : XST
Generated Simulation Language : VHDL

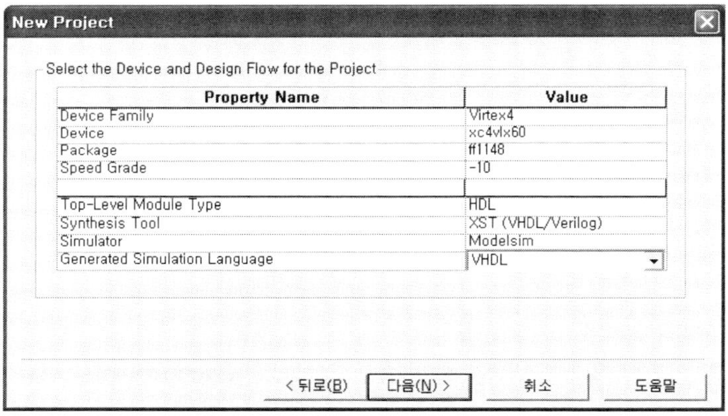

이렇게 하여 Xilinx ISE Project를 완성하면 다음 그림과 같이 Xilinx ISE 실행 화면이 나온다. 이제 왼쪽 아래에 있는 Processes 메뉴에서 Add Existing Source 메뉴를 실행하여 설계된 디자인 소스 파일들을 Xilinx ISE 프로젝트에 추가해보자.

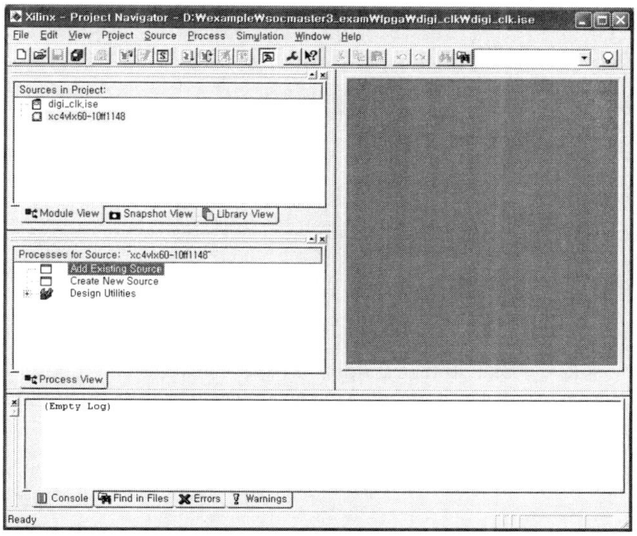

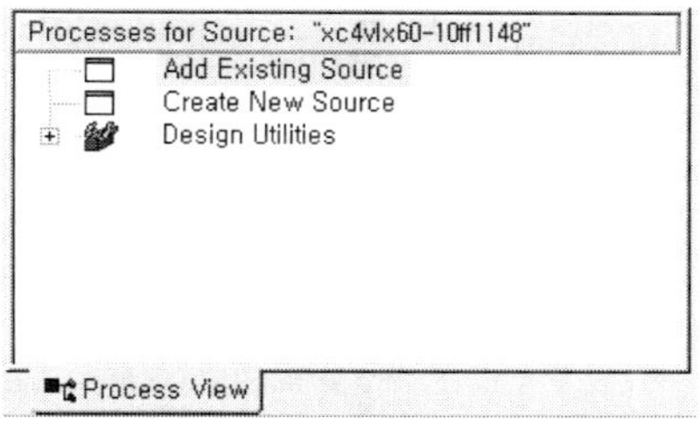

추가할 디자인 파일 digi_clk.vhd, d_clock.vhd, seven_seg.vhd, digi_clk.ucf 파일을 추가하였다면 Source in Project 창에 다음 그림과 같이 계층 구조로 설계 파일이 보이게 된다.

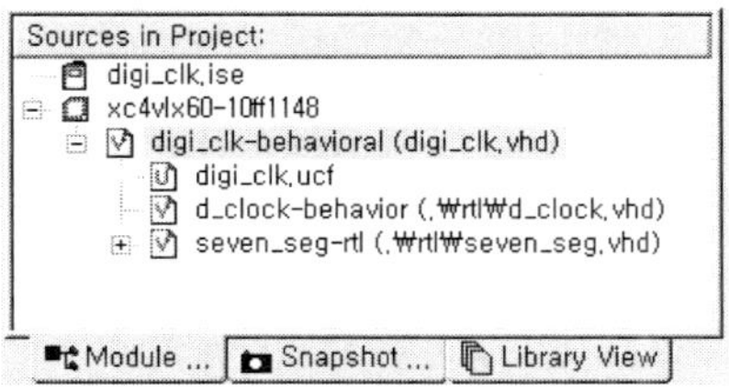

Xilinx ISE는 Source in Project 창에서 선택한 설계 파일의 종류에 따라 Processes for Source 파일의 메뉴가 바뀌고 선택한 파일에 해당하는 Process가 진행된다. Xilinx ISE를 사용할 때 이 점을 주의해야 한다.

이 프로젝트의 경우 Process를 실행하기 전에 항상 Source in Project에서 digi_clk-behavioral이 선택되어 있는지 확인하는 것이 중요하다.

다음으로 Generate Programming File 메뉴를 더블 클릭하여 실행하면 아래 그림과 같이 아무런 에러 없이 정상적으로 진행된 Process에는 녹색으로 체크 표시가 되어 완료가 되었음을 알려주고 마지막으로 FPGA에 Configuration할 Bit Stream File이 생성된다. 생성된 Bit Stream File의 이름은 Process를 진행한 설계 파일인 **digi_clk.bit** 파일이 생성이 된다.

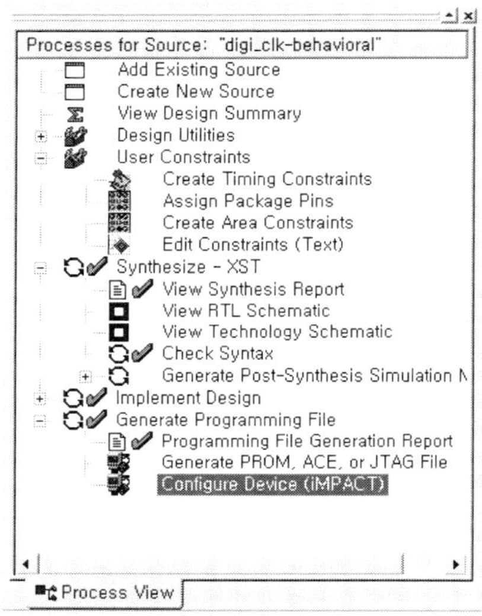

파일 생성이 완료되었다면 Process 메뉴에서 Configuration Device(iMPACT)를 더블 클릭하여 FPGA에 Configuration할 수 있는 iMPACT 프로그램을 실행해보자.

iMPACT 프로그램이 실행되면 제일 먼저 다음 메뉴가 실행된다.

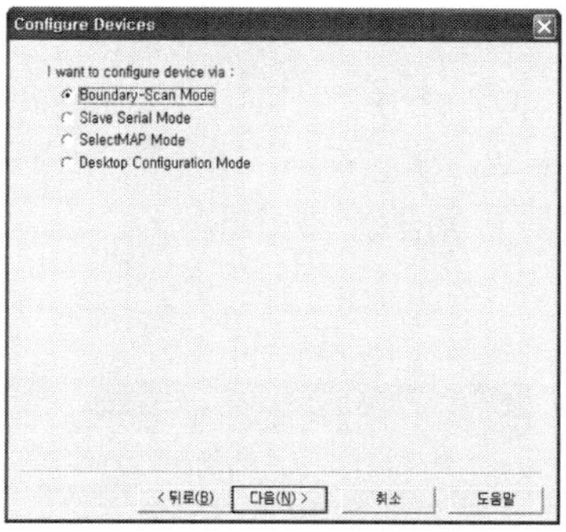

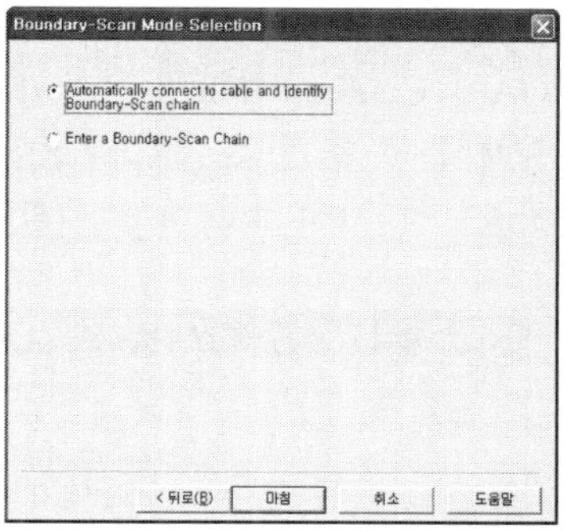

위와 같이 선택한 후 마침을 클릭하면 JTAG 체인이 연결된 상태를 나타낼 것이다. 첫 번째 연결된 Device는 xcf32p로 FPGA에 Configuration하기 위한 Ccnfiguration PROM이다. 두 번째 연결된 Device는 xc4vlx60으로 Xilinx FPGA인 Virtex4-LX60 이다. 두 번째 연결된 FPGA를 더블 클릭하여 digi_clk.bit 파일을 선택한다.

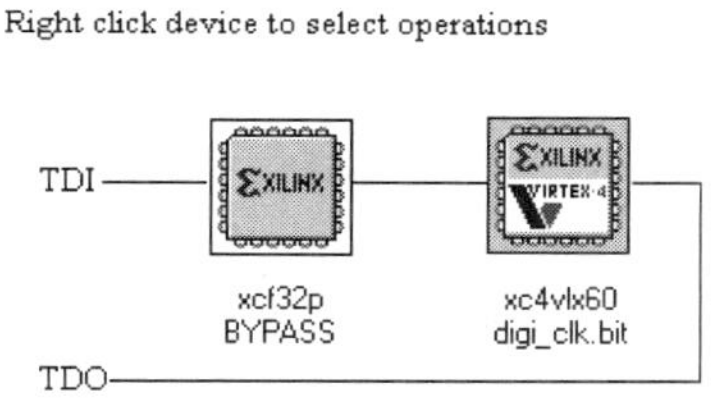

파일이 선택이 되고난 다음 xc4vlx60을 선택하고 Operations 메뉴에서 Program...을 실행시킨다.

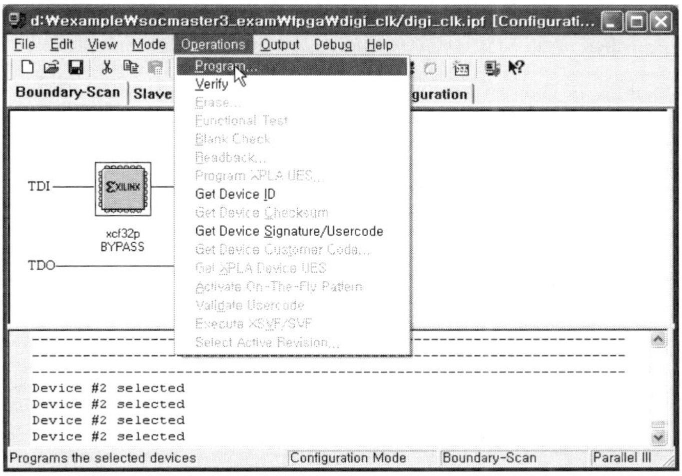

Program Options 메뉴가 실행되면 다음 그림과 같은 상태에서 OK를 실행시키면 FPGA에 Configuration을 수행하고, 수행이 완료되면 'Programming Succeeded'를 디스플레이 한 후 7-Segment와 LED의 동작이 설계한 내용과 일치하는지 확인한다. 정상적으로 동작이 된다면 디지털시계가 동작될 것이다.

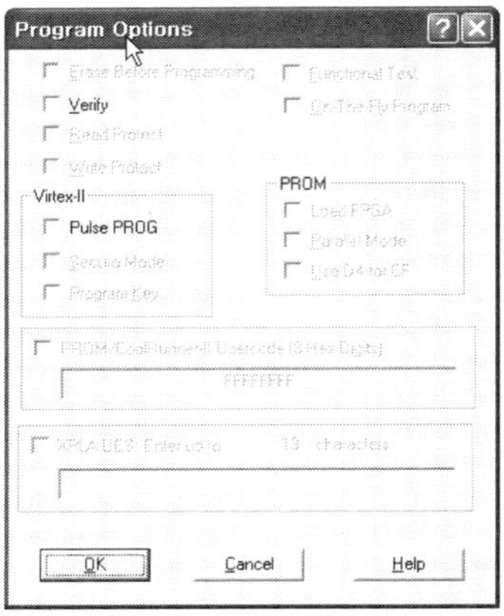

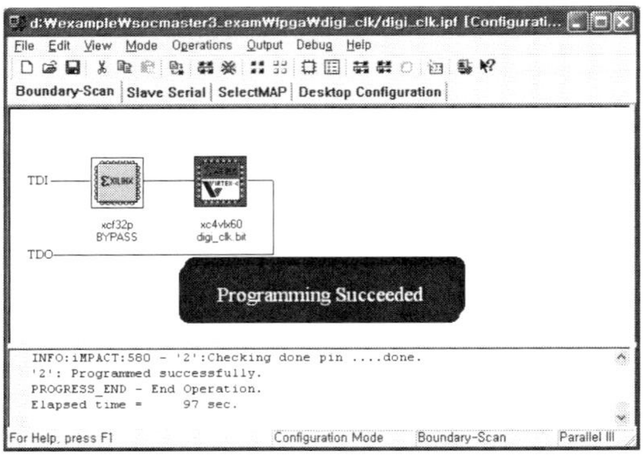

3.5 DAC(Digital-Analog Converter)

3.5.1 시스템 요구사항

SoCMaster3 Rev 1.0, 1.1, 1.2, 2.0
Xilinx JTAG-to-Parallel 인터페이스 케이블
Xilinx ISE 7.1

3.5.2. DAC 구성 및 동작 설명

(1) DAC의 개념

DAC는 주기적인 디지털 신호를 아날로그 신호로 바꾸어주는 역할을 한다. SoCMaster3에는 14bit 양자화된 디지털 신호를 아날로그 신호로 변조해 주는 칩(DAC904)이 내장되어 있으며, 이것을 통해서 디지털 신호를 아날로그 신호로 바꿀 수 있게 된다.

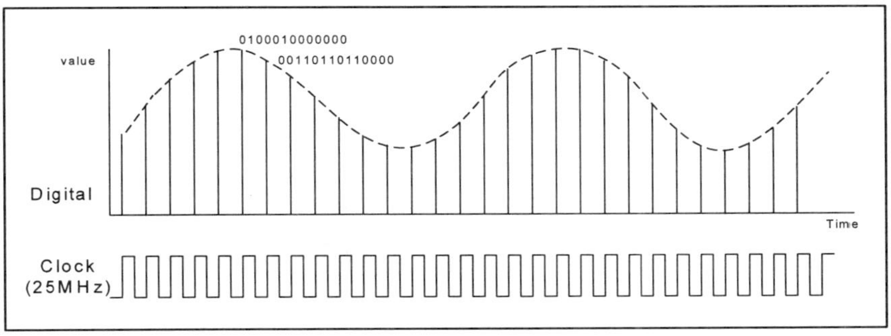

| 그림 3.18 | 주기적인 디지털 신호

그림 3.18과 같이 클럭의 상승에지에 맞추어 디지털화 된 신호를 입력 받아 아날로그 파형으로 생성하게 되는데, 클럭의 주파수에 따라 아날로그 파형의 연속성을 결정할 수 있다. 또한 값을 변화시켜 진폭과 주기를 변화시킬 수 있다.

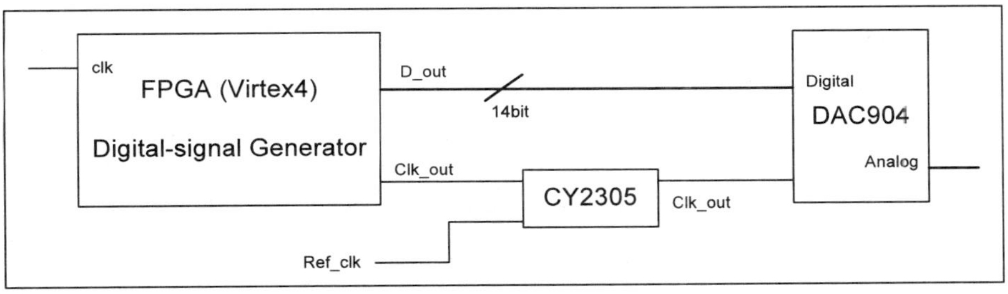

| 그림 3.19 | DAC 회로의 블럭도

그림 3.19는 DAC 회로의 블럭도를 보여주고 있다. FPGA에서 생성된 14비트 디지털 신호를 아날로그 신호로 출력하기 위해서는 SoCMaster3의 JP8을 연결하고, CLK9에 레퍼런스(Reference) 클럭을 25MHz로 설정하여야만 한다.

(2) DAC 회로를 위한 설정

1) DAC 실습을 위한 SoCMaster3 보드 설정

CLK9에 25MHz 오실레이터 연결
JP8에 점퍼 연결

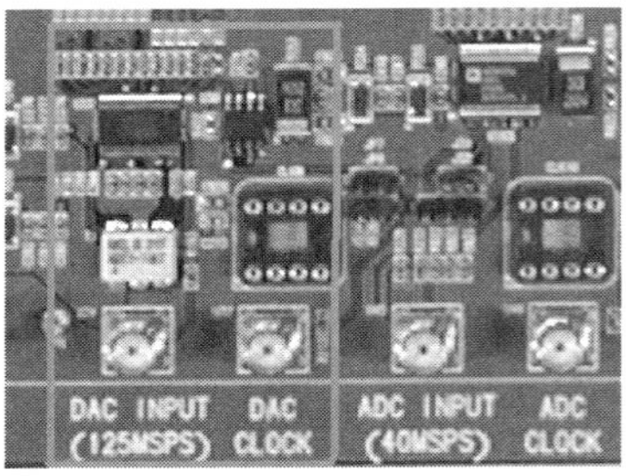

3.5.3. Xilinx FPGA 실습

(1) 설계 소스

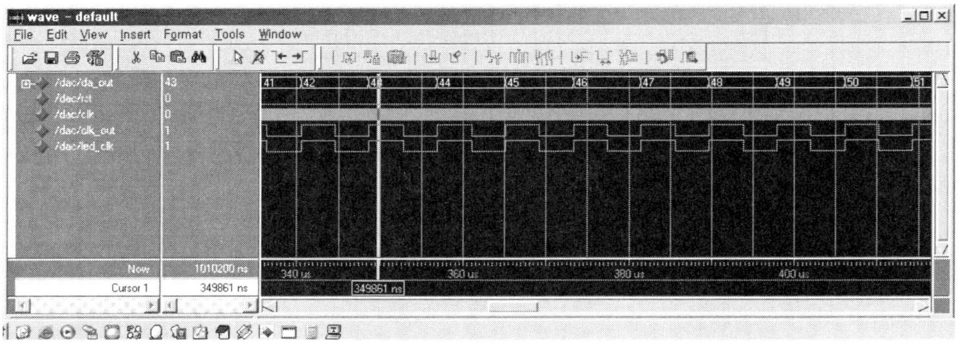

| 그림 3.20 | DAC의 시뮬레이션 결과

다음은 비동기 리셋을 포함한 DAC(Digital-Analog Converter)를 VHDL로 모델링 한 것으로 그림 3.19의 동작을 수행하는 코드(dac_test.vhd)이다.

```
library IEEE;
use IEEE.STD_LOGIC_1164.ALL;
use IEEE.STD_LOGIC_ARITH.ALL;
use IEEE.STD_LOGIC_UNSIGNED.ALL;

entity DAC is
    port ( DA_out  : out std_logic_vector(13 downto 0);
           rst        : in std_logic;
           clk        : in std_logic;
           clk_out    : out std_logic
          );
end DAC;

architecture Behavioral of DAC is
    SIGNAL LED_CLK :STD_LOGIC;
begin
    process(LED_CLK,rst)
    variable DA : std_logic_vector(13 downto 0)
        := "00000000000000";
    begin
    if(rst = '1') then
            DA := "00000000000000";
    elsif(LED_CLK'event and LED_CLK='1') then
            DA := DA+1;
        end if ;
        DA_out <= DA;
    end process;

    process(clk,rst)
        variable cnt : integer range 0 to 50;
        variable clk_in : std_logic;
    begin
    if(rst = '1') then
       cnt := 0;  clk_in := '0';
    elsif (clk'event and clk = '1') then
       if cnt < 40 then
           cnt := cnt + 1;
       elsif cnt = 40 then
           cnt := 0; clk_in := not clk_in;
       end if;
    end if;
       LED_CLK <= clk_in;
    end process;
    clk_out <= LED_CLK;

end Behavioral;
```

(2) Xilinx ISE Project

1) New Project를 통한 ISE Project 생성하기

❶ File 메뉴에서 New Project를 사용해 새로운 프로젝트를 생성한다.

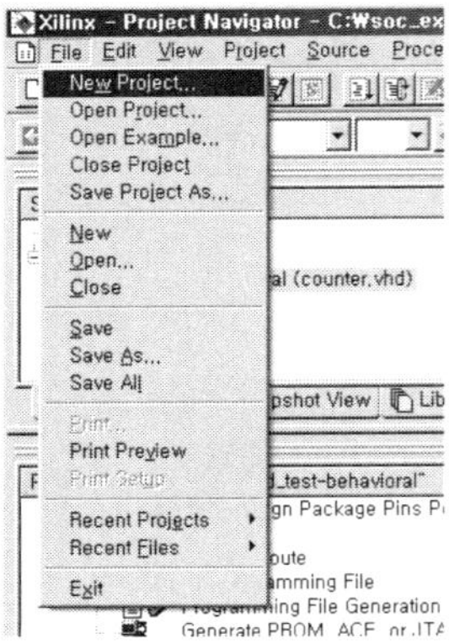

❷-① New project

Project를 설치할 경로와 프로젝트 이름을 지정하고 top-level module의 형식을 지정한다.

프로젝트 설치경로: C:\soc_example_test\dac_test

프로젝트 이름: dac_test

top-level modele Type: HDL

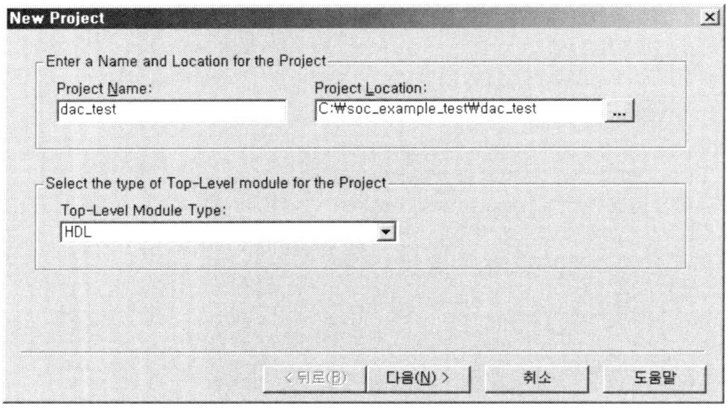

❷-② New project

프로젝트가 생성되었으면 다음 그림과 같이 FPGA의 타입을 맞춘다.

Device Family: Virtex4

Device: xc4vlx60

Package: ff1148

speed Grade: -10

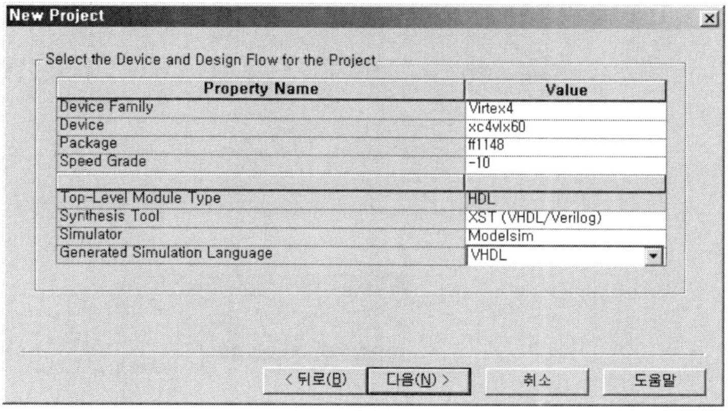

❷-③ New project

프로젝트를 생성하고 FPGA의 타입을 맞추었으면, 다음 단계에서는 파일을 생성하거나 추가하는 단계이다. counter.vhd 파일을 만들어 놓았으므로, 다음 단계로 넘어간다.

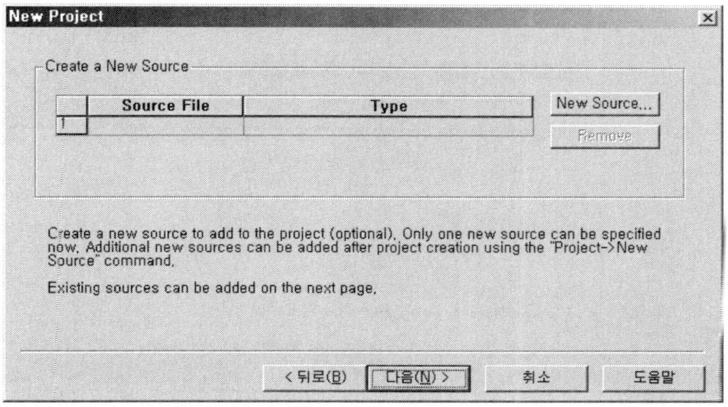

❷-④New project

추가할 파일이 프로젝트 디렉토이에 있다면 Add source 버튼을 클릭하여 파일(dac_test.vhd)을 추가해보자. 오른쪽 그림과 같이 VHDL design file을 선택한다.

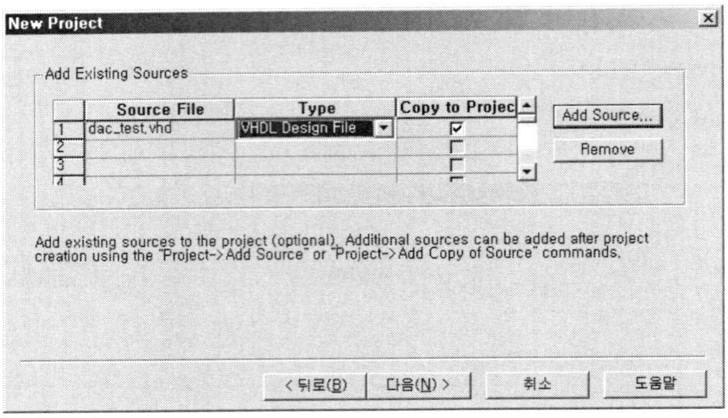

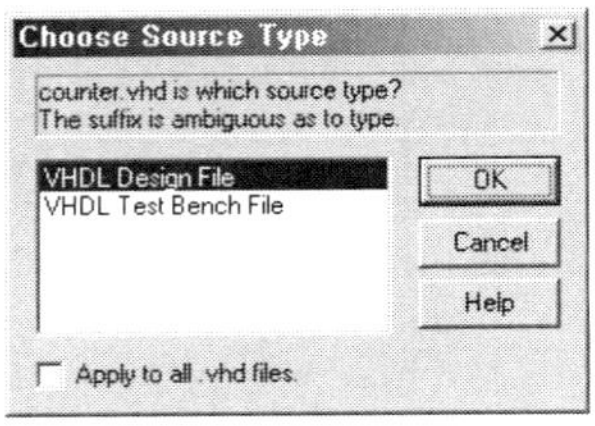

❷-⑤ New project

프로젝트가 완료되었으면, 프로젝트의 정보가 맞게 입력되었는지 확인한다. 다음과 같이 생성되었는지 확인한다.

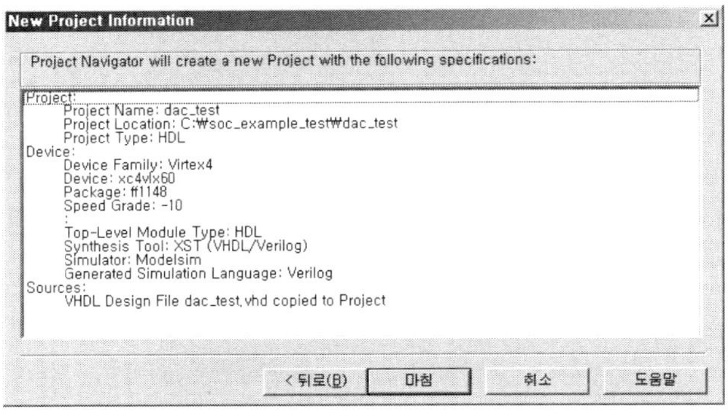

2) Project 생성

프로젝트가 완성되면 다음 그림과 같이 될 것이다.

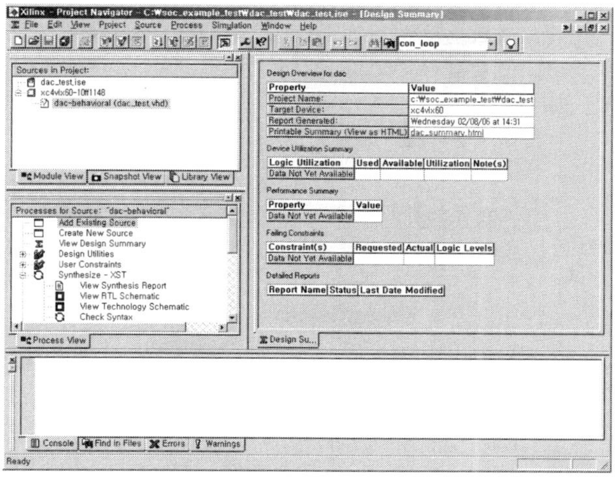

3) 설정 및 컴파일

❶ 핀 설정을 위한 컴파일

프로젝트 생성이 완료되었으면, Synthesize-XST를 클릭하여 프로젝트를 컴파일 한다. FPGA의 핀을 설정하기 위해서 컴파일을 수행하여야만 한다.

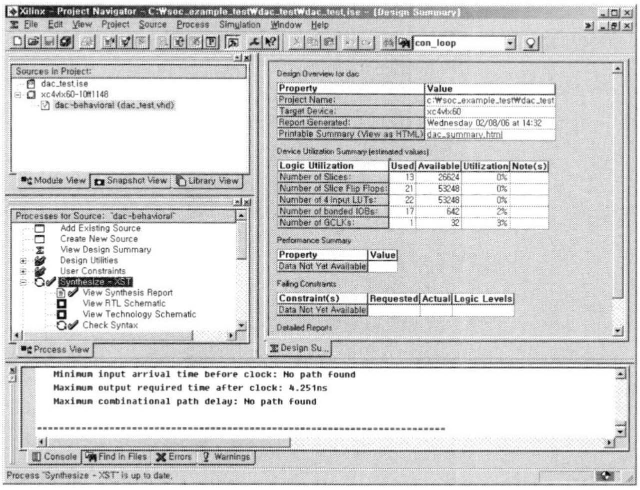

❷-① 핀 설정

소스를 Synthesize하였다면 다음으로 핀을 할당하는데 Assign Package Pins Post-Translate를 클릭하여 핀을 설정할 수 있다.

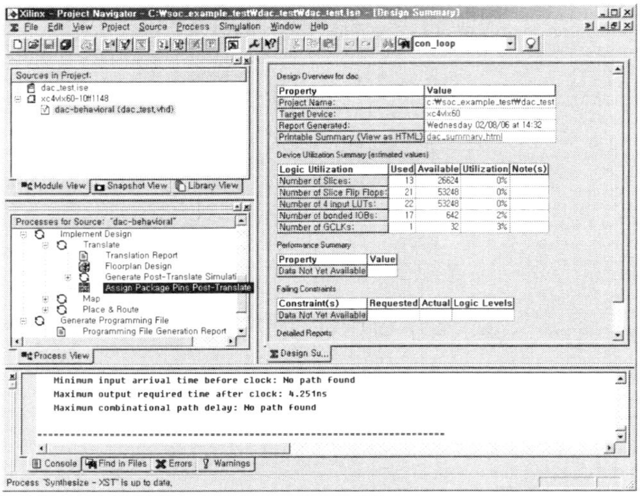

❷-② 핀 설정

핀은 다음과 같이 DA_out, clk, clk_out, rst를 설정한다.

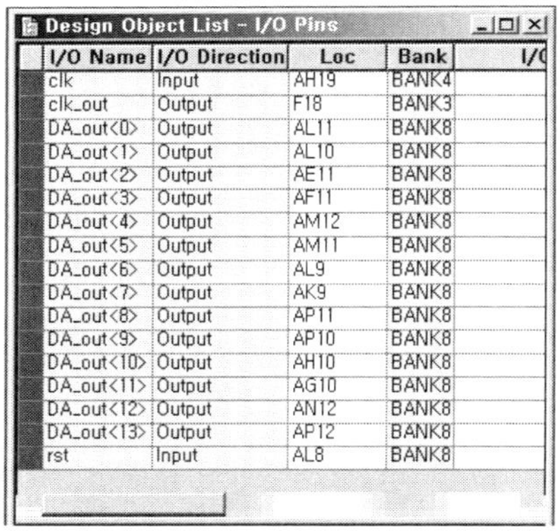
Design Object List - I/O Pins

I/O Name	I/O Direction	Loc	Bank
clk	Input	AH19	BANK4
clk_out	Output	F18	BANK3
DA_out<0>	Output	AL11	BANK8
DA_out<1>	Output	AL10	BANK8
DA_out<2>	Output	AE11	BANK8
DA_out<3>	Output	AF11	BANK8
DA_out<4>	Output	AM12	BANK8
DA_out<5>	Output	AM11	BANK8
DA_out<6>	Output	AL9	BANK8
DA_out<7>	Output	AK9	BANK8
DA_out<8>	Output	AP11	BANK8
DA_out<9>	Output	AP10	BANK8
DA_out<10>	Output	AH10	BANK8
DA_out<11>	Output	AG10	BANK8
DA_out<12>	Output	AN12	BANK8
DA_out<13>	Output	AP12	BANK8
rst	Input	AL8	BANK8

❸ FPGA에 Configuration 하기 위한 컴파일

핀 설정이 끝나면 컴파일을 수행한다. 완벽하게 컴파일 되면 Place & Route까지 완료된다.

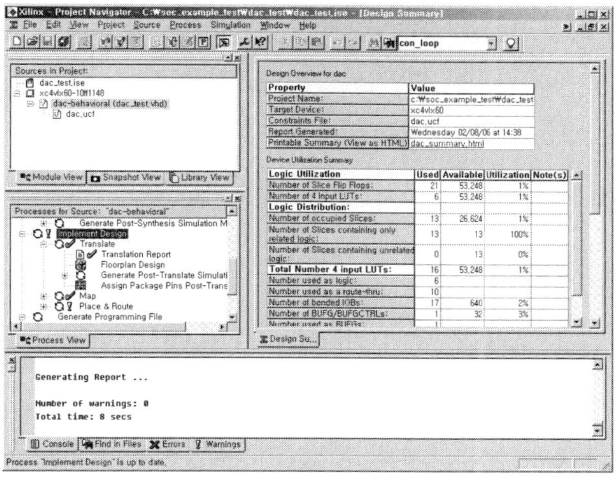

4) FPGA configuration

❶ 컴파일

FPGA에 configuration하기 위해서 전체 과정을 컴파일 한 후 iMPACT를 통해서 FPGA에 configuration할 수 있다. Configure Device (iMPACT)를 더블 클릭하면 Configuration을 위한 컴파일이 수행된다.

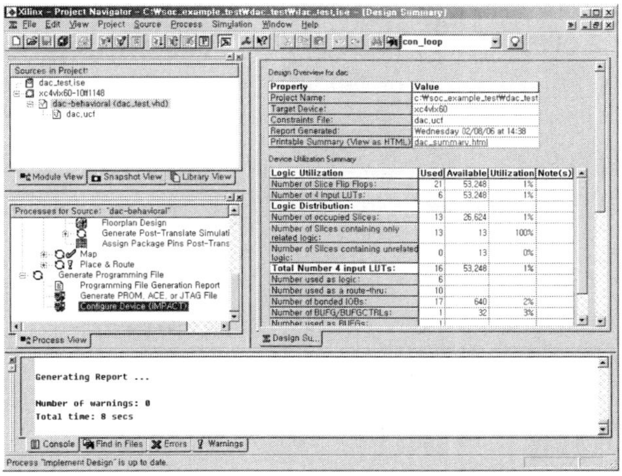

❷-① iMPACT 실행

iMPACT를 실행시켜 Configuration하려면 우선 FPGA를 스캔하여야 하는데, Boundary-Scan Mode를 사용한다. 여기서 에러가 발생하면, 전원과 JTAG가 제대로 연결되었는지 확인 해 봐야한다.

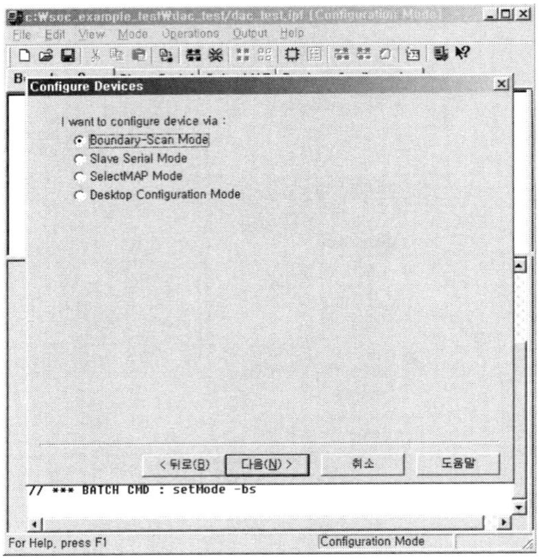

❷-② iMPACT 실행

Boundary-scan을 할 때 자동으로 찾기를 수행하려면 위의 Automatically connect to cable and identify Boundary-Scan chain을 선택하고 마침을 클릭한다.

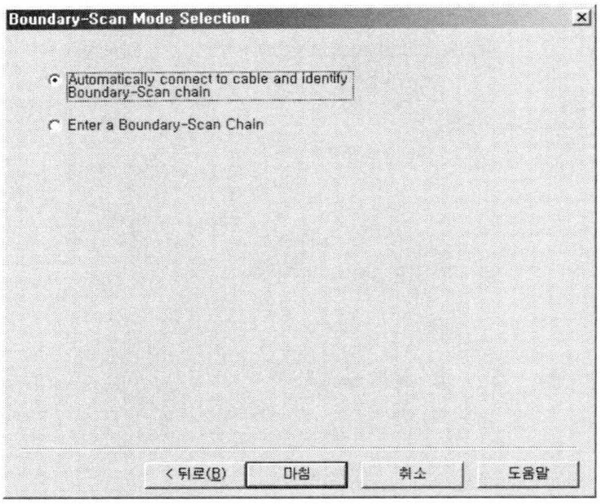

❸-① Configuration 파일 불러오기

Boundary-scan을 마치고 나면 두개의 장치가 선택된다. 하나는 FPGA이고 다른 하나는 FPGA를 configuration해주는 ROM이다. 전원이 켜질 때 마다 configuration을 다시 하고 싶다면 xcf32p에 configuration하고, 전원이 켜져있는 동안만 configuration 하려면 xc4vlx60에 configuration하면 된다.

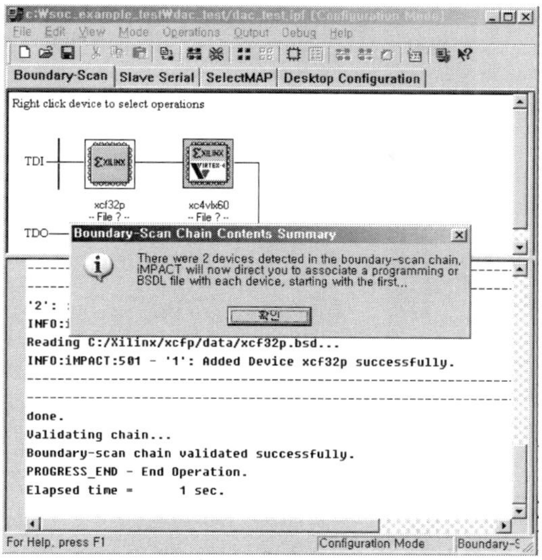

❸-② Configuration 파일 불러오기

본 실습에서는 전원이 켜져있는 동안만 configuration하기 위해서 xcf32p의 파일은 bypass를 선택한다.

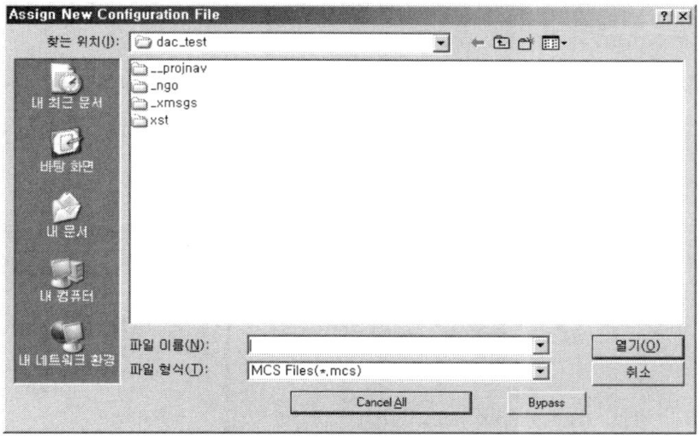

❸-③ Configuration 파일 불러오기

xc4vlx60에 configuration할 파일로 dac.bit을 선택한다.

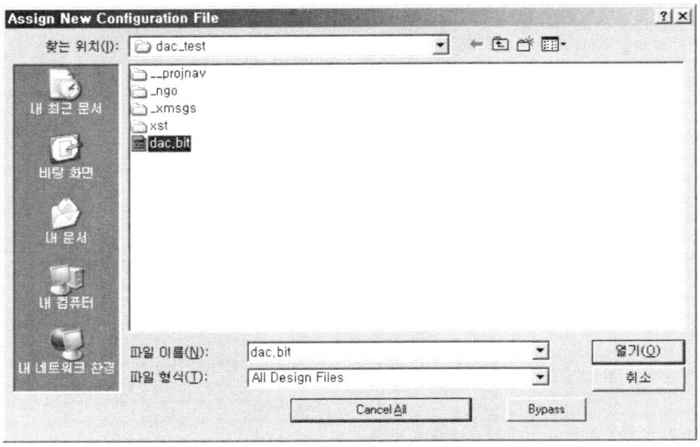

❸-④ Configuration 파일 불러오기

파일이 제대로 불러지면 다음과 같은 메시지가 화면상에 출력된다. 확인을 클릭한다.

❹ Program하기

파일이 제대로 불러졌으면 xc4vlx60을 선택한 후 메뉴의 operations에서 program을 선택하거나 버튼을 눌러 configuration하면 된다. 옵션은 선택하지 않고 진행한다.

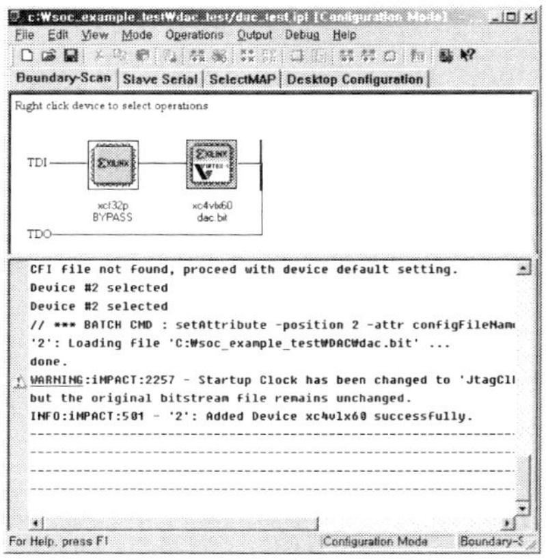

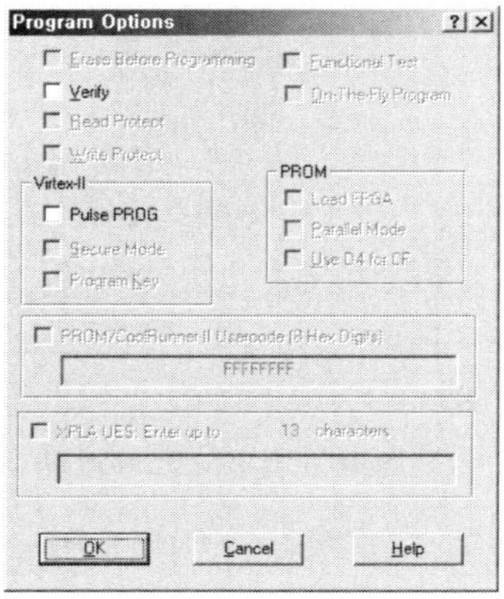

❺ Configuration 완료

완료되면 오른쪽 그림과 같이 Programming Succeeded가 화면에 출력된다.

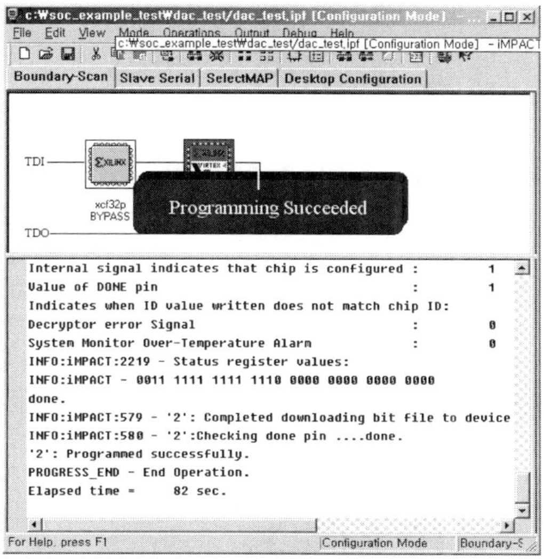

3.6 UART

3.6.1 시스템 요구사항

SoCMaster3 Rev 1.0, 1.1, 1.2, 2.0
Xilinx JTAG-to-Parallel 인터페이스 케이블
Xilinx ISE 7.1
(주)HUINS SoC CAM Rev 2.0

3.6.2 구성 및 동작 설명

(1) RS232C에 대해서

컴퓨터에서 통신을 위한 각종 인터페이스가 표준 또는 옵션으로 정착되어 있다. 이들 중 대표적인 것으로는 데이터를 시리얼(serial)로 전송하는 RS232C, RS422, RS485 등이 있다. 물론 데이터를 병렬로 보낼 수 있다. 예를 들면 CPU, HDD, FDD, VIDEO 등이 병렬 통신이다. 하지만, 모든 장비가 병렬 통신을 할 수 없다. 병렬 통신은 구현하기 힘들고 고가이다. 그리고, 거리 또한 제한이 된다. 이에 반해서 시리얼 통신은 구현하기 쉽고, 저가이고, 패러렐 보다 거리 제한을 덜 받는다. 여기서 대표적 인터페이스인 RS232C에 대해서 알아보도록 하겠다.

RS232C 인터페이스는 미국의 EIA(Electronic Industries Association)에 의해 규격화된 것으로 정확하게는 EIA-RS232C 규격이라고 불리며, 전기적 특성, 기계적 특성, 인터페이스 회로의 기능 등을 규정하고 있다. (RS232C의 제한 거리는 15m이다.) 이들 규격은 2개의 송수신 신호선과 5개의 제어선, 그리고 3개의 어스선이 필요하다.

RS232C 인터페이스 규격은 본래 데이터 단말 장치와 모뎀(Modulator DEModulator: 변복조기)을 접속하기 위한 것으로, 이 경우 캐리어 수신의 확인 등 송신 측과 수신 측이 모뎀의 상태를 1 대 1로 대응시켜서 접속하여야 한다. 통상, 퍼스널 컴퓨터 등에서는 RS232C의 규격의 일부를 사용하여 그 접속을 간략화하고 있다. 그러나, 모뎀에 접속하는 경우에는(DTE와 DCE의 접속) 접속 방법이 다르므로 주의하여야 한다.

컴퓨터 간(DTE와 DTE 간)의 통신에서는 모든 제어 선을 사용하지 않아도 최소 3개의 송신 데이터선(SD), 수신 데이터선(RD) 및 시그널 그라운드선(SG)이 있으면 통신이 가능하지만, 실제로는 커넥터 내부에서 4+5번과 6+8+20번 핀을 연결해 둘 필요가 있다. 이 방식은 컴퓨터 간에 케이블로 직접 접속하는 경우로서 서로 상대방의 하

드웨어의 상태를 확인할 필요가 없는 경우의 가장 간단한 인터페이스 방법이다.

RS232C 인터페이스에 있어서는 비동기(조보동기) 방식과 동기방식이 사용되는데, 통상 퍼스널 컴퓨터에서는 비동기 방식을 사용하고 있다. 같은 규격인 CCITT (Consultative Committee for International Telegraph and Telephony)에서도 CCITT V.24에서 DTE와 DCE 간의 상호 접속 회로의 정의, 핀번호와 회로의 의미에 대해서 규정을 하고 있다.

비동기식 통신방식을 지원하는 대표적인 컨트롤러는 NS사의 16C450과 16C550이며 그 외 호환되는 컨트롤러가 다수의 회사에서 생산되지만 성능상의 차이는 없고 호환은 되지 않지만 비동기 통신의 기능을 갖는 컨트롤러는 수 십 가지의 종류가 있다. 비동기식 통신 컨트롤러를 일반적으로 UART(Universal Asynchronous Receiver/Transmitter)라 부른다. UART에서 나오는 신호는 보통 TTL신호 레벨을 갖기 때문에 노이즈에 약하고 통신거리에 제약이 있다. 이러한 TTL신호를 입력받아 노이즈에 강하고 멀리갈 수 있게 해주는 인터페이스를 LINE DRIVER/RECEIVER라 부르며 이중 대표적인 것이 RS232, RS422 및 RS485가 있다.

데이터를 보내기 위해서는 최소한 3개의 선이 필요하다. DB25의 경우 2번 TXD와 3번 RXD 7번 GND가 필요하다. DTE(컴퓨터)와 DCE(모뎀) 사이에는 바로 2번 -> 2번, 3번 -> 3번, 7번 -> 7번으로 연결된다. 그러나, DTE와 DTE 사이에서는 연결이 바뀌어 2번 -> 3번, 3번 -> 2번, 7번 -> 7번으로 TXD와 RXD로 연결된다. 여기서 살펴볼 것은 TXD와 RXD는 연결이 되어야 한다는 것이다. 외관상으로 DTE와 DCE가 바로 연결되어 있을 수 있으나, 내부적으로는 RXD와 TXD가 연결되어 있다. 그래야만 통신이 되기 때문이다. 이런 것을 선이 CROSS 되어 있다고 한다. 물론 DB9는 다 같으나, 7번 선이 아니라 5번이다. 여기서 중요한 것은 DTE와 DCE 사이의 연결은 9개 선이 모두 필요하다는 것이다. 그래야지만, DCE가 제대로 동작하게 된다.

(2) RS232 통신 순서

DTR(컴퓨터 준비 됐다.) -> DSR(모뎀 준비 됐다.) -> RTS(컴퓨터가 모뎀 송신 준비 됐나?) -> CTS(모뎀이 컴퓨터에게 송신 준비 됐다.) -> DCD(모뎀이 컴퓨터에게 상대 모뎀 연결됐다.) -> TXD(데이터를 보낸다.) -> RXD(데이터를 받는다.)

DTE(Data Terminal Equipment)란 컴퓨터 등의 제어 장치이며, 이것에 대해 DCE (Data Communication Equipment)란 모뎀 등의 단말을 의미한다.

※ 보오 레이트(baud rate)란 1초당의 변조횟수인데, RS232C 인터페이스에서 변조횟수와 전송 속도(bps: bit per second)가 일치하므로 단위로서는 보오(baud) 또는 bps가 사용된다. 데이터의 전송 속도는 송수신에 필요한 프로그램의 실행속도

와 통신 케이블 등의 통신매체의 특성에 따라 크게 좌우된다.

※ 보오는 1초당 변조 횟수이고, bps는 1초당의 전송 횟수이다. 따라서 변조 방식을 연구하면 1회의 변조에 의해 2비트 또는 그 이상의 정보량을 전송할 수 있다. RS232C 인터페이스는 전압의 High와 Low로 변조(AM 변조)하고 있으므로 1회의 변조로 1비트의 정보량을 전송하는 셈이 되며, 보오와 bps는 일치한다.

(3) 커넥터 사양

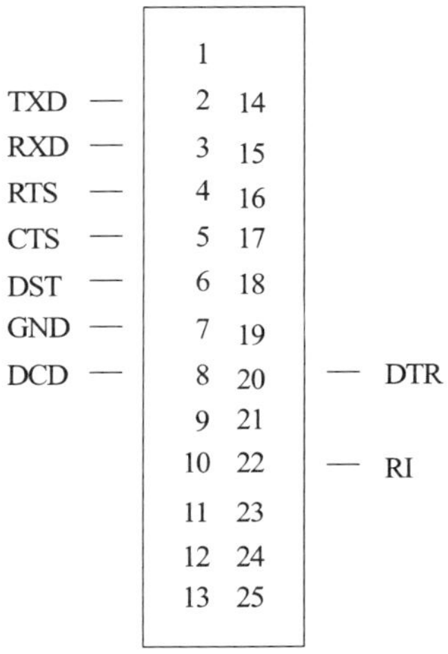

| 그림 3.21 | DB-25 RS232

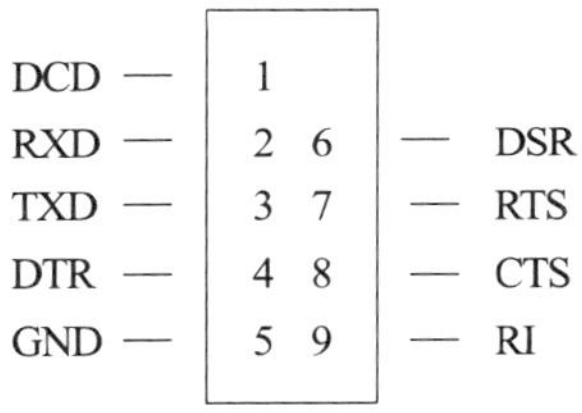

| 그림 3.22 | DB-9 RS232

(4) 신호 설명

- **TXD - Transmit Data** 비동기식 직렬통신 장치가 외부 장치로 정보를 보낼 때 직렬통신 데이터가 나오는 신호선이다.
- **RXD - Receive Data** 외부 장치에서 들어오는 직렬통신 데이터를 입력받는 신호선이다.
- **RTS - Ready To Send** 컴퓨터와 같은 DTE장치가 모뎀 또는 프린터와 같은 DCE장치에게 데이터를 받을 준비가 됐음을 나타내는 신호선이다.
- **CTS - Clear To Send** 모뎀 또는 프린터와 같은 DCE장치가 컴퓨터와 같은 DTE장치에게 데이터를 받을 준비가 됐음을 나타내는 신호선이다.
- **DTR - Data Terminal Ready** 컴퓨터 또는 터미널이 모뎀에게 자신이 송수신 가능한 상태임을 알리는 신호선이며 일반적으로 컴퓨터 등이 전원 인가 후 통신 포트

를 초기화한 후 이 신호를 출력시킨다.

- **DSR - Data Set Ready** 모뎀이 컴퓨터 또는 터미널에게 자신이 송수신 가능한 상태임을 알려주는 신호선이며 일반적으로 모뎀에 전원 인가 후 모뎀이 자신의 상태를 파악한 후 이상이 없을 때 이 신호를 출력시킨다.
- **DCD - Data Carrier Detect** 모뎀이 상대편 모뎀과 전화선 등을 통해서 접속이 완료되었을 때 상대편 모뎀이 캐리어 신호를 보내오면 이 신호를 검출하였음을 컴퓨터 또는 터미널에 알려주는 신호선이다.
- **RI - Ring Indicator** 상대편 모뎀이 통신을 하기 위해서 먼저 전화를 걸어오면 전화벨이 울리게 된다. 이때 이 신호를 모뎀이 인식하여 컴퓨터 또는 터미널에 알려주는 신호선이며 일반적으로 컴퓨터가 이 신호를 받게 되면 전화벨 신호에 응답하는 프로그램을 인터럽터 등을 통해서 호출하게 된다.

(5) 데이터 포맷

표준 UART 데이터는 START/STOP Bit, DATA Bit, PARITY Bit 프레임으로 구성되어 있다. 시리얼 데이터는 다음과 같은 순서대로 전송된다.

- Start bit
- Data bits
- Parity bit (if enabled)
- Stop bit(s)

아무런 데이터가 없는 데이터 라인은 HIGH('1')인 상태를 유지한다. 첫 번째 비트 LOW('0')는 START 비트로 새로운 프레임의 시작을 알린다. 그 다음 5개 비트에서 8개 비트는 데이터 비트로 실제 전송하고자 하는 데이터가 들어간다. 그리고 마지막을 알리는 STOP 비트가 포함된다. 데이터 비트의 개수에 따라서 한 프레임이 몇 개의 비트로 전송되는지 결정된다. 만약 패리티 비트를 사용할 경우 데이터 비트 다음에 보내게 되며 마지막으로 프레임의 끝을 알리는 STOP 비트가 전송된 다음 IDLE 상태로 된다.

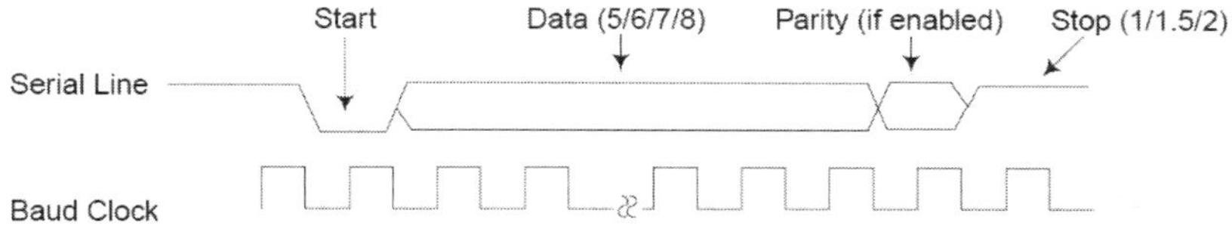

| 그림 3.23 | 표준 UART 데이터 포맷

(6) UART 설계 파일

UART의 설계 파일의 계층 구조는 다음과 같다.

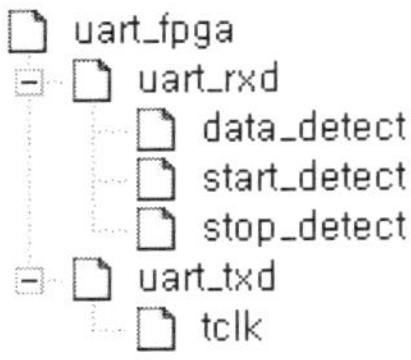

- uart_fpga : uart_rxd, uart_txd 파일을 하나의 프로젝트로 만드는 TOP 디자인 파일
- uart_rxd : UART 수신 모듈
- data_detect : RXD의 DATA 수신 모듈
- start_detect : RXD의 START 비트 확인 모듈
- stop_detect : RXD의 STOP 비트 확인 모듈
- uart_txd : UART 송신 모듈
- tclk : 12MHz 클럭을 9600KHz로 만들어주는 모듈

uart_txd 송신 모듈은 'UART_FPGA HUINS Tel:031-719-8200'을 한번 출력한 후 RXD 데이터를 ECHO 한다. uart_rxd 수신 모듈은 RXD로 수신된 신호를 START 비트, DATA 비트, STOP 비트로 체크한 후 DATA 비트에 수신된 ASCII 값을 LED로 디스플레이 한다.

3.6.3 Xilinx FPGA 실습

(1) 설계 소스

1) uartfpga.vhd

```
library IEEE;
use IEEE.STD_LOGIC_1164.ALL;
use IEEE.STD_LOGIC_ARITH.ALL;
use IEEE.STD_LOGIC_UNSIGNED.ALL;
```

```
entity uart_fpga is
port(
    CLK_IN: in std_logic;
    RESET : in std_logic;
    TX    : out std_logic;
    RX    : in std_logic;
    LED   : out std_logic_vector(7 downto 0)
);
end uart_fpga;

architecture arch_uart_fpga of uart_fpga is

    component uart_rxd
    port( CLK, RESETn, RXD  : in std_logic;
          LED               : out std_logic_vector(7 downto 0));
    end component;

    component uart_txd
    port(
       MCLK, RESETn, RXD : in std_logic;
       TXD               : out std_logic);
    end component;

begin

    U0: uart_rxd port map(
       CLK_IN,
       RESET,
       RX,
       LED
    );

    U1: uart_txd port map(
       CLK_IN,
       RESET,
       RX,
       TX
    );

end arch_uart_fpga;
```

2) uart_rxd.vhd

```
library IEEE;
use IEEE.STD_LOGIC_1164.ALL;
use IEEE.STD_LOGIC_ARITH.ALL;
use IEEE.STD_LOGIC_UNSIGNED.ALL;

entity uart_rxd is
port(  CLK, RESETn, RXD  : in std_logic;
       LED               : out std_logic_vector(7 downto 0));
end uart_rxd;

architecture arch_uart_rxd of uart_rxd is
    component start_detect
    port (   CLK,RESET,RXD      : in std_logic;
             STATE              : in std_logic_vector(3 downto 0);
             UP_CLK,UP_DATA     : out std_logic);
    end component;

    component data_detect
    port( CLK,RESET,RXD  : in std_logic;
          STATE          : in std_logic_vector(3 downto 0);
          UP_CLK,UP_DATA : out std_logic);
    end component;

    component stop_detect
    port (   CLK,RESET,RXD  : in std_logic;
          STATE             : in std_logic_vector(3 downto 0);
          UP_CLK            : out std_logic;
          UP_DATA           : out std_logic);
    end component;

    signal led_clk, start_bit_clk, start_bit_data, data_bit_clk,
            data_bit_data, stop_bit_clk, stop_bit_data : std_logic;
    signal a,b,rst : std_logic;
    signal rxd_data_buffer   : std_logic_vector(9 downto 0):="0000000000";
    signal rxd_data          : std_logic_vector(7 downto 0):="00000000";
    signal rxd_state      : std_logic_vector(3 downto 0):="0000";
    signal rxd_bit_count: std_logic_vector(3 downto 0):="0000";
begin
   LED <= not rxd_data(7 downto 0);
   rst <= not RESETn;
   U0: start_detect
   portmap(CLK,rst,RXD,rxd_state,start_bit_clk,start_bit_data);
```

```
U1: data_detect
port map(CLK,rst,RXD,rxd_state,data_bit_clk,data_bit_data);
U2: stop_detect
port map(CLK,rst,RXD,rxd_state,stop_bit_clk,stop_bit_data);

a <= start_bit_clk or data_bit_clk;
b <= a or stop_bit_clk;

process(RESETn,b)
begin
    if(RESETn ='0') then
        rxd_state <= "0000";
        rxd_bit_count <= "0000";
        rxd_data_buffer <= "0000000000";
        rxd_data <= "00000000";
    elsif b'event and b='1' then
        if(rxd_state ="0000") then
            if(start_bit_data = '0') then
                rxd_state <= "0000";
              rxd_bit_count <= "0000";
            rxd_data_buffer(0) <= start_bit_data;
            else
                rxd_state <= "0000";
              rxd_bit_count <= "0000";
          end if;
        elsif(rxd_state = "0001") then
            if(rxd_bit_count = "0000") then
                rxd_data_buffer (1) <= data_bit_data;
            rxd_bit_count <= rxd_bit_count + 1;
            elsif(rxd_bit_count = 1) then
                rxd_data_buffer (2) <= data_bit_data;
            rxd_bit_count <= rxd_bit_count + 1;
            elsif(rxd_bit_count = 2) then
                rxd_data_buffer (3) <= data_bit_data;
            rxd_bit_count <= rxd_bit_count + 1;
            elsif(rxd_bit_count = 3) then
                rxd_data_buffer (4) <= data_bit_data;
            rxd_bit_count <= rxd_bit_count + 1;
            elsif(rxd_bit_count = 4) then
                rxd_data_buffer (5) <= data_bit_data;
            rxd_bit_count <= rxd_bit_count + 1;
            elsif(rxd_bit_count = 5) then
                rxd_data_buffer (6) <= data_bit_data;
            rxd_bit_count <= rxd_bit_count + 1;
```

```
                elsif(rxd_bit_count = 6) then
                    rxd_data_buffer (7) <= data_bit_data;
                rxd_bit_count <= rxd_bit_count + 1;
                elsif(rxd_bit_count = 7) then
                    rxd_data_buffer (8) <= data_bit_data;
                rxd_bit_count <= "0000";
                rxd_state <= "0010";
              end if;
          else if(rxd_state = "0010") then
              rxd_state <= "0000";
              rxd_data_buffer(9) <= stop_bit_data;
              rxd_data(7) <= rxd_data_buffer(8);
              rxd_data(6) <= rxd_data_buffer(7);
              rxd_data(5) <= rxd_data_buffer(6);
              rxd_data(4) <= rxd_data_buffer(5);
              rxd_data(3) <= rxd_data_buffer(4);
              rxd_data(2) <= rxd_data_buffer(3);
              rxd_data(1) <= rxd_data_buffer(2);
              rxd_data(0) <= rxd_data_buffer(1);
            end if;
        end if;
    end if;
    end process;

end arch_uart_rxd;
```

3) data_detect.vhd

```
library IEEE;
use IEEE.STD_LOGIC_1164.ALL;
use IEEE.STD_LOGIC_ARITH.ALL;
use IEEE.STD_LOGIC_UNSIGNED.ALL;

-- baud rate : 9600bps
-- main clk : 12Mhz
-- sampe rate value : 124
entity data_detect is
port(
       CLK,RESET,RXD     : in std_logic;
       STATE             : in std_logic_vector(3 downto 0);
       UP_CLK,UP_DATA    : out std_logic);
end data_detect;
architecture arch_data_detect of data_detect is
```

```
    constant sample_rate : integer :=250;

begin

    process(RESET,CLK)
    variable clk_count              : integer range 0 to 150000;
    variable sample_data_count      : integer range 0 to 150;
    begin
       if(RESET ='1') then
           clk_count := 0;  UP_CLK <='0'; UP_DATA <='0';
           sample_data_count :=0;
    elsif(CLK'event and CLK ='1') then
          if(STATE /= "0001") then
                clk_count :=0;
                UP_CLK <='0'; UP_DATA <='0';
             sample_data_count :=0;
           elsif(STATE = "0001") then
               if(clk_count = sample_rate * 10 ) then
                  UP_CLK <='1';
               clk_count :=0;
                  if(sample_data_count > 4) then
                     UP_DATA <='1';
                      sample_data_count := 0;
                  else
                     UP_DATA <='0';
                  sample_data_count := 0;
                end if;
             end if;
           elsif(clk_count = sample_rate) then
               UP_CLK <='0'; UP_DATA <='0';
               sample_data_count := 0;
               clk_count := clk_count + 1;
           elsif(
           (clk_count = sample_rate * 2)
           or (clk_count = sample_rate * 3)
           or (clk_count = sample_rate * 4)
           or (clk_count = sample_rate * 5)
           or (clk_count = sample_rate * 6)
           or (clk_count = sample_rate * 7)
           or (clk_count = sample_rate * 8)
           or (clk_count = sample_rate * 9)) then
```

```
                if(RXD = '1') then
                    sample_data_count := sample_data_count + 1;
                    UP_CLK <='0';
                    clk_count := clk_count + 1;
                else
                    UP_CLK <='0';
                    clk_count := clk_count + 1;
                end if;
            else
                clk_count := clk_count + 1;
        end if;
    end if;
    end process;

end arch_data_detect;
```

4) start_detect.vhd

```
library IEEE;
use IEEE.STD_LOGIC_1164.ALL;
use IEEE.STD_LOGIC_ARITH.ALL;
use IEEE.STD_LOGIC_UNSIGNED.ALL;

-- baud rate : 9600bps
-- main clk : 12Mhz
-- sampe rate value : 124

entity start_detect is
port ( CLK,RESET,RXD     : in std_logic;
       STATE          : in std_logic_vector(3 downto 0);
       UP_CLK,UP_DATA       : out std_logic);
end start_detect;

architecture arch_start_detect of start_detect is

    constant sample_rate     : integer := 250;
    signal count_state       : std_logic; -- 1 : count, 0 : stop
    signal sample_data_count : std_logic_vector(15 downto 0);

begin
```

```
process(RESET,CLK,RXD)
variable clk_count   : integer range 0 to 15000;
begin
   if(RESET ='1') then
      clk_count := 0;
      UP_CLK <='0';
      UP_DATA <='0';
      sample_data_count <="0000000000000000";
      count_state <= '0';
   elsif(CLK'event and clk='1') then
     if(RXD ='1') then
         if(STATE = "0000") then
            count_state <='1';
         else
            count_state <='0';
        end if;
      elsif(STATE /= "0000") then
      clk_count := 0;
        UP_CLK <='0';
        UP_DATA <='0';
        sample_data_count <= "0000000000000000";
     elsif((count_state = '1') and (STATE = "0000")) then
        if(clk_count = (sample_rate * 10) ) then
          UP_CLK <='1';
          clk_count := 0;
            if(sample_data_count > "0000000000000100") tnen
            UP_DATA <='1';
              sample_data_count <= "0000000000000000";
           else
             UP_DATA <='0';
             sample_data_count <="0000000000000000";
          end if;
        elsif(clk_count = sample_rate) then
            UP_CLK <='0';
         UP_DATA <='0';
            sample_data_count <= "0000000000000000";
           clk_count := clk_count + 1;
        elsif((clk_count = sample_rate * 2)
            or (clk_count = sample_rate * 3)
            or (clk_count = sample_rate * 4)
            or (clk_count = sample_rate * 5)
            or (clk_count = sample_rate * 6)
            or (clk_count = sample_rate * 7)
            or (clk_count = sample_rate * 8)
            or (clk_count = sample_rate * 9)) then
```

```
                    if(RXD = '1') then
                        sample_data_count <= sample_data_count + '1';
                        UP_CLK <='0';
                        clk_count := clk_count +1;
                    else
                        UP_CLK <='0';
                        clk_count := clk_count +1;
                    end if;
                else
                    clk_count := clk_count +1;
                end if;
            end if;
        end if;
    end process;

end arch_start_detect;
```

5) stop_detect.vhd

```
library IEEE;
use IEEE.STD_LOGIC_1164.ALL;
use IEEE.STD_LOGIC_ARITH.ALL;
use IEEE.STD_LOGIC_UNSIGNED.ALL;

-- baud rate : 9600bps
-- main clk : 12Mhz
-- sampe rate value : 124
entity stop_detect is
port ( CLK,RESET,RXD : in std_logic;
       STATE         : in std_logic_vector(3 downto 0);
       UP_CLK        : out std_logic;
       UP_DATA       : out std_logic);
end stop_detect;

architecture arch_stop_detect of stop_detect is
    constant sample_rate : integer :=250;
begin

    process(RESET,CLK)
    variable clk_count         : integer range 0 to 100000;
    variable sample_data_count : integer range 0 to 10;
    begin
```

```
        if(RESET ='1') then
            clk_count := 20;
            UP_CLK <= '0'; UP_DATA <= '0';
            sample_data_count := 0;
        elsif CLK'event and CLK ='1' then
            if(STATE /= "0010") then
              clk_count := 0;
              UP_CLK <= '0'; UP_DATA <= '0';
              sample_data_count := 0;
            elsif(STATE = "0010") then
                if(clk_count = sample_rate * 10 ) then
                    UP_CLK <= '1';
                clk_count := 0;
                    if(sample_data_count > 4) then
                        UP_DATA <= '1';
                    sample_data_count := 0;
                    else
                        UP_DATA <= '0';
                    sample_data_count := 0;
                  end if;
              end if;
            elsif(clk_count = sample_rate) then
                UP_CLK <= '0'; UP_DATA <= '0';
                sample_data_count := 0;
                clk_count := clk_count + 1;
            elsif((clk_count = sample_rate * 2)
            or(clk_count = sample_rate * 3)
            or(clk_count = sample_rate * 4)
            or(clk_count = sample_rate * 5)
            or(clk_count = sample_rate * 6)
            or(clk_count = sample_rate * 7)
            or(clk_count = sample_rate * 8)
            or(clk_count = sample_rate * 9)) then
                if(RXD = '1') then
                    sample_data_count := sample_data_count + 1;
                    UP_CLK <= '0'; clk_count := clk_count + 1;
                else
                    UP_CLK <= '0'; clk_count := clk_count + 1;
                end if;
            else
                clk_count := clk_count + 1;
            end if;
        end  if;
    end process;
end arch_stop_detect;
```

6) uart_txd.vhd

```
library IEEE;
use IEEE.STD_LOGIC_1164.ALL;
use IEEE.STD_LOGIC_ARITH.ALL;
use IEEE.STD_LOGIC_UNSIGNED.ALL;

-- CLK 12Mhz, 9600bps
entity uart_txd is
port(  MCLK, RESETn, RXD: in std_logic;
       TXD              : out std_logic);
end uart_txd;

architecture arch_uart_txd of uart_txd is
    signal up_clk        : std_logic;
    signal txd_out       : std_logic;
    signal txd_count     : std_logic_vector(7 downto 0);
    signal start_bit     : std_logic;
    signal stop_bit      : std_logic;
    signal txd_data_reg  : std_logic_vector(7 downto 0);
    signal data_count    : std_logic_vector(7 downto 0);
    signal data_tx_end   : std_logic;

    constant  TXD_0 : std_logic_vector(7 downto 0):="00110000";
    constant  TXD_1 : std_logic_vector(7 downto 0):="00110001";
    constant  TXD_2 : std_logic_vector(7 downto 0):="00110010";
    constant  TXD_3 : std_logic_vector(7 downto 0):="00110011";
    constant  TXD_4 : std_logic_vector(7 downto 0):="00110100";
    constant  TXD_5 : std_logic_vector(7 downto 0):="00110101";
    constant  TXD_6 : std_logic_vector(7 downto 0):="00110110";
    constant  TXD_7 : std_logic_vector(7 downto 0):="00110111";
    constant  TXD_8 : std_logic_vector(7 downto 0):="00111000";
    constant  TXD_9 : std_logic_vector(7 downto 0):="00111001";
    constant  ch_A    : std_logic_vector(7 downto 0):="01000001";
    constant  ch_B    : std_logic_vector(7 downto 0):="01000010";
    constant  ch_C    : std_logic_vector(7 downto 0):="01000011";
    constant  ch_D    : std_logic_vector(7 downto 0):="01000100";
    constant  ch_E    : std_logic_vector(7 downto 0):="01000101";
    constant  ch_F    : std_logic_vector(7 downto 0):="01000110";
    constant  ch_G    : std_logic_vector(7 downto 0):="01000111";
    constant  ch_H    : std_logic_vector(7 downto 0):="01001000";
    constant  ch_I    : std_logic_vector(7 downto 0):="01001001";
    constant  ch_J    : std_logic_vector(7 downto 0):="01001010";
    constant  ch_K    : std_logic_vector(7 downto 0):="01001011";
```

```
constant  ch_L    : std_logic_vector(7 downto 0):="01001100";
constant  ch_M    : std_logic_vector(7 downto 0):="01001101";
constant  ch_N    : std_logic_vector(7 downto 0):="01001110";
constant  ch_O    : std_logic_vector(7 downto 0):="01001111";
constant  ch_P    : std_logic_vector(7 downto 0):="01010000";
constant  ch_Q    : std_logic_vector(7 downto 0):="01010001";
constant  ch_R    : std_logic_vector(7 downto 0):="01010010";
constant  ch_S    : std_logic_vector(7 downto 0):="01010011";
constant  ch_T    : std_logic_vector(7 downto 0):="01010100";
constant  ch_U    : std_logic_vector(7 downto 0):="01010101";
constant  ch_V    : std_logic_vector(7 downto 0):="01010110";
constant  ch_W    : std_logic_vector(7 downto 0):="01010111";
constant  ch_X    : std_logic_vector(7 downto 0):="01011000";
constant  ch_Y    : std_logic_vector(7 downto 0):="01011001";
constant  ch_Z    : std_logic_vector(7 downto 0):="01011010";

constant  char_a  : std_logic_vector(7 downto 0):="01100001";
constant  char_b  : std_logic_vector(7 downto 0):="01100010";
constant  char_c  : std_logic_vector(7 downto 0):="01100011";
constant  char_d  : std_logic_vector(7 downto 0):="01100100";
constant  char_e  : std_logic_vector(7 downto 0):="01100101";
constant  char_f  : std_logic_vector(7 downto 0):="01100110";
constant  char_g  : std_logic_vector(7 downto 0):="01100111";
constant  char_h  : std_logic_vector(7 downto 0):="01101000";
constant  char_i  : std_logic_vector(7 downto 0):="01101001";
constant  char_j  : std_logic_vector(7 downto 0):="01101010";
constant  char_k  : std_logic_vector(7 downto 0):="01101011";
constant  char_l  : std_logic_vector(7 downto 0):="01101100";
constant  char_m  : std_logic_vector(7 downto 0):="01101101";
constant  char_n  : std_logic_vector(7 downto 0):="01101110";
constant  char_o  : std_logic_vector(7 downto 0):="01101111";
constant  char_p  : std_logic_vector(7 downto 0):="01110000";
constant  char_q  : std_logic_vector(7 downto 0):="01110001";
constant  char_r  : std_logic_vector(7 downto 0):="01110010";
constant  char_s  : std_logic_vector(7 downto 0):="01110011";
constant  char_t  : std_logic_vector(7 downto 0):="01110100";
constant  char_u  : std_logic_vector(7 downto 0):="01110101";
constant  char_v  : std_logic_vector(7 downto 0):="01110110";
constant  char_w  : std_logic_vector(7 downto 0):="01110111";
constant  char_x  : std_logic_vector(7 downto 0):="01111000";
constant  char_y  : std_logic_vector(7 downto 0):="01111001";
constant  char_z  : std_logic_vector(7 downto 0):="01111010";
```

```
    constant  CR       : std_logic_vector(7 downto 0):="00001101"; --0x0d
    constant  LF       : std_logic_vector(7 downto 0):="00001010"; --0x0a
    constant  UNDER_BAR : std_logic_vector(7 downto 0):="01011111"; --0x5f
    constant  BLANK    : std_logic_vector(7 downto 0):="00100000"; --0x20
    constant  COLON    : std_logic_vector(7 downto 0):="00111010"; --0x3a
    constant  DASH     : std_logic_vector(7 downto 0):="00101101"; --0x2d

    component tclk is
    port( clk      : in std_logic;
          out_clk  : out std_logic);
    end component;

begin
   U0 : tclk port map(MCLK,up_clk);
    TXD <= RXD when (data_tx_end = '1') else txd_out;
    process(RESETn,up_clk)
    begin
       if(RESETn = '0') then
          txd_out      <= '1';
          start_bit    <= '1';
          stop_bit     <= '1';
          txd_data_reg <= "01100100";
          txd_count    <= "00000000";
          data_tx_end  <= '0';
          data_count      <= "00000000";
       elsif(up_clk'event and up_clk = '1') then
          if(txd_count < "1100100") then        --100
             txd_out       <= '1';
             start_bit  <= '0';
             stop_bit   <= '1';
             case(data_count) is
                WHEN "00000000" => txd_data_reg  <= CR;
                WHEN "00000001" => txd_data_reg  <= LF;
                WHEN "00000010" => txd_data_reg  <= ch_U;
                WHEN "00000011" => txd_data_reg  <= ch_A;
                WHEN "00000100" => txd_data_reg  <= ch_R;
                WHEN "00000101" => txd_data_reg  <= ch_T;
                WHEN "00000110" => txd_data_reg  <= UNDER_BAR;
                WHEN "00000111" => txd_data_reg  <= ch_F;
                WHEN "00001000" => txd_data_reg  <= ch_P;
                WHEN "00001001" => txd_data_reg  <= ch_G;
                WHEN "00001010" => txd_data_reg  <= ch_A;
                WHEN "00001011" => txd_data_reg  <= BLANK;
                WHEN "00001100" => txd_data_reg  <= ch_H;
```

```
            WHEN "00001101" => txd_data_reg  <= ch_U;
            WHEN "00001110" => txd_data_reg  <= ch_I;
            WHEN "00001111" => txd_data_reg  <= ch_N;
            WHEN "00010000" => txd_data_reg  <= ch_S;
            WHEN "00010001" => txd_data_reg  <= CR;
            WHEN "00010010" => txd_data_reg  <= LF;
            WHEN "00010011" => txd_data_reg  <= ch_T;
            WHEN "00010100" => txd_data_reg  <= char_e;
            WHEN "00010101" => txd_data_reg  <= char_l;
            WHEN "00010110" => txd_data_reg  <= COLON;
            WHEN "00010111" => txd_data_reg  <= TXD_0;
            WHEN "00011000" => txd_data_reg  <= TXD_3;
            WHEN "00011001" => txd_data_reg  <= TXD_1;
            WHEN "00011010" => txd_data_reg  <= DASH;
            WHEN "00011011" => txd_data_reg  <= TXD_7;
            WHEN "00011100" => txd_data_reg  <= TXD_1;
            WHEN "00011101" => txd_data_reg  <= TXD_9;
            WHEN "00011110" => txd_data_reg  <= DASH;
            WHEN "00011111" => txd_data_reg  <= TXD_8;
            WHEN "00100000" => txd_data_reg  <= TXD_2;
            WHEN "00100001" => txd_data_reg  <= TXD_0;
            WHEN "00100010" => txd_data_reg  <= TXD_0;
            WHEN "00100011" => txd_data_reg  <= CR;
            WHEN "00100100" => txd_data_reg  <= LF;
            WHEN "00100101" => txd_data_reg  <= LF;--CR;
            WHEN OTHERS => txd_data_reg  <= LF;--CR;
        end case;
        txd_count <= txd_count + '1';

    elsif(txd_count = "1100101") then    --101
        txd_out <= start_bit;
        txd_count <= txd_count + '1';
    elsif(txd_count = "1100110")  then   --102
        txd_out <= txd_data_reg(0);
        txd_count <= txd_count + '1';
    elsif(txd_count = "1100111") then    --103
        txd_out <= txd_data_reg(1);
        txd_count <= txd_count + '1';
    elsif(txd_count = "1101000") then    --104
        txd_out <= txd_data_reg(2);
        txd_count <= txd_count + '1';
    elsif(txd_count = "1101001") then    --105
        txd_out <= txd_data_reg(3);
        txd_count <= txd_count + '1';
```

```
            elsif(txd_count = "1101010") then --106
              txd_out <= txd_data_reg(4);
              txd_count <= txd_count + '1';

            elsif(txd_count = "1101011") then --107
              txd_out <= txd_data_reg(5);
              txd_count <= txd_count + '1';

            elsif(txd_count = "1101100") then --108
              txd_out <= txd_data_reg(6);
              txd_count <= txd_count + '1';

            elsif(txd_count = "1101101") then --109
              txd_out <= txd_data_reg(7);
              txd_count <= txd_count + '1';

            elsif(txd_count = "1101110") then --110
              txd_out <= stop_bit;
              txd_count <= txd_count + '1';

              if(data_count = "100110") then  --38
                 data_tx_end <= '1';
              else
                 data_count <= data_count + '1';
                   end if;
            else
              txd_count <= txd_count + '1';
            end if;
         end if;
      end process;

end arch_uart_txd;
```

7) tclk.vhd

```
library IEEE;
use IEEE.STD_LOGIC_1164.ALL;
use IEEE.STD_LOGIC_ARITH.ALL;
use IEEE.STD_LOGIC_UNSIGNED.ALL;
```

```
entity tclk is
port(
      clk            : in std_logic;
      out_clk : out std_logic);
end tclk;

architecture arch_tclk of tclk is
begin

      process(clk)
              variable count : integer range 0 to 2700;
      begin
      if(clk'event and clk = '1') then
         if(count = 2604) then
            count := 0;
            out_clk <= '1';
         else
            count := count + 1;
            out_clk <= '0';
        end if;
      end  if;
      end process;

end arch_tclk;
```

(2) Xilinx ISE Project

New Project 메뉴를 실행하여 새로운 프로젝트를 만든다. File 메뉴에서 New Project를 실행하면 제일 첫 화면으로 다음 화면이 실행된다. 여기에서는 Project 이름과 경로 그리고 Top-level의 설계 형식을 선택한다.

Project Name : charlcd
Project Location : D:\example\SoCMaster3_exam\fpga\uart_fpga
Top Module Type : HDL

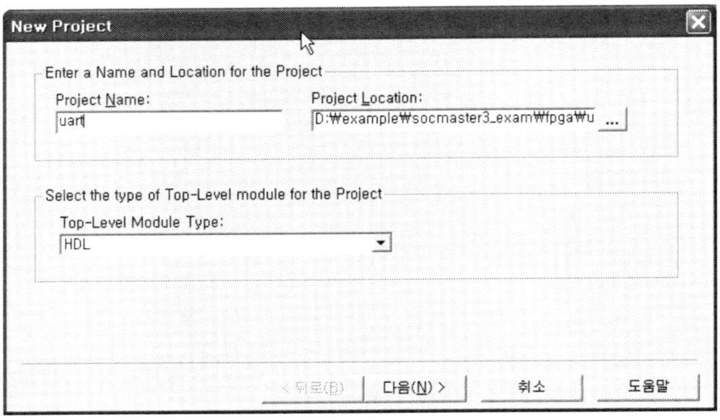

이번에는 Xilinx의 어떤 Device를 사용할 것인지 선택하는 메뉴가 실행된다. 현재 SoCMaster3에서 사용하고 있는 Device는 Virtex4LX60-FF11480-C10을 사용하고 있으므로 다음과 같이 선택하도록 한다.

Device Family : Virtex4
Device : xc4vlx60
Package : ff1148
SpeedGrade : -10

Top-Level Module Type : HDL
Synthesis Tool : XST
Generated Simulation Language : VHDL

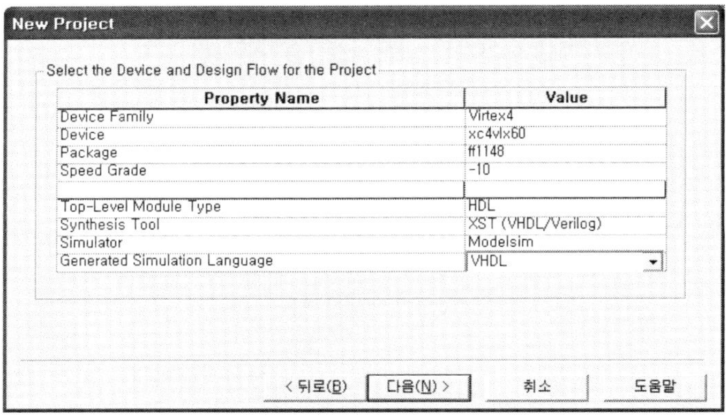

모든 선택이 완료되었다면 Xilinx ISE Project는 다음 그림과 같이 Xilinx ISE 실행 화면이 나오고 이제 왼쪽 아래에 있는 Processes 메뉴에서 Add Existing Source 메뉴를 실행하여 설계된 디자인 소스 파일들을 Xilinx ISE 프로젝트에 추가해보자.

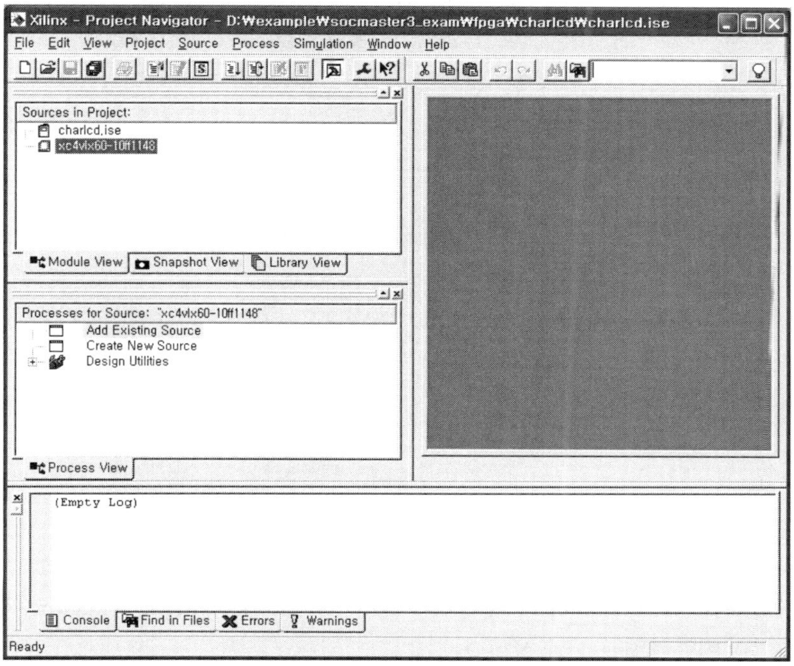

추가할 파일들은 rtl 폴더에 있는 data_detect.vhd, start_detect.vhd. stop_detect.vhd tclk.vhd uart_fpga.ucf, uart_fpga.vhd, uart_rxd.vhd, uart_txd.vhd 파일들이며 해당 파일들을 선택하고 열기(O)를 클릭하여 Xilinx Project에 설계 파일들을 추가한다.

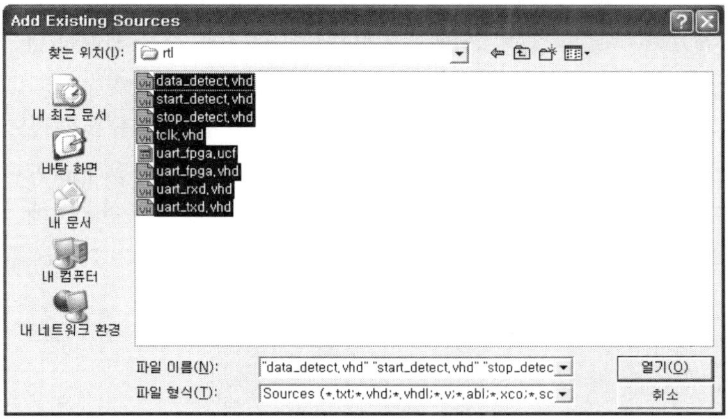

프로젝트에 설계 파일들을 추가하면 다음 그림과 같이 설계 상태에 따라 계층 구조를 보여주며 최상위 디자인의 Entity 이름은 uart_fpga가 된다. uart_fpga 아래에 있는 uart_fpga.ucf 파일은 User Constraint File이며 Pin Assign의 정보 이외에 Routing할 때 특히 사용자의 요구사항이 있을 때는 이 파일에 정보를 입력하여 Implementation 할 때 사용자의 요구사항이 적극 반영되도록 한다. 만일 ucf에 설정한 사용자의 요구사항을 만족시키지 못할 경우 Process는 Error로 처리하며 Process과정이 중단된다.

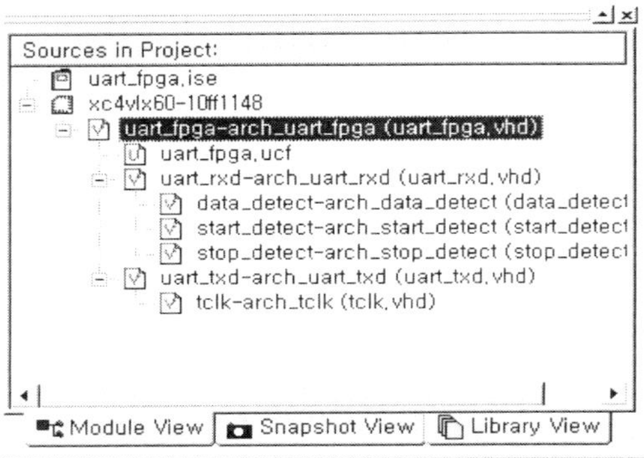

이제 Xilinx Virtex4에 Configuration할 BIT(Bit Stream) File을 만들기 위해서는 Generate Programming File을 실행하면 Synthesize, Implementation 과정을 모두 실행한 후에 Bit File을 생성한다.

Xilinx ISE는 Source in Project 창에서 선택한 설계 파일의 종류에 따라 Processes for Source파일의 메뉴가 바뀌며 Source in Project에서 선택한 파일에 해당하는 Process가 진행된다. Xilinx ISE를 사용할 때 이 점을 주의해야 한다. 필자도 가끔 실수하는 경우가 있는데, 설계 파일을 수정하고 Process를 진행할 설계 파일을 선택한 다음을 진행하지 않을 경우 설계 변경한 내용이 반영되지 않는 문제가 발생한다.

이 프로젝트의 경우 Process를 실행하기 전에 항상 Source in Project에서 charlcd-beh가 선택되어 있는지 확인하는 것이 중요하다.

다음 실행할 내용은 Generate Programming File 메뉴를 더블 클릭하여 실행하면 다음 그림과 같이 아무런 에러 없이 정상적으로 진행된 Process에는 녹색으로 체크 표시가 되어 완료가 되었음을 알려주고 마지막으로 FPGA에 Configuration할 Bit Stream File이 생성된다. 생성된 Bit Stream File의 이름은 Process를 진행한 설계 파일인 charlcd.bit이다.

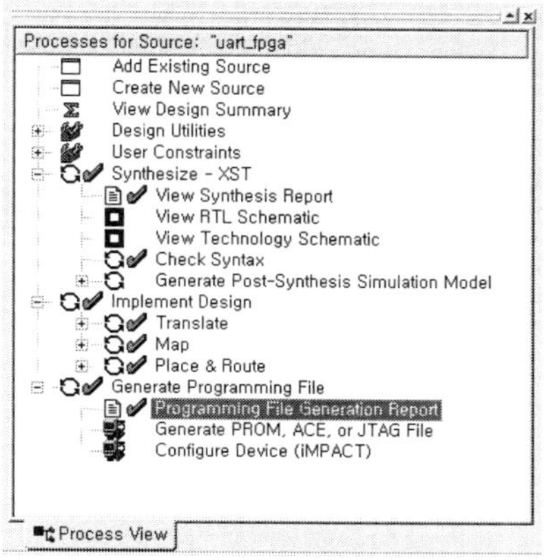

Bit File일 생성된 다음 Configure Device(iMPACT)를 실행하면 iMPACT의 메인화면이 실행되고 자동적으로 FPGA에 Configuration할 Wizard 프로그램이 실행된다. 다음 화면이 실행되면 Boundary-Scan Mode를 선택한 후 Automatically connect to cable and identify Boundary-Scan chain을 실행하여 JTAG 체인이 어떻게 연결되어 있는지 확인한다.

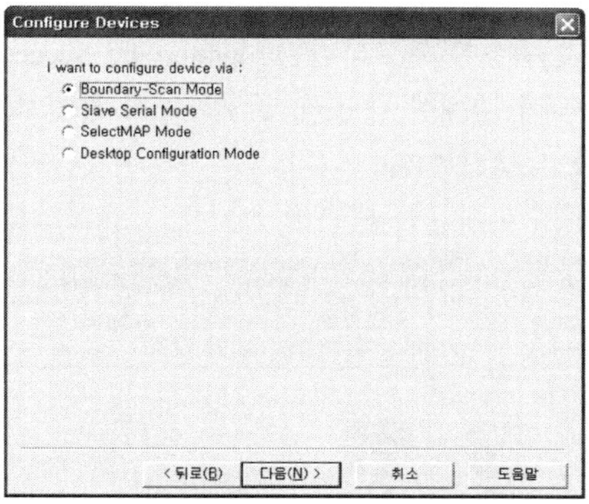

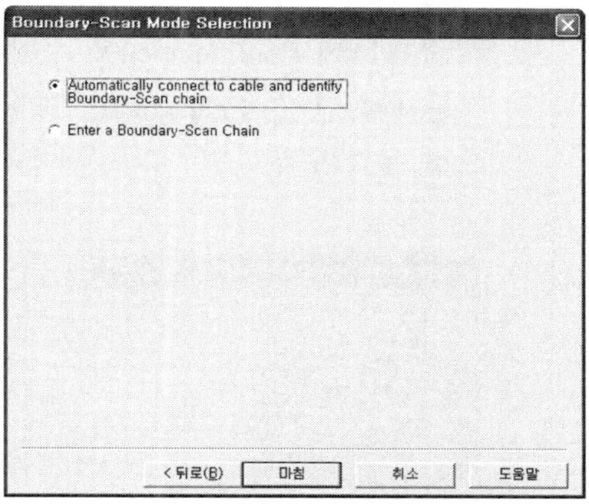

현재 SoCMaster3에서는 Configuration PROM인 xcf32p와 Xilinx Virtex4 FPGA인 xc4vlx60이 체인으로 연결된 것을 확인할 수 있다.

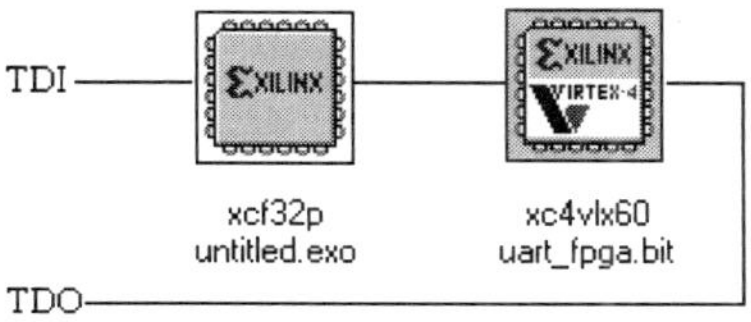

이 두 개 Device 중에 xc4vlx60에 uart_fpga.bit 파일을 선택한 다음 Operations 메뉴에서 Program... 메뉴를 선택한다.

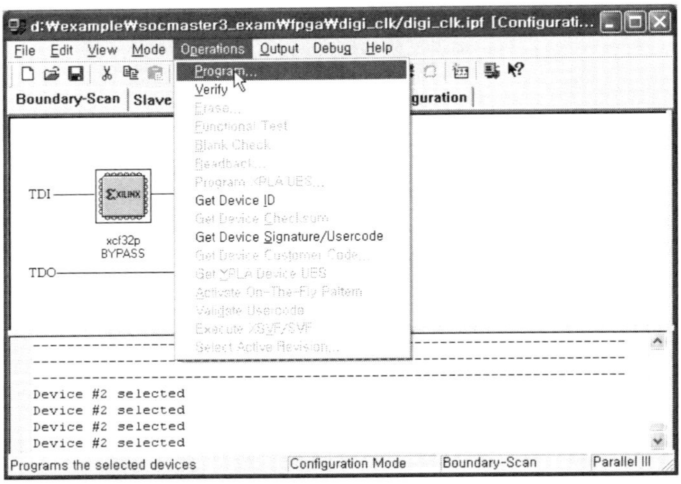

그러면 아래 그림과 같이 Program Options 메뉴가 실행된다. 여기에서 verify를 체크하게 될 경우 Program 실행 시 에러가 나므로 체크박스를 클릭 하지 않도록 주의한다. FPGA에 Configuration을 수행하고 수행이 완료되면 'Programming Succeeded'를 디스플레이 한 후 Character LCD에 동작이 설계한 내용과 일치하는지 확인하자. 정상적으로 동작이 된다면 디지털시계가 동작될 것이다.

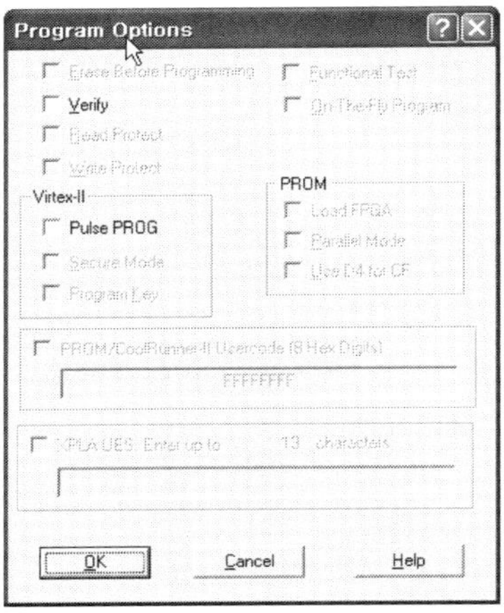

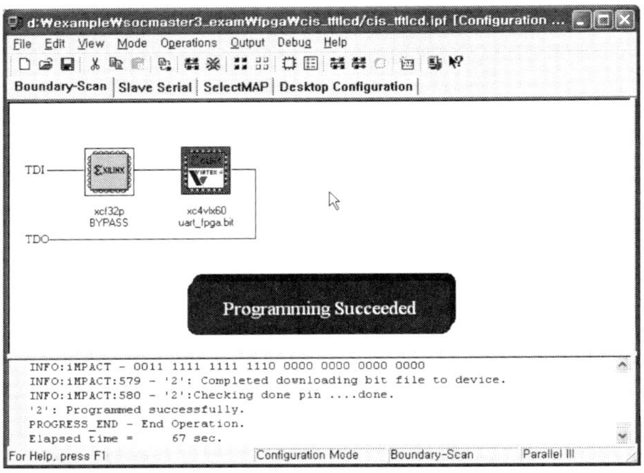

FPGA에 Configuration이 완료가 되면 UART가 정상적으로 동작하는지 확인해 보자. 먼저 SoCMaster3에 제공되는 Serial 케이블을 PC와 SoCMaster3의 COM1 포트에 연결한다. 그리고 하이퍼터미널의 COM1 포트의 비트/초(9600bps), 데이터 비트(8bit), 패리티(없음), 정지비트(1bit), 흐름제어(없음)를 수정한다.

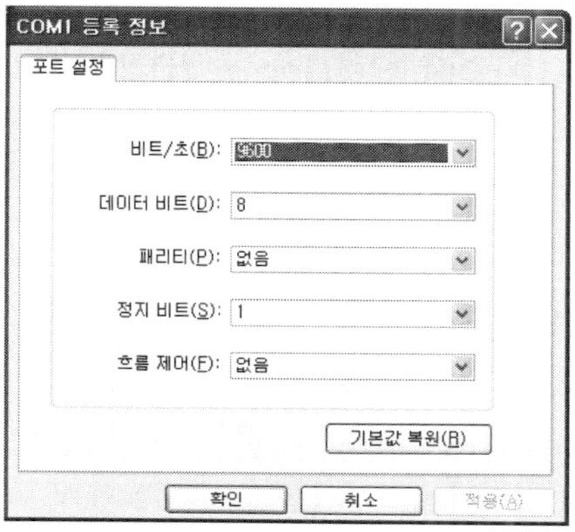

그리고 Reset Switch를 한번 누르면 하이퍼터미널의 통신 창에 다음과 같이 나타나면서 TXD에 대한 테스트를 하고 키보드를 누르면 해당 문자를 ECHO함과 동시에 보드의 LED에 문자에 해당하는 ASCII 값을 2진 bit로 디스플레이 한다. 이렇게 하여 RXD의 정상 동작을 확인할 수 있다.

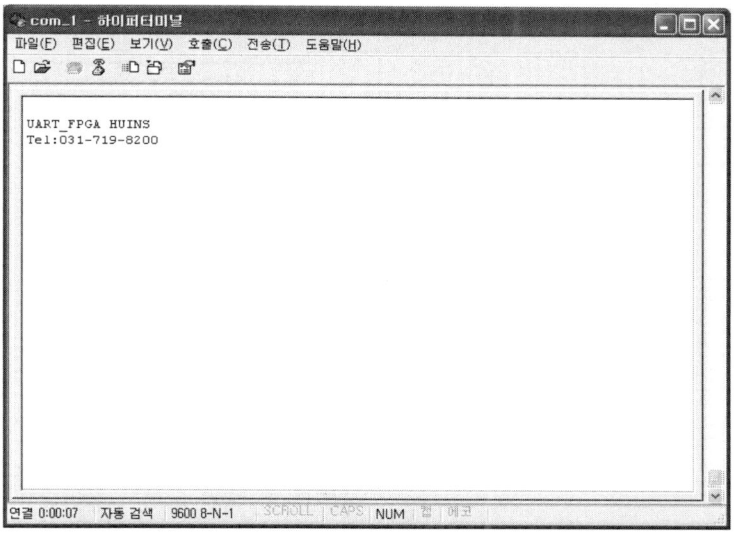

3.7 CIS-TFTLCD

3.7.1 시스템 요구사항

SoCMaster3 Rev 1.0, 1.1, 1.2, 2.0
Xilinx JTAG-to-Parallel 인터페이스 케이블
Xilinx ISE 7.1
(주)HUINS SoC CAM Rev 2.0

3.7.2 구성 및 동작 설명

(1) HV7131GP

SoCMaster에서 사용하는 SoC CAM 모듈의 CIS(CMOS IMAGE SENSOR)는 MAGNACHIP 반도체에서 생산중인 HV7131GP CIS를 사용한다. HV7131GP에서 사용하는 제어신호는 아래 그림 4.16에서 RESETB, MCLK, ENB, SCK, SDA, VCLK, HSYNC, VSYNC, Y[7:0], C[7:0] 제어신호들을 FPGA에서 제어해야만 사용 가능하다. 이들 신호의 Timing Diagram은 그림 4.17과 같다. 그러나 예제에 사용되는 예제는 그림 3.24와 같이 8bit YCbCr 모드를 사용한다. 자세한 사항은 HV7131GP의 Datasheet (http://www.magnachip.com/download/HV7131GP.pdf)를 참조하라.

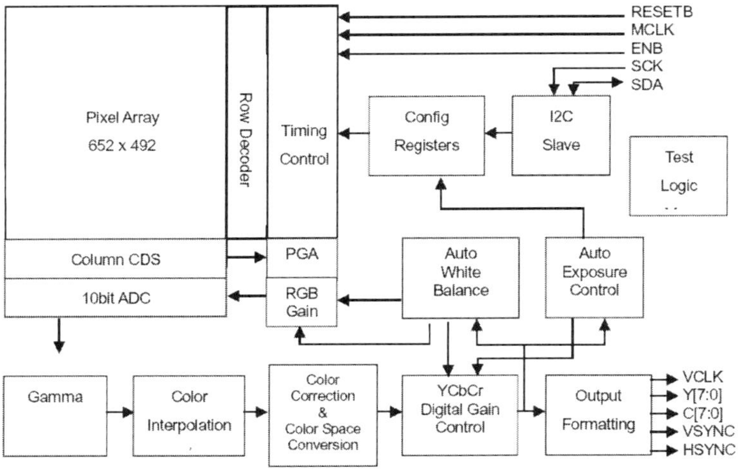

| 그림 3.24 | HV7131GP Block Diagram

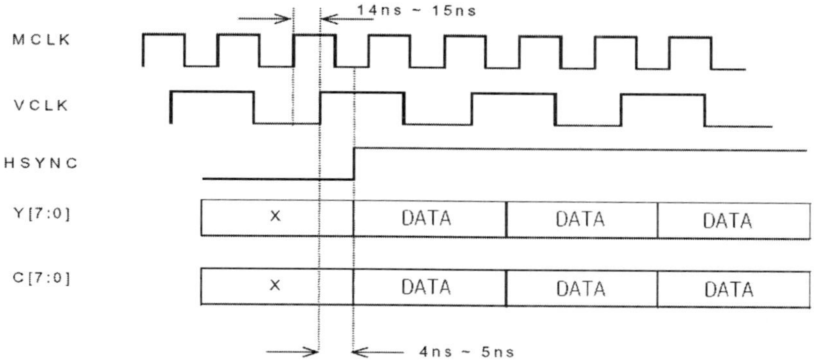

| 그림 3.25 | YCbCr 출력 Timing Diagram

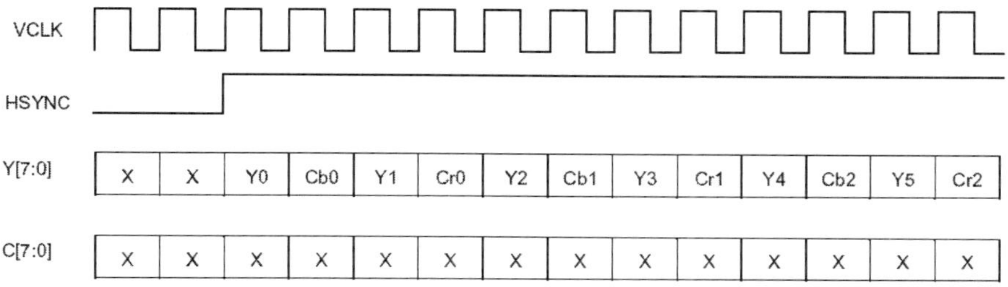

| 그림 3.26 | YCbCr 4:2:2 8bit 출력 Timing Diagram

(2) FPGA Block Diagram

예제 파일의 계층구조는 다음 그림과 같다. CAMERA_MAIL 설계 파일은 CIS에서 YCbCr 데이터를 읽어오는 기능을 하며, I2C 설계 파일은 CIS의 레지스터를 세팅하는 기능을 하고 VGA_DRIVER 설계 파일은 TFTLCD를 제어하는 기능을 한다.

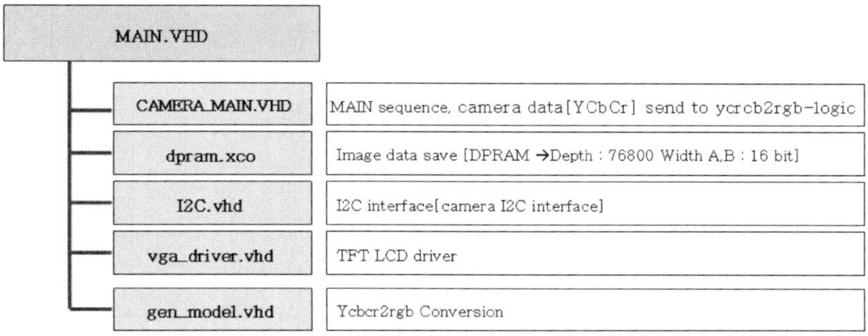

| 그림 3.27 | 설계 파일들의 계층구조

설계 파일들의 신호에 대한 블록 다이어그램은 그림 3.28과 같이 각 설계 파일들의 연결 구조를 가지고 있다. 각각의 모듈 신호의 연결 관계를 간단하게 설명 하면 CAMERA_DATA 모듈은 YCbCr 데이터를 GEN_MODEL 모듈에 넘겨주면 GEN_MODEL은 YCbCr 데이터를 RGB 16bit 데이터 포맷으로 만들어서 Dual-port-RAM (76800 × 2byte 용량)에 저장한다. 여기에 저장된 데이터를 VGA_DRIVER가 읽어 들여 TFTLCD에 디스플레이 하는 구조로 되어있다.

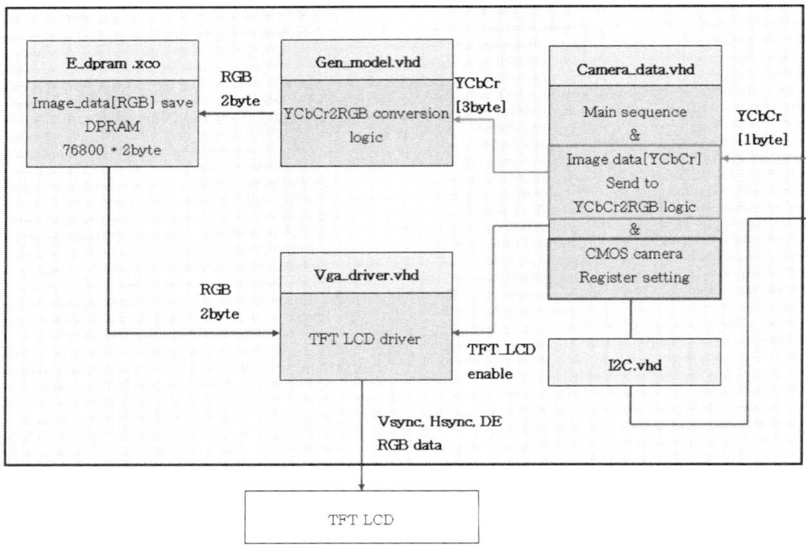

| 그림 3.28 | FPGA Block Diagram

3.7.3 Xilinx FPGA 실습

(1) 설계 소스

1) camera_main.vhd

```
library IEEE;
use IEEE.STD_LOGIC_1164.ALL;
use IEEE.STD_LOGIC_ARITH.ALL;
use IEEE.STD_LOGIC_UNSIGNED.ALL;
```

```
---- Uncomment the following library declaration if in- stantiating
---- any Xilinx primitives in this code.
--library UNISIM;
--use UNISIM.VComponents.all;
entity camera_main is

    port(
        MCLK        : in std_logic;
        MRESETn     : in  std_logic;

        TFT_DE      : in std_logic;

        --i2c interface

        I_WRITE     : out std_logic;
        I_SLV_ADDR : out std_logic_vector(6 downto 0);
        I_REG_ADDR : out std_logic_vector(7 downto 0);
        I_WDATA     : out std_logic_vector(7 downto 0);
        I_READY     : in std_logic;

        --ycrcb2rgb interface
        Y,Cr,Cb         : out std_logic_vector(9 downto 0);
        DPRAMCOUNT      : out std_logic;
        dpaddr_reset    : out std_logic;

        -- Camera Interface
        CMCLK           : in std_logic;
        CVsync      : in std_logic;
        CHsync      : in std_logic;
        CDATA           : in std_logic_ vector (7 downto 0);
        CPCLK           : out std_logic;
        CRESET      : out std_logic;
        CPWEN           : out std_logic;
        TFT_ENABLE : out std_logic;
        TEST_LED    : out std_logic_vector(3 downto 0)
    );
end camera_main;

architecture Behavioral of camera_main is

    signal m_clk            : std_logic;
    signal f_write_dumy     : std_logic;
    signal m_clkdiv         : std_logic_vector(5 downto 0);
    signal d_count          : integer range 0 to 614401;--240 * 320
    signal yuv_write        : std_logic;
    signal TFT_DE_BACK      : std_logic;
```

```
    --i2c
    signal i2c_status           : std_logic_vector(3 downto 0);
    signal i_deady_p    : std_logic;
    signal i2c_start    : std_logic;
    --DPRAM
    signal dpram_addra : std_logic_vector(16 downto 0);
    signal dpram_clka           : std_logic;
    signal fdata                : std_logic_vector(31 downto 0);

    --CAMERA Interface
    signal c_data       : std_logic_vector(7 downto 0);
    signal CHECK_VSYNC : std_logic;
    type state_t is (M_PRE1, M_IDLE, M_INIT, M_ACT);
    signal next_mstate : state_t;
begin

    CPCLK   <= MCLK;
    CPWEN  <= '1';

       --generate approximate 5MHz clock
    process(MRESETn,MCLK)
    begin
       if MRESETn='0' then
          dpram_clka <= '0';
       elsif MCLK'event and MCLK='1' then
          dpram_clka <= not dpram_clka;
       end if;
    end process;



    -----------------------------------------------------
    -- CLOCK GENERATION
    -----------------------------------------------------
    m_clkgen: process (MCLK, MRESETn) --{{{

    variable cnt : std_logic_vector(5 downto 0);
    begin
       if (MRESETn = '0') then
         cnt  := (others => '0');
         m_clk <= '0';
--       m_clkdiv <= "001101";--25M -> 25/32
         m_clkdiv <= "000001";--25M ->25/2=12.5M (for simulation)
         CRESET <= '0';
```

```
    elsif rising_edge(MCLK) then
      CRESET <= '1';
        if (cnt = m_clkdiv) then
          m_clk <= not m_clk;
          cnt :=(others => '0');
        else
          cnt  := cnt + 1;
          m_clk <= m_clk;

        end if;
    end if;
end process m_clkgen; --}

--------------------------------------------------
--Main Sequence
--------------------------------------------------
data_buf : process(MCLK, MRESETn)

variable delay_count1 : std_logic_vector(14 downto 0);
variable delay_count2 : std_logic_vector(14 downto 0);
begin

if (MRESETn = '0') then
    TEST_LED <= "0000";
    f_write_dumy <= '0';
    TFT_ENABLE <= '0';
    i2c_status <= "0000";
    delay_count1 := (others => '0');
    delay_count2 := (others => '0');
    i2c_start <= '0';
    next_mstate <= M_PRE1;
elsif falling_edge(MCLK) then
    TFT_DE_BACK <= TFT_DE ;
    I_WRITE <= '0';
    i_deady_p<= I_READY;
    ----------------------------------------
    --FIFO_ WRITE _ CLK  -- 1CLK EXCUTE
    ----------------------------------------
case(next_mstate) is
    when M_PRE1 =>
      if i2c_start = '1' and I_READY = '1' and I_ deady_ p = '0' then
        i2c_status <= i2c_ status + 1;
        delay_count2 := (others => '0');
      end if;
```

```
case i2c_status is
-- VIM_RSAH
   when "0000"  =>
      delay_count1 := delay_ count1 + 1;
   if delay_count1 = 1000 then
      delay_count1 := (others => '0');
      delay_count2 := delay_ count2 + 1;
      if delay_count2 = 1000 the    i2c_start <= '1';
         I_WRITE <= '1';            I_SLV_ADDR       <= "0010001";
         I_REG_ADDR <= X"08";
         I_WDATA <= X"00";
         delay_count2 := (others =>'0');
      end if;
end if;
-- VIM_RSAL
     when "0001"  =>
            I_WRITE <= '1'
            I_SLV_ADDR      <= "0010001";
            I_REG_ADDR      <= X"09";
            I_WDATA <= X"54";
-- VIM_CSAH
     when "0010"  =>
         I_WRITE <= '1';
         I_SLV_ADDR  <= "0010001";
         --I_REG_ADDR<= X"0a";
         --I_WDATA <= X"00";
         I_REG_ADDR  <= "00001010";
         I_WDATA <= "00000000";
-- VIM_CSAL
    when "0011"  =>
         I_WRITE <= '1';
         I_SLV_ADDR  <= "0010001";
         --I_REG_ADDR <= X"0b";
         --I_WDATA <= X"ce";
         I_REG_ADDR  <= "00001011";
         I_WDATA <= "11001110";
         -- VIM_WIHH
     when "0100"  =>
         I_WRITE <= '1';
         I_SLV_ADDR  <= "0010001";
         --I_REG_ADDR <= X"0c";
         --I_WDATA <= X"01";
         I_REG_ADDR  <= "00001100";
         I_WDATA <= "00000001";
         --VIM_WIHL
```

```
        when "0101"  =>
            I_WRITE <= '1';
            I_SLV_ADDR  <= "0010001";
            --I_REG_ADDR <= X"0d";
            --I_WDATA <= X"40";
            I_REG_ADDR<= "00001101";
            I_WDATA <= "01000000";
            -- VIM_WIWH
        when "0110"  =>
            I_WRITE <= '1';
            I_SLV_ADDR<= "0010001";
            --I_REG_ADDR <= X"0e";
            --I_WDATA <= X"00";
            I_REG_ADDR<= "00001110";
            I_WDATA <= "00000000";
-- VIM_WIWL
        when "0111"  =>
            I_WRITE <= '1';
            I_SLV_ADDR<= "0010001";
            I_REG_ADDR<= "00001111";
            I_WDATA <= "11110000";
        when "1000"  =>
            next_mstate <= M_IDLE;
        --i2c_status <= "0000";
    when others=> null;
end case;
when M_IDLE =>
    if (CVsync = '0') then
        next_mstate <= M_INIT;
    end if;
        TEST_LED <= "1110";
when M_INIT => --for starting VSYNC --at the bignning
    if (CVsync = '1') then
        next_mstate <= M_ACT;
    end if;
        TEST_LED <= "1101";
        CHECK_VSYNC <= '0';

when M_ACT =>
    TEST_LED <= "1011";
        if (CVsync = '0') and (CHsync = '1') then
            TFT_ENABLE <= '1'; --test
            CHECK_VSYNC <= '1';
            TEST_LED <= "1010";
        end if;
end case;
```

```
    if (CHECK_VSYNC = '1') and (CVsync = '1') then
         next_mstate <= M_IDLE;
         CHECK_VSYNC <= '0';
      end if;

    end if;
  end process data_buf; --}


p_buf: process (MCLK, next_mstate) --{{{
    variable buf_status : std_logic_vector( 1 downto 0);
    variable data : std_logic_vector(23 downto 0);

begin
    if (next_mstate = M_IDLE) then
      buf_status := "00";
      yuv_write <= '0';
      dpaddr_reset <= '1';
      d_count <= 0;
      c_data <= (others => '0');
    elsif falling_edge(MCLK) then
      dpaddr_reset <= '0';
      yuv_write <= '0';

      if (next_mstate=M_ACT and CVsync='0' and CHsync='1') then
--------------------------------
--temp data format : color bar for debug
          d_count <= d_count + 1;
         if (d_count < 421 ) then--/640 * 160 *2byte
            c_data <= "11111111";
--640 * 320 * 2byte
         elsif (d_count > 420 ) and (d_count < 841) then
               c_data <= "11100000";
         --640 * 480 * 2byte
         elsif (d_count > 840 ) and (d_count < 1281) then
               c_data <= "00000111";
         elsif (d_count = 1281 ) then
               d_count <= 0;
         end if;
```

```
            case buf_status is

               when "00"  => data(23 downto 16) := CDATA;--Y0
               when "01"  => data(15 downto  8) := CDATA; --Cb
               when "10"  => data( 7 downto  0) := CDATA; --Y1
               when others=> null;
            end case;

            if (buf_status = "11") then
               yuv_write <= '1';
               fdata  <= data & CDATA;  --Cr
            end if;

            buf_status := buf_status + 1;
         end if;

      end if;
   end process p_buf; --}}}
-------------------------------------------\
   yuv: process(MCLK,MRESETn,yuv_write)
      variable yuv_status : std_logic_vector( 1 downto 0);
   begin

   if (MRESETn = '0') then
      DPRAMCOUNT <= '0';
      yuv_status := "00";
      Y  <= (others => '0');
      Cb    <= (others => '0');
      Cr    <= (others => '0');

   elsif falling_edge(MCLK) then
      DPRAMCOUNT <= '0';

     if  yuv_write = '1' then
         yuv_status := "01";
      end if;
            --fdata -->
            -- fdata(31 downto 24) : Y0
            -- fdata(23 downto 16)  : Cb
            -- fdata(15 downto 8)  : Y1
            -- fdata(7 downto 0)  : Cr
         case yuv_status is
               when "00"  =>
                  DPRAMCOUNT <= '0';
```

```
                when "01"  =>
                   Y   <= fdata(31 downto 24) & "11";
                   Cb  <= fdata(23 downto 16)    & "11";
                   Cr  <= fdata(7 downto 0) & "11";
                   DPRAMCOUNT <= '1';
                   yuv_status := "10";

                when "10"  =>
                   DPRAMCOUNT <= '0';
                   yuv_status := "11";
                when "11"  =>

                   Y <= fdata(15 downto 8) & "11";
                   Cb <= fdata(23 downto 16)    & "11";
                   Cr <= fdata(7 downto 0) & "11";
                   DPRAMCOUNT <= '1';

                   yuv_status := "00";
yuv_status := "00";
                when others=> null;
          end case;
    end if;
end process   yuv;

end Behavioral;
```

2) cis_tftlcd.vhd

```
library IEEE;
use IEEE.STD_LOGIC_1164.ALL;
use IEEE.STD_LOGIC_ARITH.ALL;
use IEEE.STD_LOGIC_UNSIGNED.ALL;

entity cis_tftlcd is
port(
         -- main signals
         MCLK          : in std_logic;
         MRESETn       : in  std_logic;

         -- camera signals
```

```
        -- Camera Interface
        CMCLK       : in std_logic;
        CVsync      : in std_logic;
        CHsync      : in std_logic;
        CDATA       : in std_logic_vector(7 downto 0);
        CPCLK       : out std_logic;
        CRESET      : out std_logic;
        CSCL        : inout std_logic;
        CSDA        : inout std_logic;
        CPWEN       : out std_logic;

        -- outputs to VGA daughter card
        CLOCKEXT    : OUT std_logic;
        VSYNC       : OUT std_logic;
        HSYNC       : OUT std_logic;
        DE       : out std_logic;
        PWR_EN      : out std_logic;
--tftlcd_enalbe
        R  : OUT std_logic_vector(7 downto 0);
        G  : OUT std_logic_vector(7 downto 0);
        B  : OUT std_logic_vector(7 downto 0);

        TEST_LED: out std_logic_vector(3 downto 0)
   );

end cis_tftlcd;

architecture Behavioral of cis_tftlcd is
-------------------------------------------------------
--  camera_main
-------------------------------------------------------
component camera_main
   port(
        MCLK        : in std_logic;
        MRESETn     : in std_logic;
        TFT_DE      : in std_logic;

        --i2c interface
        I_WRITE     : out std_logic;
        I_SLV_ADDR  : out std_logic_vector(6 downto 0);
        I_REG_ADDR  : out std_logic_vector(7 downto 0);
        I_WDATA     : out std_logic_vector(7 downto 0);
        I_READY     : in std_logic;
```

```
            -- Camera Interface
            CMCLK       : in std_logic;
            CVsync      : in std_logic;
            CHsync      : in std_logic;
            CDATA       : in std_logic_vector(7 downto 0);
            CPCLK       : out std_logic;
            CRESET      : out std_logic;
            CPWEN       : out std_logic;
            --ycrcb2rgb interface
            Y,Cr,Cb     : out std_logic_vector(9 downto 0);
            DPRAMCOUNT  : out std_logic;
            dpaddr_reset   : out std_logic;
            TFT_ENABLE     : out std_logic;
            TEST_LED       : out std_logic_vector(3 downto 0)
    );
end component;

-----------------------------------------------------
 -- vga_driver
-----------------------------------------------------
component vga_driver
PORT (
        clock25      : IN std_logic;
        reset_n      : IN std_logic;
        --fifo_control signals
        TFT_ENABLE  : in std_logic;
        TFT_DE       : out std_logic;
        -- dpram interface signals
        dpaddr_reset   : out std_logic;
        TFT_ENABLE  : out std_logic;
        TEST_LED  : out std_logic_vector(3 downto 0)
    );
end component;

-----------------------------------------------------
 -- vga_driver
-----------------------------------------------------
component vga_driver
PORT (
        clock25      : IN std_logic;
        reset_n      : IN std_logic;
        --fifo_control signals
        TFT_ENABLE : in std_logic;
        TFT_DE       : out std_logic;
        -- dpram interface signals
        ADDRB        : OUT std_logic_VECTOR(16 downto 0);
```

```
        CLKB          : OUT std_logic;
        DOUTB         : IN std_logic_VECTOR(15 downto 0);
        ENB           : OUT std_logic;

        -- outputs to VGA daughter card
        clockext : OUT std_logic;
        vsync         : OUT std_logic;
        hsync         : OUT std_logic;
        DE            : out std_logic;
        pwr_en        : out std_logic;
    --tftlcd_enalbe
        R             : OUT std_logic_vector(7 downto 0);
        G             : OUT std_logic_vector(7 downto 0);
        B             : OUT std_logic_vector(7 downto 0)
    );
end component;

-----------------------------------------------------
        -- YCbCr2RGB
-----------------------------------------------------
component ycrcb2rgb
PORT (
        clk,rst : in std_logic;

          --dpram interface
          CLKA   : OUT std_logic;
          DINA   : OUT std_logic_VECTOR(15 downto 0);
          ADDRA  : OUT std_logic_VECTOR(16 downto 0);
          ENA    : OUT std_logic;
          WEA    : OUT std_logic;

          DPRAMCOUNT      : in std_logic;
          dpaddr_reset    : in std_logic;
          --camera_main interface
          Y,Cr,Cb         : in std_logic_vector(9 downto 0)
    );

end component;
```

```
component I2C
PORT(
        CLK         : in std_logic;
        RESETn      : in std_logic;
        WRITE    : in std_logic;
        SLV_ADDR : in std_logic_vector(6 downto 0);
        REG_ADDR    : in std_logic_vector(7 downto 0);
        WDATA    : in std_logic_vector(7 downto 0);
        READY    : out std_logic;
        SCL         : inout std_logic;
        SDA         : inout std_logic
    );
end component;

----------------------------------------------------------
        -- DPRAM
----------------------------------------------------------
component e_dpram
    port (
    addra : IN std_logic_VECTOR(16 downto 0);
    addrb : IN std_logic_VECTOR(16 downto 0);
    clka  : IN std_logic;
    clkb  : IN std_logic;
    dina  : IN std_logic_VECTOR(15 downto 0);
    doutb : OUT std_logic_VECTOR(15 downto 0);
    ena   : IN std_logic;
    enb   : IN std_logic;
    wea   : IN std_logic);
end component;

-- FPGA Express Black Box declaration
attribute fpga_dont_touch: string;
attribute fpga_dont_touch of e_dpram: component is "true";

-- Synplicity black box declaration
attribute syn_black_box : boolean;
attribute syn_black_box of e_dpram: component is true;

signal  tft_de     : std_logic;
signal tft_enable     : std_logic;
```

```
--dpram
signal addra    : std_logic_VECTOR(16 downto 0);
signal addrb    : std_logic_VECTOR(16 downto 0);
signal clka     : std_logic;
signal clkb     : std_logic;
signal dina     : std_logic_VECTOR(15 downto 0);
signal doutb    : std_logic_VECTOR(15 downto 0);
signal ena      : std_logic;
signal enb      : std_logic;
signal wea      : std_logic;

--camera-->ycbcr
signal  y            : std_logic_VECTOR(9 downto 0);
signal  cr           : std_logic_VECTOR(9 downto 0);
signal  cb           : std_logic_VECTOR(9 downto 0);
signal  dpramcount   : std_logic;
signal  dpaddr_reset : std_logic;

--I2C
signal i_write    : std_logic;
signal i_slv_addr : std_logic_vector(6 downto 0);
signal i_reg_addr : std_logic_vector(7 downto 0);
signal i_wdata    : std_logic_vector(7 downto 0);
signal i_ready    : std_logic;

begin
camera_data : camera_main
       port map(
          MCLK        => MCLK,
          MRESETn     => MRESETn,
          --i2c interface
          I_WRITE     =>  i_write,
          I_SLV_ADDR  =>  i_slv_addr,
          I_REG_ADDR  =>  i_reg_addr,
          I_WDATA     =>  i_wdata,
          I_READY     =>  i_ready,
          -- Camera Interface
          CMCLK       => CMCLK,
          CVsync      => CVsync,
          CHsync      => CHsync,
          CDATA       => CDATA,
          CPCLK       => CPCLK,
          CRESET      => CRESET,
          CPWEN       => CPWEN,
```

```
          Y              => y,
          Cr             => cr,
          Cb             => cb,
          DPRAMCOUNT     => dpramcount,
          dpaddr_reset   => dpaddr_reset,
          TFT_DE         => tft_de,
          TFT_ENABL      => tft_enable,
          TEST_LED       => TEST_LED);

ycrcb: ycrcb2rgb
       port map(
          clk          => MCLK,
          rst          => MRESETn,
       --dpram interface
          CLKA         => clka,
          DINA         => dina,
          ADDRA        => addra,
          ENA          => ena,
          WEA          => wea,
          DPRAMCOUNT  => dpramcount,
          dpaddr_reset   => dpaddr_reset,
          --camera_main interface
          Y            => y,
          Cr           => cr,
          Cb           => cb
       );

tft_lcd : vga_driver
       port map (
          clock25   => MCLK,
          reset_n       => MRESETn,
          TFT_ENABLE    => tft_enable,
          TFT_DE        => tft_de,
          -- dpram interface signals
          ADDRB         => addrb,
          CLKB          => clkb,
          DOUTB         => doutb,
          ENB           => enb,
          -- outputs to VGA daughter card
          clockext =>    CLOCKEXT,
          vsync         =>  VSYNC,
          hsync         =>  HSYNC,
          DE            =>  DE,
          pwr_en        =>  PWR_EN,
```

```
            R           =>  R,
            G           =>  G,
            B           =>  B );

i2c_logic : I2C
        port map (
            CLK         => MCLK,
            RESETn      => MRESETn,
            WRITE       => i_write,
            SLV_ADDR    => i_slv_addr,
            REG_ADDR    => i_reg_addr,
            WDATA       => i_wdata,
            READY       => i_ready,
            SCL         => CSCL,
            SDA         => CSDA
            );

dpram : e_dpram
        port map (
            addra       => addra,
            addrb       => addrb,
            clka        => clka,
            clkb        => clkb,
            dina        => dina,
        doutb    => doutb,
            ena      => ena,
            enb   => enb,
            wea      => wea);

end ;
```

3) vga_driver.vhd

```
library ieee,work;
use ieee.std_logic_1164.all;
use ieee.std_logic_unsigned.all;
use ieee.std_logic_arith.all;

entity vga_driver is
    port (
        clock25     : in std_logic;
        reset_n     : in std_logic;
        --fifo_control signals
        tft_enable : in std_logic;
```

```
        tft_de      : out std_logic;
        -- dpram interface signals
        addrb       : out std_logic_vector(16 downto 0);
        clkb        : out std_logic;
        doutb       : in std_logic_vector(15 downto 0);
        enb         : out std_logic;

        -- outputs to vga daughter card
        clockext : out std_logic;
        vsync       : out std_logic;
        hsync       : out std_logic;
        de          : out std_logic;
        pwr_en      : out std_logic;     --tftlcd_enalbe
        r           : out std_logic_vector(7 downto 0);
        g           : out std_logic_vector(7 downto 0);
        b           : out std_logic_vector(7 downto 0)
    );
end vga_driver;

architecture rtl of vga_driver is

    signal pixel_counter       : std_logic_vector(9 downto 0);
    signal line_counter        : std_logic_vector(9 downto 0);
    signal half_word_sel       : std_logic;
    signal video_address_sig   : std_logic_vector(16 downto 0);
    signal vblank_sig          : std_logic;
    signal hblank_sig          : std_logic;
    signal num_pixels_per_line : std_logic_vector(9 downto 0);
    signal num_lines           : std_logic_vector(9 downto 0);
    signal x_offset            : std_logic_vector(9 downto 0);
    signal y_offset            : std_logic_vector(9 downto 0);
    signal active              : std_logic;
    signal active_delay        : std_logic;
    signal active_delay1       : std_logic;
    signal active_delay2       : std_logic;
    signal buf_vsync           : std_logic;
    signal last_hblank         : std_logic;
    signal line1               : std_logic;
    signal cnt_5m              : std_logic_vector(2 downto 0);
    signal hclock              : std_logic;
    signal b_hclock            : std_logic;
    signal f_frame_read        : std_logic;
    signal tft_start           : std_logic;
    signal b_vsync             : std_logic;
    signal tft_start_ready     : std_logic;
```

```
    signal temp_act            :std_logic;
    constant hwidth            : integer := 254;
    constant vdepth            : integer := 326;
    constant line_width        : integer := 240;
    constant number_lines      : integer := 320;

    -- blanking and sync pulse constants
    constant begin_hblank  : integer := 11;
    constant end_hblank    : integer := 11+line_width;
    constant end_hsync     : integer := 4;
    constant begin_vblank  : integer := 4;
    constant end_vblank    : integer := 4+number_lines;
    constant end_vsync     : integer := 2;
begin

    num_pixels_per_line <= "0011110000";        --240
    num_lines   <= "0101000000";                --320
    pwr_en      <= '1';
    addrb       <= video_address_sig;
    clkb        <= not hclock;
    clockext    <= hclock;
--generate approximate 5mhz clock
process(reset_n,clock25)
begin
   if reset_n='0' then
     hclock <= '0';
     cnt_5m <= (others=>'0');
   elsif clock25'event and clock25='1' then
     hclock <= not hclock;
   end if;
end process;
--display_offset
process(hclock,reset_n)
    variable x_offset_reg : std_logic_vector(9 downto 0);
    variable y_offset_reg : std_logic_vector(9 downto 0);
begin
    if reset_n = '0' then
       x_offset_reg := (others => '0');
       y_offset_reg := (others => '0');
    elsif hclock'event and hclock='1' then
       if vblank_sig = '0' then
          x_offset_reg := line_width
 - num_pixels_per_line;
          y_offset_reg := number_lines - num_lines(9 downto 0);
       end if;
    end if;
```

```
    -- divide offsets by 2 to balance borders on each side of image
    x_offset <= '0' & x_offset_reg(9 downto 1);
    y_offset <= '0' & y_offset_reg(9 downto 1);
end process;

-- horizontal counter & hsync
-- hsync  --     ------------------------------------------        --
--         ----                                ----
--        | 4m |  7m  |          240m           | 3m  |

-- de                 ------------------------------
--        ------------                                  ----------
--            |  7m  |                          | 3m |
process(reset_n, hclock, pixel_counter, line_counter)
begin
  if (reset_n='0') then
    pixel_counter <= (others=>'0');

      hsync      <= '0';
      de         <= '0';
      line1      <= '0';
      tft_de     <= '0';
      temp_act<= '0';
  elsif hclock'event and hclock='1' then
    if pixel_counter=254 then
       pixel_counter <= (others=>'0');
    else
       pixel_counter <= pixel_counter + 1;
    end if;
    -- hsync
    if (pixel_counter<4 or pixel_counter>252) then
       hsync <= '0';
    else
       hsync <= '1';
    end if;

    --de
    if ((line_counter<4 or line_counter>323) or(pixel_counter<11
         or pixel_counter>251)) then
           de        <= '0';
           tft_de      <= '0';
           temp_act    <= '0';
    else
```

```
          de    <= '1';
            tft_de <= '1';
            temp_act    <= '1';
      end if;

   end if;
end process;

-- vertical counter
--                                                    |<-327th line_counter
-- --    -----------------------------------------          --
--   ----                                      ----
--  | 2h | 2h |              data 320h               | 3h  |
process(reset_n, hclock, line_counter, pixel_counter)
begin
   if (reset_n='0' or (line_counter=327 and pixel_counter=253)) then
--254
      line_counter <= (others=>'0');
      vsync     <= '0';
      buf_vsync <= '0';

   elsif hclock'event and hclock='1' then
      if pixel_counter=253 then          --500
         line_counter <= line_counter + 1;
      end if;
         -- vsync
      if (line_counter<2) then
         vsync <= '0';
         buf_vsync <= '0';
      else
         vsync <= '1';
         buf_vsync <= '1';
      end if;
   end if;
end process;

process(hclock,reset_n)
begin
    if reset_n = '0' then
       last_hblank <= '0';
   elsif rising_edge(hclock) then
          last_hblank <= '1';
   end if;
end process;
```

```
process(hclock,reset_n)

variable add_count : std_logic_vector(1 downto 0);

begin
if reset_n = '0' then
   hblank_sig <= '0';
   video_address_sig <= (others => '0');
   active <= '0';
   vblank_sig <= '0';
   enb   <='0';
   add_count := (others => '0');
elsif rising_edge(hclock) then
   b_vsync <= buf_vsync;
   enb   <='1';
-- generate the blanking signal and the address to the line buffer
   if (pixel_counter > 10 and pixel_counter < 250) then
      hblank_sig <= last_hblank;
   else
      hblank_sig <= '0';
   end if;

   if (line_counter > 2+y_offset and line_counter <= 323-y_offset) then
      vblank_sig <= '1';
   else
      vblank_sig <= '0';
   end if;
   if (line_counter > y_offset+3 and line_counter <= 324-y_offset) then
     --322 -->323
      if (pixel_counter > 9  and pixel_counter < 250) then
         --9 -->8 , --249 -->250
         --9 --> 10 -->9 : 0706
        if video_address_sig<76800 then
               active <= '1';
               video_address_sig <= video_address_sig + 1;
            if (add_count = 1) then
                     --51200 //total fifo depth = 2/3
                     --30000 good,500
                 video_address_sig <= video_address_sig + 1;
            elsif add_count = 0 then
                 add_count := add_count + 1;
            end if;
         elsif video_address_sig = 76799 then
            active <= '0';
         end if;
```

```
            else
               active <= '0';
            end if;
         else
            active <= '0';
         end fi;

         if ((line_counter=324) and (pixel_counter=253)) then
              --or (video_address_sig= 76800) then
            video_address_sig <= (others => '0');
            add_count := (others => '0');
         end if;

      end if;
end process;

process(reset_n,clock25,hclock)
begin
   if reset_n='0' then
    tft_start_ready <= '0';

   elsif rising_edge(clock25) then
       b_hclock <= hclock;
       if TFT_ENABLE = '1' then
          tft_start_ready <= '1';
       end if;

       if (tft_start_ready = '1') and (b_Vsync = '0') and  (buf_Vsync = '1')then
          tft_start <= '1';
          tft_start_ready <= '0';

       elsif (tft_start = '1') and (buf_Vsync = '0') and (b_Vsync = '1') then
          tft_start <= '0';

    end if;

   end if;
end process;

color_generator: PROCESS(reset_n,hclock)
    VARIABLE frame_count : std_logic_vector(19 downto 0);
BEGIN
```

```
    IF reset_n = '0' THEN
       R <= (others => '0');
       G <= (others => '0');
       B <= (others => '0');
       active_delay <= '0';
       frame_count := (others => '0');
       f_frame_read <= '0';
    ELSIF rising_edge(hclock) THEN
       active_delay <= active;
       active_delay1 <= active_delay;
       active_delay2 <= active_delay1;
       IF tft_start = '1' THEN
          if active_delay = '1' then
             R <= DOUTB(15 downto 11) & "111";
             G <= DOUTB(10 downto 5) & "11";
             B <= DOUTB(4 downto 0) & "111";
          else

          end if;

       ELSE

          R <= X"00";
          G <= X"00";
          B <= X"00";
       END IF;


    END IF;
END PROCESS;

END rtl;
```

4) i2c.vhd

```
library ieee;
use ieee.std_logic_1164.all;
use ieee.std_logic_arith.all;
```

```
entity I2C is
    port (
       CLK      : in    std_logic;
       RESETn   : in    std_logic;
       WRITE    : in    std_logic;
       SLV_ADDR : in    std_logic_vector(6 downto 0);
       REG_ADDR : in    std_logic_vector(7 downto 0);
       WDATA    : in    std_logic_vector(7 downto 0);
       READY    : out   std_logic;
       SCL      : inout std_logic;
       SDA      : inout std_logic
    );
end I2C;

architecture BEHAVIORAL of I2C is
    component simple_i2c is
    port (
      clk : in std_logic;
      ena : in std_logic;
      nReset : in std_logic;
      -- input signals
      start,
      stop,
      read,
      write,
      ack_in : std_logic;
      Din : in std_logic_vector(7 downto 0);
      -- output signals
      cmd_ack : out std_logic;
      ack_out : out std_logic;
      Dout : out std_logic_vector(7 downto 0);
      -- i2c signals
      SCL : inout std_logic;
      SDA : inout std_logic
    );
    end component simple_i2c;

    signal cmd_ack : std_logic;
    signal D, Dout : std_logic_vector(7 downto 0);
    signal lack : std_logic;
    signal start, read, wr, ack, stop : std_logic;
    signal rdy : std_logic;
    signal reg : std_logic_vector(7 downto 0);
    signal i_wdata : std_logic_vector(7 downto 0);
```

```
type states is (i1, i2, i3, i4);
    signal state : states;
begin
    READY <= rdy;

    u1: simple_i2c port map (
      clk => CLK, ena => '1', nReset => RESETn,
      read => read, write => wr, start => start, stop => stop,
      ack_in => ack, cmd_ack => cmd_ack, Din => D, Dout => Dout,
      ack_out => lack, SCL => SCL, SDA => SDA);

    nxt_state_decoder: process(CLK, RESETn, state)
    begin
      -- genregs
      if (RESETn = '0') then
         state <= i1;
         start <= '0';
         read  <= '0';
         wr  <= '0';
         ack   <= '0';
         stop  <= '0';
         D    <= (others => '0');
         rdy <= '1';
      elsif (CLK'event and CLK = '1') then
         case (state) is
            when i1 =>   -- send start condition, sent slave address +
write
               if (WRITE = '1') then
                  state <= i2;
                  start <= '1';
                  read  <= '0';
                  wr <= '1';
                  ack   <= '0';
                  stop  <= '0';
                  D     <= (SLV_ADDR & '0'); -- write to slave (R/W =
'0')
                  reg   <= REG_ADDR;
                  i_wdata <= WDATA;
                  rdy <= '0';
               end if;

            when i2 =>-- send "access config"
command
```

```
                if (cmd_ack = '1') then
                   state <= i3;
                   start <= '0';
                   read  <= '0';
                   wr   <= '1';
                   ack   <= '0';
                   stop  <= '0';
                   D     <= reg;
                   rdy <= '0';
                end if;

             when i3 =>  --  send  config  register  data,  sent  stop
condition
                if (cmd_ack = '1') then
                   state <= i4;
                   start <= '0';
                   read  <= '0';
                   wr <= '1';
                   ack   <= '0';
                   stop  <= '1';
                   D     <= i_wdata;
                   rdy <= '0';
                end if;

             when i4 =>
                if (cmd_ack = '1') then
                   state <= i1;
                   start <= '0';
                   read  <= '0';
                   wr <= '0';
                   ack   <= '0';
                   stop  <= '0';
                   D     <= (others => '0');
                   rdy <= '1';
                end if;
          end case;


       end if;
    end process nxt_state_decoder;
end BEHAVIORAL;
```

```
---------------------------------------------
library ieee;
use ieee.std_logic_1164.all;
use ieee.std_logic_arith.all;

entity simple_i2c is
    port (
        clk : in std_logic;
        ena : in std_logic;
        nReset : in std_logic;

        -- input signals
        start,
        stop,
        read,
        write,
        ack_in : std_logic;
        Din : in std_logic_vector(7 downto 0);

        -- output signals
        cmd_ack : out std_logic;
        ack_out : out std_logic;
        Dout : out std_logic_vector(7 downto 0);

        -- i2c signals
        SCL : inout std_logic;
        SDA : inout std_logic
    );
end entity simple_i2c;

architecture structural of simple_i2c is
    component i2c_core is
    port (
        clk : in std_logic;
        nReset : in std_logic;
        cmd : in std_logic_vector(2 downto 0);
        cmd_ack : out std_logic;
        busy : out std_logic;

        Din : in std_logic;
        Dout : out std_logic;
```

```
        SCL : inout std_logic;
        SDA : inout std_logic
    );
    end component i2c_core;
    -- commands for i2c_core
    constant CMD_NOP : std_logic_vector(2 downto 0) := "000";
    constant CMD_START  : std_logic_vector(2 downto 0) := "010";
    constant CMD_STOP   : std_logic_vector(2 downto 0) := "011";
    constant CMD_READ   : std_logic_vector(2 downto 0) := "100";
    constant CMD_WRITE  : std_logic_vector(2 downto 0) := "101";

    -- signals for i2c_core
    signal core_cmd : std_logic_vector(2 downto 0);
    signal core_ack, core_busy, core_txd, core_rxd : std_logic;
    -- signals for shift register
    signal sr : std_logic_vector(7 downto 0); -- 8bit shift register
    signal shift, ld : std_logic;
    -- signals for state machine
    signal go, host_ack : std_logic;

begin
    -- hookup i2c core
    u1: i2c_core port map (clk, nReset, core_cmd, core_ack, core_busy,
          core_txd, core_rxd, SCL, SDA);
    -- generate host-command-acknowledge
    cmd_ack <= host_ack;
    -- generate go-signal
    go <= (read or write) and not host_ack;
    -- assign Dout output to shift-register
    Dout <= sr;
    -- assign ack_out output to core_rxd (contains last received bit)
    ack_out <= core_rxd;
    -- generate shift register
    shift_register: process(clk)
    begin
       if (clk'event and clk = '1') then
          if (ld = '1') then
             sr <= din;
          elsif (shift = '1') then
             sr <= (sr(6 downto 0) & core_rxd);
          end if;
       end if;
    end process shift_register;
```

```
    -- state machine
    statemachine : block
       type states is (st_idle, st_start, st_read, st_write, st_ack,
st_stop);
       signal state : states;
       signal dcnt : unsigned(2 downto 0);
    begin
       --
       -- command interpreter, translate complex commands into simpler
I2C commands
       --
       nxt_state_decoder: process(clk, nReset, state)
          variable nxt_state : states;
          variable idcnt : unsigned(2 downto 0);
          variable ihost_ack : std_logic;
          variable icore_cmd : std_logic_vector(2 downto 0);
          variable icore_txd : std_logic;
          variable ishift, iload : std_logic;
       begin
          -- 8 databits (1byte) of data to shift-in/out
          idcnt := dcnt;
          -- no acknowledge (until command complete)
          ihost_ack := '0';
          icore_txd := core_txd;

          -- keep current command to i2c_core
          icore_cmd := core_cmd;

          -- no shifting or loading of shift-register
          ishift := '0';
          iload := '0';
          -- keep current state;
          nxt_state := state;
          case state is
             when st_idle =>
                if (go = '1') then
                   if (start = '1') then
                      nxt_state := st_ start;    icore_cmd := CMD_ START;
                   elsif (read = '1') then
                      nxt_state := st_read;
                      icore_cmd := CMD_READ;
                      idcnt := "111";
```

```
          else
             nxt_state := st_write;
             icore_cmd := CMD_WRITE;
             idcnt := "111";
             iload := '1';
          end if;
       end if;

    when st_start =>
    if (core_ack = '1') then
       if (read = '1') then
          nxt_state := st_read;
          icore_cmd := CMD_READ;
          idcnt := "111";
       else
          nxt_state := st_write;
          icore_cmd := CMD_WRITE;
          idcnt := "111";
          iload := '1';
       end if;
    end if;
    when st_write =>
    if (core_ack = '1') then
       idcnt := dcnt -1;  -- count down Data_counter
       icore_txd := sr(7);
       if (dcnt = 0) then     nxt_state := st_ack;
         icore_cmd := CMD_READ;
       else
         ishift := '1';
       end if;
           end if;
         when st_read =>
 if (core_ack = '1') then
 idcnt := dcnt -1;-- count down Data_counte
 ishift := '1';
 if (dcnt = 0) then
              nxt_state := st_ack;
              icore_cmd := CMD_ WRITE;
              icore_txd := ack_in;
              end if;
 end if;
```

```
            when st_ack =>
    if (core_ack = '1') then
    -- generate command acknow- ledge signal
    ihost_ack := '1';
    -- Perform an additional shift, needed for 'read' (store last received bit
in shift register)
    ishift := '1';
    -- check for stop; Should a STOP command be generated ?
    if (stop = '1') then
    nxt_state := st_stop;
    icore_cmd := CMD_STOP;
    else
    nxt_state := st_idle;
    icore_cmd := CMD_NOP;
    end if;
                end if;
            when st_stop =>
    if (core_ack = '1') then
    nxt_state := st_idle;
       icore_cmd := CMD_NOP;
    end if;
            when others => -- illegal states
               nxt_state := st_idle;
               icore_cmd := CMD_NOP;
        end case;
        -- generate registers
        if (nReset = '0') then
           core_cmd <= CMD_NOP;
           core_txd <= '0';
           shift <= '0';
           ld <= '0';
           dcnt <= "111";
           host_ack <= '0';
           state <= st_idle;
        elsif (clk'event and clk = '1') then
           if (ena = '1') then
              state <= nxt_state;
              dcnt <= idcnt;
              shift <= ishift;
              ld <= iload;
              core_cmd <= icore_cmd;
              core_txd <= icore_txd;
              host_ack <= ihost_ack;
           end if;
        end if;
```

```
        end process nxt_state_decoder;
    end block statemachine;
end architecture structural;

--
-- I2C Core
-- Translate simple commands into SCL/SDA transitions
-- Each command has 5 states, A/B/C/D/idle
--
-- start:SCL ~~~~~~~~~~\____
--  SDA   ~~~~~~~~\______
--       x | A | B | C | D | i
--
-- repstart  SCL ____/~~~~\___
--  SDA   __/~~~\______
--       x | A | B | C | D | i
--
-- stop  SCL ____/~~~~~~~~
--  SDA   ==\____/~~~~~
--       x | A | B | C | D | i
--
--- writeSCL ____/~~~~\____
--  SDA   ==X=========X=
--       x | A | B | C | D | i
--
--- read SCL ____/~~~~\____
--  SDA   XXXX=====XXXX
--       x | A | B | C | D | i
--
-- Timing:      Normal mode Fast mode
------
-------------------------------------------------------------
-- Fscl      100KHz     400KHz
-- Th_scl    4.0us      0.6us  High period of SCL
-- Tl_scl    4.7us      1.3us  Low period of SCL
-- Tsu:sta      4.7us      0.6us        setup time for a repeated start
condition
-- Tsu:sto      4.0us      0.6us        setup time for a stop conditon
-- Tbuf      4.7us      1.3us  Bus free time between a stop and start
condition
--

library ieee;
use ieee.std_logic_1164.all;
use ieee.std_logic_arith.all;
```

```
entity i2c_core is
    port (
        clk : in std_logic;
        nReset : in std_logic;

        cmd : in std_logic_vector(2 downto 0);
        cmd_ack : out std_logic;
        busy : out std_logic;

        Din : in std_logic;
        Dout : out std_logic;

        SCL : inout std_logic;
        SDA : inout std_logic
    );
end entity i2c_core;

architecture structural of i2c_core is
    constant CMD_NOP  : std_logic_vector(2 downto 0) := "000";
    constant CMD_START  : std_logic_vector(2 downto 0) := "010";
    constant CMD_STOP: std_logic_vector(2 downto 0) := "011";
    constant CMD_READ: std_logic_vector(2 downto 0) := "100";
    constant CMD_WRITE: std_logic_vector(2 downto 0) := "101";
    type cmds is (idle, start_a, start_b, start_c, start_d, stop_a,
stop_b, stop_c, rd_a, rd_b, rd_c, rd_d, wr_a, wr_b, wr_c, wr_d);
    signal state : cmds;
    signal SDAo, SCLo : std_logic;
    signal txd : std_logic;
    signal clk_en, slave_wait :std_logic;
    signal cnt : unsigned(8 downto 0);
begin
    -- whenever the slave is not ready it can delay the cycle by pulling
SCL low
    slave_wait <= '1' when ((SCLo = '1') and (SCL = '0')) else '0';
    -- generate clk enable signal
    gen_clken: process(clk, nReset)
    begin
        if (nReset = '0') then
            cnt <= (others => '0');
            clk_en <= '1'; --'0';
        elsif (clk'event and clk = '1') then
            if (cnt = 0) then
                clk_en <= '1';
```

```
--cnt <= "100101100";   -->sclk_base --low-->4.7us, high-->4.7us
        cnt <= "000000001";        --> for test
      else
        if (slave_wait = '0') then
          cnt <= cnt -1;
        end if;
        clk_en <= '0';
      end if;
    end if;
end process gen_clken;

-- generate statemachine
nxt_state_decoder : process (clk, nReset, state, cmd, SDA)
    variable nxt_state : cmds;
    variable icmd_ack, ibusy, store_sda : std_logic;
    variable itxd : std_logic;
begin

    nxt_state := state;
    icmd_ack := '0'; -- default no acknowledge
    ibusy := '1'; -- default busy
    store_sda := '0';
    itxd := txd;
    case (state) is
      -- idle
      when idle =>
        case cmd is
          when CMD_START =>
            nxt_state := start_a;
            icmd_ack := '1'; -- command completed
          when CMD_STOP =>
            nxt_state := stop_a;
            icmd_ack := '1'; -- command completed
          when CMD_WRITE =>
            nxt_state := wr_a;
            icmd_ack := '1'; -- command completed
            itxd := Din;
          when CMD_READ =>
            nxt_state := rd_a;
            icmd_ack := '1'; -- command completed
          when others =>
            nxt_state := idle;
            ibusy := '0';
        end case;
```

```
    -- start
    when start_a =>
        nxt_state := start_b;
    when start_b =>
        nxt_state := start_c;
    when start_c =>
        nxt_state := start_d;
    when start_d =>
        nxt_state := idle;
        ibusy := '0'; -- not busy when idle
    -- stop
    when stop_a =>
        nxt_state := stop_b;
    when stop_b =>
        nxt_state := stop_c;
    when stop_c =>
        nxt_state := idle;
        ibusy := '0'; -- not busy when idle
    -- read
    when rd_a =>
        nxt_state := rd_b;
    when rd_b =>
        nxt_state := rd_c;
    when rd_c =>
        nxt_state := rd_d;
        store_sda := '1';
    when rd_d =>
        nxt_state := idle;
        ibusy := '0'; -- not busy when idle
    -- write
    when wr_a =>
        nxt_state := wr_b;
    when wr_b =>
        nxt_state := wr_c;
    when wr_c =>
        nxt_state := wr_d;
    when wr_d =>
        nxt_state := idle;
        ibusy := '0'; -- not busy when idle
end case;
```

```
    -- generate regs
    if (nReset = '0') then
       state    <= idle;
       cmd_ack <= '0';
       busy     <= '0';
       txd      <= '0';
       Dout     <= '0';
    elsif (clk'event and clk = '1') then
       if (clk_en = '1') then
          state <= nxt_state;
          busy  <= ibusy;
          txd   <= itxd;
          if (store_sda = '1') then
             Dout <= SDA;
          end if;
       end if;
          cmd_ack <= icmd_ack and clk_en;
    end if;
end process nxt_state_decoder;

-- convert states to SCL and SDA signals
output_decoder: process (clk, nReset, state)
    variable iscl, isda : std_logic;
begin
    case (state) is
       when idle =>
          iscl := SCLo; -- keep SCL in same state
          isda := SDA; -- keep SDA in same state

       -- start
       when start_a =>
          -- keep SCL in same state (for repeated start)
          iscl := SCLo;
          isda := '1'; -- set SDA high

       when start_b =>
          iscl := '1';    -- set SCL high
          isda := '1'; -- keep SDA high

       when start_c =>
          iscl := '1';    -- keep SCL high
          isda := '0'; -- sel SDA low
```

```
        when start_d =>
          iscl := '0'; -- set SCL low
          isda := '0'; -- keep SDA low
        -- stop
        when stop_a =>
          iscl := '0'; -- keep SCL disabled
          isda := '0'; -- set SDA low
        when stop_b =>
          iscl := '1'; -- set SCL high
          isda := '0'; -- keep SDA low
        when stop_c =>
          iscl := '1'; -- keep SCL high
          isda := '1'; -- set SDA high
        -- write
        when wr_a =>
          iscl := '0';   -- keep SCL low
          isda := Din;
        when wr_b =>
          iscl := '1';   -- set SCL high
          isda := Din;
        when wr_c =>
          iscl := '1';   -- keep SCL high
          isda := Din;
        when wr_d =>
          iscl := '0'; -- set SCL low
          isda := Din;
        -- read
        when rd_a =>
          iscl := '0'; -- keep SCL low
          isda := '1'; -- tri-state SDA
        when rd_b =>
          iscl := '1'; -- set SCL high
          isda := '1'; -- tri-state SDA
        when rd_c =>
          iscl := '1'; -- keep SCL high
          isda := '1'; -- tri-state SDA

        when rd_d =>
          iscl := '0'; -- set SCL low
          isda := '1'; -- tri-state SDA
    end case;
```

```
        -- generate registers
        if (nReset = '0') then
           SCLo <= '1';
           SDAo <= '1';
        elsif (clk'event and clk = '1') then
           if (clk_en = '1') then
              SCLo <= iscl;
              SDAo <= isda;
           end if;
        end if;
    end process output_decoder;

    SCL <= SCLo;
    SDA <= SDAo;

end architecture structural;
```

5) gen_model.vhd

```
--/**********************************************************
-- ** Module: ycrcb2rgb
-- ** Generic Equations:
--**********************************************************/
library IEEE;
use IEEE.std_logic_1164.all;
use IEEE.std_logic_arith.all;
use IEEE.std_logic_signed.all;
use IEEE.Numeric_STD.all;
entity ycrcb2rgb is
  port (
         clk,rst        : in std_logic;
        --dpram interface
         CLKA           : OUT std_logic;
         DINA           : OUT std_logic_VECTOR(15 downto 0)
         ADDRA          : OUT std_logic_VECTOR(16 downto 0);
         ENA            : OUT std_logic;
         WEA            : OUT std_logic;
         DPRAMCOUNT     : in std_logic;
         dpaddr_reset   : in std_logic;
         --camera_main interface
         Y,Cr,Cb        : in std_logic_vector(9 downto 0)
         );
 end ycrcb2rgb;
architecture logic of ycrcb2rgb is
```

```
signal Y_reg,CR_reg,CB_reg: std_logic_vector(9 downto 0);
signal  X_int,A_int,B1_int,B2_int,C_int:  std_logic_vector(21  downto
0);
signal Y_int1,CR_int1,CB_int1: std_logic_vector (10 downto 0);
signal R_int,G_int,B_int: std_logic_vector(21 downto 0);

    --DPRAM
    signal dpram_addra : std_logic_vector(16 downto 0);
    signal dpram_clka : std_logic;
    signal R,G,B : std_logic_vector(7 downto 0);
    signal dpram_delay : std_logic;
    signal dpram_delay1 : std_logic;
    signal dpram_delay2 : std_logic;
begin

    ADDRA <= dpram_addra;
    WEA<= '1';
    CLKA<= clk;
    ENA <= '1';

 P1:process (clk,rst)
  begin
   if (rst = '0') then
    Y_reg <= "0000000000";
    CR_reg <= "0000000000";
    CB_reg <= "0000000000";
   elsif (rising_edge (clk)) then
    Y_reg <= Y; CR_reg <= Cr;CB_reg <= Cb;
   end if;
end process P1;

Y_int1 <= (('0' & Y_reg) - "00001000000");
CR_int1 <= (('0' & CR_reg) - "01000000000");
CB_int1 <= (('0' & CB_reg) - "01000000000");

P2:process (clk,rst)
  begin
   if (rst = '0') then
     X_int <= (others => '0');
     A_int <= (others => '0');
     B1_int <= (others => '0');
     B2_int <= (others => '0');
     C_int <= (others => '0');
 elsif  (rising_edge (clk)) then
```

```
        --(Y_reg - "1000000"));-- Y_reg - 64
      X_int  <= ("00100101010" * (Y_int1));
        --(CR_reg - "1000000000"));  -- Cr_reg - 512
      A_int  <= ("00110011000" * ( CR_int1));
        --(CR_reg - "1000000000"));
      B1_int <= ("00011010000" * ( CR_int1));
        --(CB_reg - "1000000000")); -- Cb_reg - 512
      B2_int <= ("00001100100" * (CB_int1));
        --(CB_reg - "1000000000"));
      C_int  <= ("01000000100" * (CB_int1));
    end if;
end process P2;

P3:process (clk,rst)
  begin
    if (rst = '0') then
      R_int <= (others => '0');
      G_int <= (others => '0');
      B_int <= (others => '0');
    elsif  (rising_edge (clk)) then
      R_int <= X_int + A_int;
      G_int <= X_int - B1_int - B2_int;
      B_int <= X_int + C_int;
    end if;
end process P3;

P4:process (clk,R_int)
    begin
     if rising_edge(clk) then
      if (R_int(21) = '1') then R <= "00000000";
      elsif (R_int(20 downto 18) = "000") then
         R <= R_int(17 downto 10);
      elsif (R_int(18) = '1') then
         R <= "11111111";
      end if;
     end if;
end process P4;
P5:process (clk,G_int)
    begin
     if rising_edge(clk) then
      if (G_int(21) = '1') then  G <= "00000000";
      elsif (G_int(20 downto 18) = "000") then
         G <= G_int(17 downto 10);
      elsif (G_int(18) = '1') then
         G <= "11111111";
```

```
      end if;
    end if;
end process P5;

P6:process (clk,B_int)
   begin

    if rising_edge(clk) then
      if (B_int(21) = '1') then
         B <= "00000000";
      elsif (B_int(20 downto 18) = "000") then
         B <= B_int(17 downto 10);
      elsif (B_int(18) = '1') then
         B <= "11111111";
      end if;
    end if;
end process P6;


DPDATA : process (clk,R_int,G_int,B_int)
    begin
    if rising_edge(clk) then
       DINA <= (R(7 downto 3) & G(7 downto 2) & B(7 downto 3));

    end if;
end process DPDATA;


DPADDR : process (clk,rst,DPRAMCOUNT)
    variable f_depth_count : std_logic_vector(19 downto 0);
    begin

    if (rst = '0') then
       dpram_addra <= (others => '0');
       f_depth_count := (others => '0');
       dpram_delay <= '0';
       dpram_delay1 <= '0';
       dpram_delay2  <= '0';
    elsif falling_edge(clk) then
       dpram_delay <= DPRAMCOUNT;
       dpram_delay1 <= dpram_delay;
       dpram_delay2 <= dpram_delay1;
       if dpram_delay2 =  '1' then
                f_depth_count := f_depth_count + 1;
                 if f_depth_count < 76801
```

```
  then
                          dpram_addra <= dpram_addra + 1;
                    end if;
            end if;

            if dpaddr_reset = '1' then
                    dpram_addra <= (others => '0');
                    f_depth_count := (others => '0');
            end if;

        end if;
end process DPADDR;

end logic ;
```

(2) Xilinx ISE Project

New Project 메뉴를 실행하여 새로운 프로젝트를 만든다. File 메뉴에서 New Project를 실행하면 제일 첫 화면으로 다음 화면이 실행된다. 여기에서는 Project 이름과 경로 그리고 Top-level의 설계 형식을 선택한다.

Project Name : cis_tftlcd
Project Location : D:\example\SoCMaster3_exam\fpga\cis_tftlcd
Top Module Type : HDL

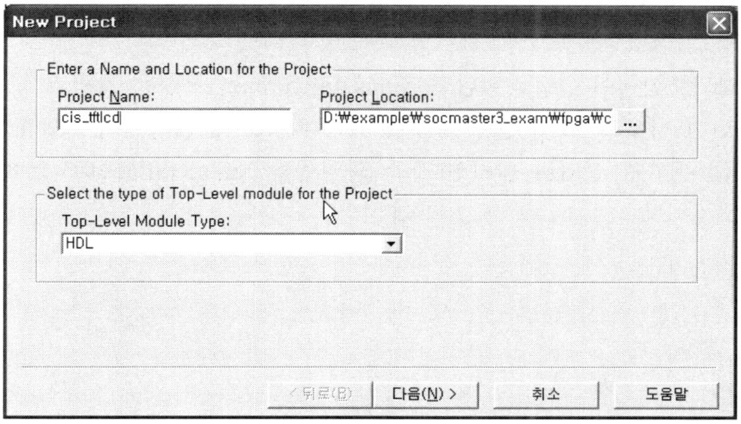

이번에는 Xilinx의 어떤 Device를 사용할 것인지 선택하는 메뉴가 실행된다. 현재 SoCMaster3에서 사용하고 있는 Device는 Virtex4LX60-FF11480-C10을 사용하고 있으므로 다음과 같이 선택하도록 한다.

Device Family : Virtex4
Device : xc4vlx60
Package : ff1148
SpeedGrade : -10

Top-Level Module Type : HDL
Synthesis Tool : XST
Generated Simulation Language : VHDL

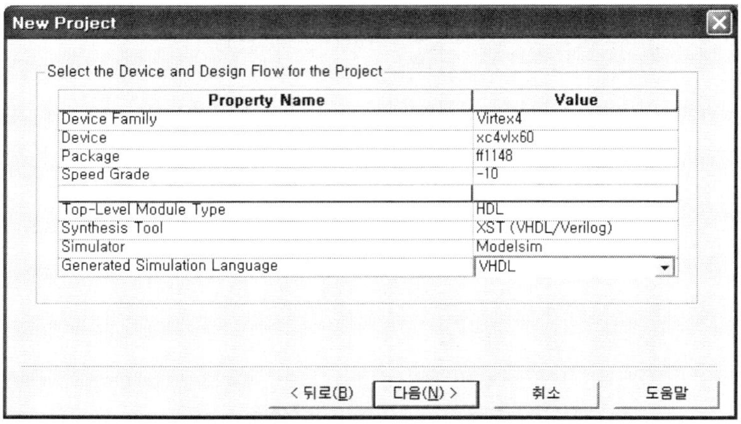

모든 선택이 완료되었다면 Xilinx ISE Project는 다음 그림과 같이 Xilinx ISE 실행화면이 나오고 이제 왼쪽 아래에 있는 Processes 메뉴에서 Add Existing Source 메뉴를 실행하여 설계된 디자인 소스 파일들을 Xilinx ISE 프로젝트에 추가해보자.

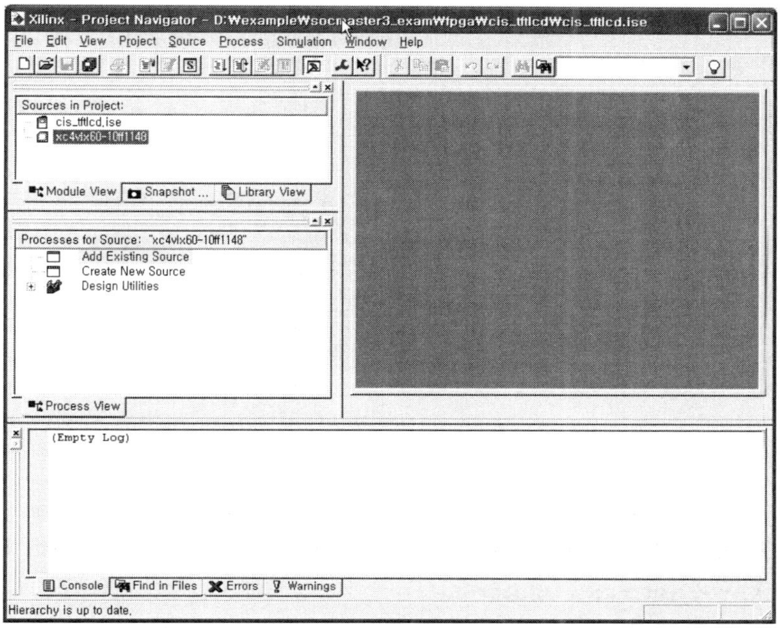

추가할 파일들은 rtl 폴더에 있는 camera_main.vhd, cis_tftlcd.ucf, cis_tftlcd.vhd, gen_model.vhd, i2c.vhd, vga_driver.vhd 파일들이며 해당 파일들을 선택하고 열기(O)를 클릭하여 Xilinx Project에 설계 파일들을 추가한다.

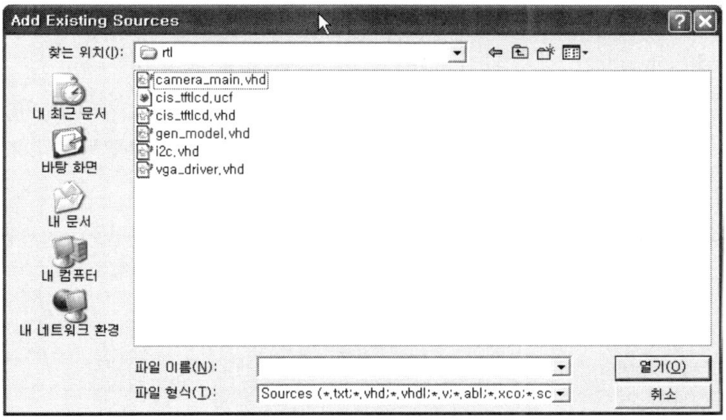

프로젝트에 설계 파일들을 추가하면 그림과 같이 설계 상태에 따라 계층 구조를 보여주며 최상위 디자인의 Entity 이름은 cis_tftlcd가 된다. uart_fpga 아래에 있는 cis_tftlcd.ucf 파일은 User Constraint File이며 Pin Assign의 정보 이외에 Routing할 때 특히 사용자의 요구 사항이 있을 때는 이 파일에 정보를 입력하여 Implementation할

때 사용자의 요구 사항이 적극 반영되도록 한다. 만일 ucf에 설정한 사용자의 요구 사항을 만족시키지 못할 경우 Process는 Error로 처리하며 과정이 중단된다.

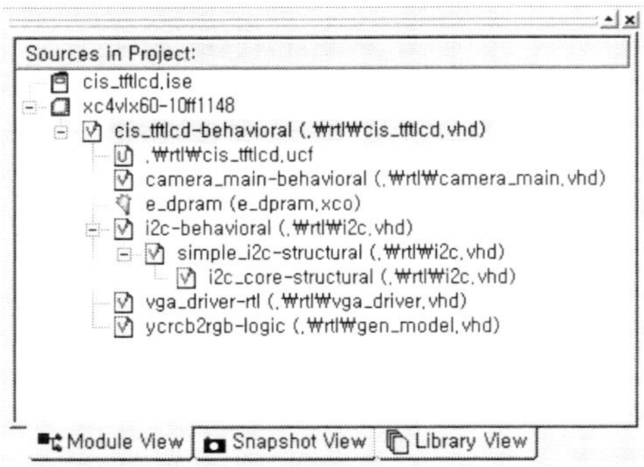

이제 Xilinx Virtex4에 Configuration할 BIT(Bit Stream) File을 만들기 위해서는 Generate Programming File을 실행하여 Synthesize, Implementation 과정을 모두 실행한 후에 Bit File을 생성한다.

Xilinx ISE는 Source in Project 창에서 선택한 설계 파일의 종류에 따라 Processes for Source 파일의 메뉴가 바뀌며 Source in Project에서 선택한 파일에 해당하는 Process가 진행된다. Xilinx ISE를 사용할 때 이 점을 주의해야 한다. 설계 파일을 수정하고 Process를 진행할 설계 파일을 선택한 다음 Process를 진행하지 않을 경우 변경 내용이 반영되지 않는 문제가 발생한다.

이 프로젝트의 경우 Process를 실행하기 전에 항상 Source in Project에서 cis_tftlcd-behavior가 선택되어 있는지 확인하는 것이 중요하다.

다음으로 실행할 내용은 Generate Programming File 메뉴를 더블 클릭하여 실행하면 아래 그림과 같이 아무런 에러 없이 정상적으로 진행된 Process에는 녹색으로 체크 표시가 되어 완료가 되었음을 알려주고 마지막으로 FPGA에 Configuration할 Bit Stream File이 생성된다. 생성된 Bit Stream File의 이름은 Process를 진행한 설계 파일인 cis_tftlcd.bit 파일이 생성이 된다.

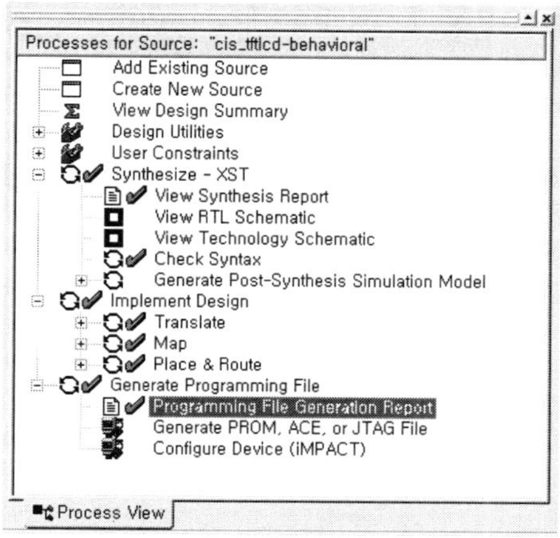

Bit File이 생성된 다음 Configure Device(iMPACT)를 실행하면 iMPACT의 메인화면이 실행되고 자동적으로 FPGA에 Configuration할 Wizard 프로그램이 실행된다. 다음 화면이 실행되면 Boundary-Scan Mode를 선택한 후 Automatically connect to cable and identify Boundary-Scan chain을 실행하여 JTAG 체인이 어떻게 연결되어 있는지 확인한다.

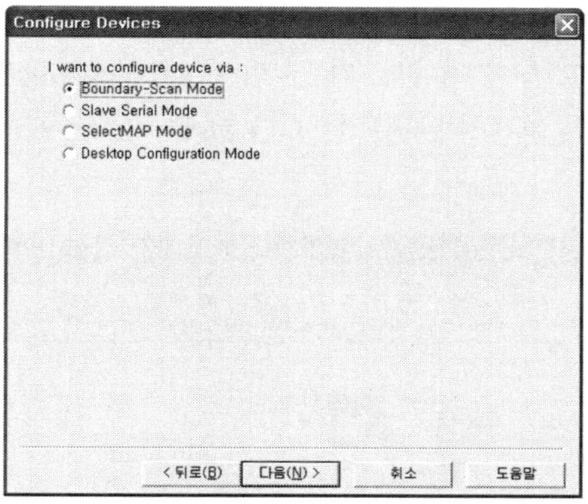

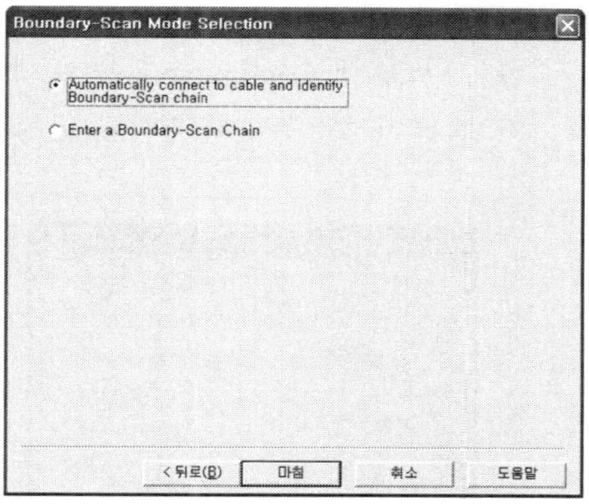

현재 SoCMaster3에서는 Configuration PROM인 xcf32p와 Xilinx Virtex4 FPGA인 xc4vlx60이 체인으로 연결된 것을 확인할 수 있다.

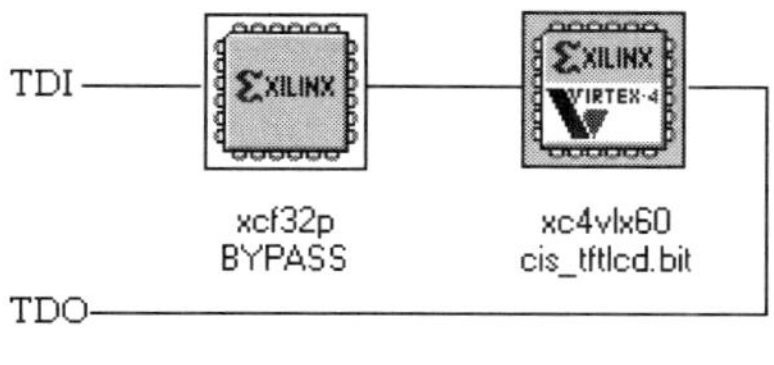

이 두 개 Device 중에 xc4vlx60에 cis_tftlcd.bit 파일을 선택한 다음 Operations 메뉴에서 Program... 메뉴를 선택한다.

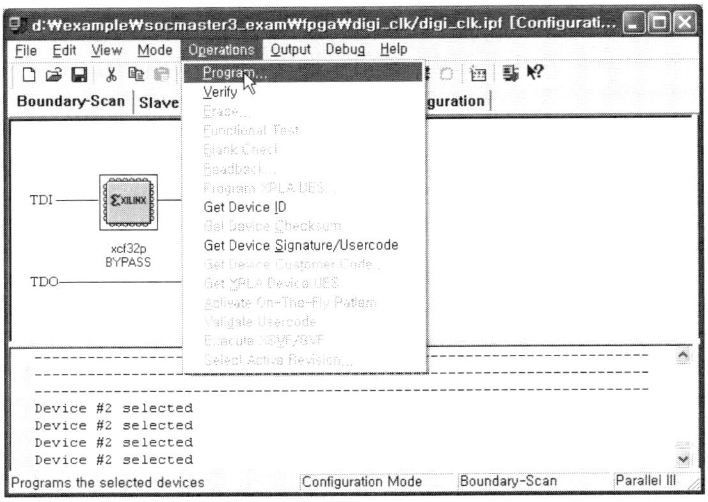

그러면 아래 그림과 같이 Program Options 메뉴가 실행된다. 여기에서 verify를 체크하게 될 경우 Program 실행 시 에러가 나므로 체크박스를 클릭하지 않도록 주의한다. FPGA에 Configuration을 수행하고 수행이 완료되면 'Programming Succeeded'를 디스플레이 한 후 CMOS Image Sensor의 이미지를 TFT-LCD에 디스플레이 한다.

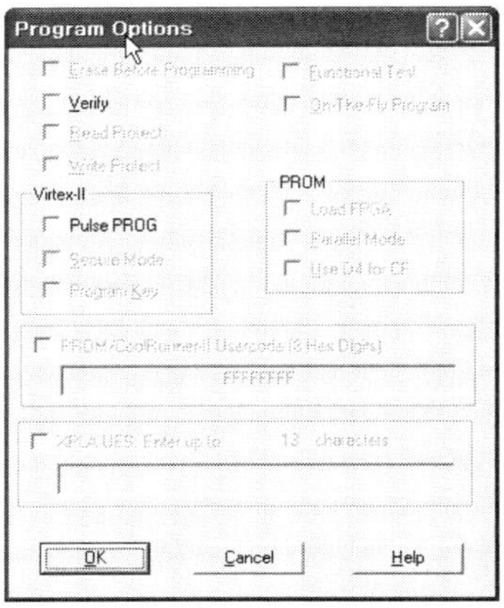

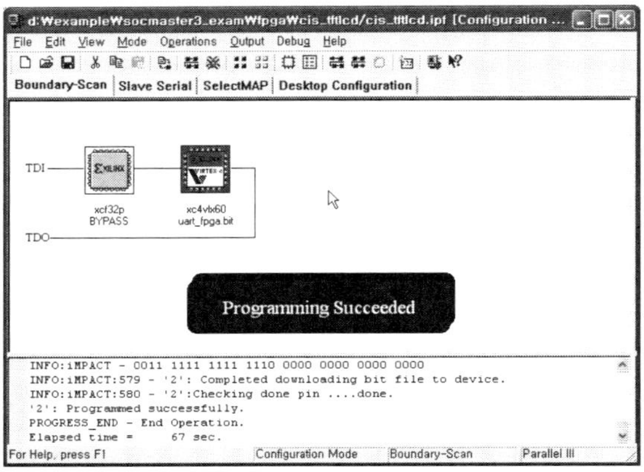

CHAPTER 4

SoCMaster3 설계 환경

4.1 SoCMaster3

4.1.1 Xilinx Virtex4 LX60

(1) 개요

Virtex-4^{TM}는 최근 Xilinx에서 새로 나온 FPGA로 LX, FX, SX의 3가지 종류로 되어있다. 코어는 PowerPC^{TM} 프로세서(with a new APU interface), Tri-Mode Ethernet MAC, 622 Mb/s to 10+ Gb/s 직렬 트랜시버, 전용 DSP, 고속 클럭 관리 회로 등을 지원한다. Virtex-4 devices는 90nm 12 inch 웨이퍼 기술 공정으로 설계되었다.

(2) Xilinx Virtex4 특징

- Virtex-4 LX: 고성능 로직 설계
- DSP 응용시스템 설계
- Xesium^{TM} 클럭 기술
  - Digital Clock Manager (DCM)
  - Phase-Matched Clock Dividers (PMCD)
  - Differential Global 클럭
- XtremeDSP^{TM} 슬라이스
  - 18x18 부호화 곱셈기
  - 파이프라인 스테이지
  - 48-bits 연산기와 덧셈기/뺄셈기
- Smart RAM 메모리 계층
  - 분할 램
  - 이중포트 18-Kbit 블록 램
  - 파이프라인 스테이지
  - 프로그래머블 FIFO 로직 – FIFO 신호에서 RAM 신호를 자동 배치
  - 고속 메모리 인터페이스 : DDR, DDR-2 SDRAM, QDR-II, RLDRAM-II, FCRAM-II
- 500MHz 내장 블록 메모리
  - 내장 블록 메모리 사이즈 10Mb 이상

- 고성능 파이프라인 스테이지
- 다중 FIFO 지원 로직
- 이중포트 구조
- 데이터 폭이 독립적인 Read/Write 포트(RAM)
- 18Kbit 블록
- 16K x 1에서 512 x 36까지 설정 (4K x 4에서 512 x 36까지 FIFO 동작)
- 바이트 저장 기능(PPC405 및 기타 사용 가능)
- FPGA 라우팅 없이 32K x 1 메모리를 다단으로 연결 가능
- 이전 제품보다 100% 이상 개선

▪ SelectIO 기술

- 1.5 to 3.3 V I/O 동작
- 내장 ChipSync™ Source-Synchronous 기술 적용
- DCI(Digitally-controlled impedance) 동적 연결
- 뛰어난 특성을 가진 I/O 뱅크
- 유연한 로직 자원
- 안전한 칩 AES 비트 스트림 암호화
- 90nm CMOS 공정
- 1.2V core 전압

▪ Virtex-4 LX 제품 목록

Device	Package	I/O	LCs	BRAM	DCM	Mult	eMAC	MGT	PowerPC	EasyPath Option
LX160	FF1148	768	152,064	5,184	12	96	0	0	0	Yes
LX100	FF1148	768	110,592	4,320	12	96	0	0	0	Yes
LX80	FF1148	768	80,640	3,600	12	80	0	0	0	Yes
LX60	FF1148	640	59,904	2,880	8	64	0	0	0	Yes

4.1.2 ARM Core Tile Connector

(1) 개요

SoC Master 3 AMBA Platform에 ARM사에서 제작한 Core Tile을 부착시킬 수 있다. Core Tile에 ARM926EJ-S 프로세서가 내장되어 있으며 설정신호

와 다중 AHB 버스는 보드의 커넥터에 연결되어 있다. 테스트 칩은 FPGA나 simulator 모델보다는 빠르게 동작하고 한다.

(2) 특징

- ARM926EJ-S 프로세서 테스트 칩
- 고밀도 스택이 가능한 커넥터
- 메모리 확장을 위한 두 개의 PISMO™ 커넥터 (www.pismoworld.org)
- 아래 보드에 연결된 Processor 제어용 JTAG
- TRACE 장치를 위한 Mictor 커넥터
- 코어 전압제어용 파워 서플라이
- 프로세서 코어 전압 및 기타 전원 제어용 DAC, ADC

1) 시스템 성능

CPU 코어 주파수는 최대 200MHz까지 동작하지만 장착된 테스트 칩에 따라 다를 수 있다. SoC Master 3 AMBA Platform에 꽂아 메모리와 주변장치에 접근할 때는 30 ~ 40MHz로 할 수 있다.

2) 단독 동작

Core-Tiles는 단독적으로 동작이 불가능하다. 마더보드에서 JTAG 커넥터와 파워, 메모리가 있어야 한다. RealView RVI 또는 Multi-ICE 같은 디버그 장치가 필요하다.

3) 다중 코어 지원

다중 코어 시스템을 위해 Core Tile은 Logic Tile을 사용할 경우 SoC Master3 AMBA Platform에 바로 장착할 수 없으며 Logic Tile을 장착 후 그 위에 장착되어야 한다. Logic Tile은 Core Tile과 SoC Master3 AMBA Platform 사이에 부착되게 된다.

4) 자바 가속장치

ARM926EJ-S Core Tile은 자바 가속장치를 위해 ARM Jazelle™ 기술을 지원한다.

ARM926EJ-S/ARM1136JF-S에 대해 더 상세한 내용은 아래 URL을 참조하기 바란다.

http://www.arm.com/products/DevTools/Versatile/CT926EJ-S.html

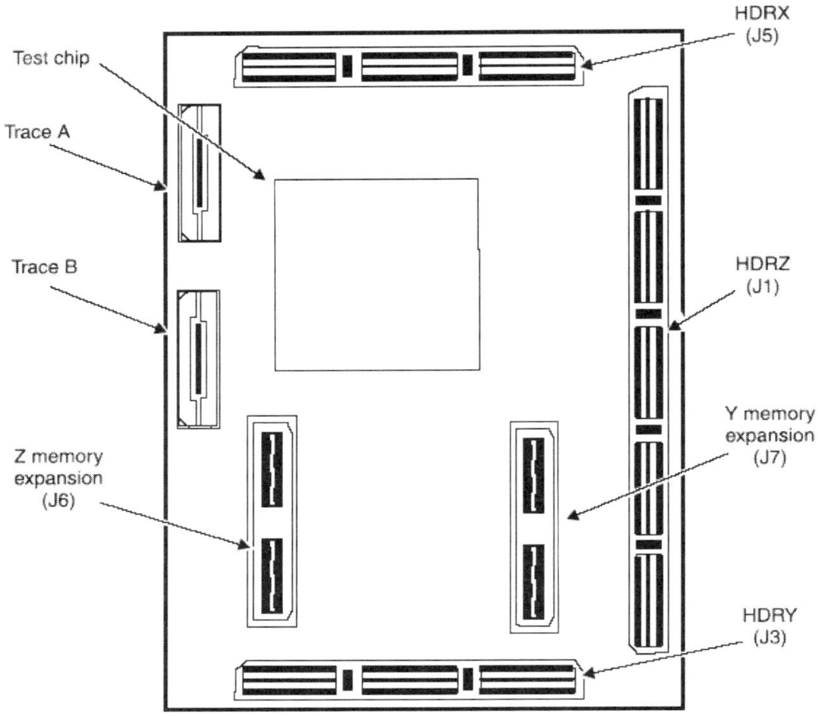

5) Core Tile – Virtex 4 인터페이스

Core Tile은 단독으로 동작하지 않으므로 SoC Master3 AMBA Platform에서 아래와 같은 사항을 지원한다.

- 전원 및 JTAG 커넥터
- 레퍼런스 클럭
- 테스트 칩에 클럭 드라이버 제어를 위한 초기화 신호
- 메모리 확장용 커넥터
- 주변장치 (예를 들어 인터럽트 컨트롤러, DMA 컨트롤러, 리셋 컨트롤러, I/O)
- 클럭 멀티플렉서, AHB 데이터 버스 연결과 프로그래머블 파워 전압 값 제어용 PLD의 시리얼 인터페이스

6) VIP – Core Tile 인터페이스 블록 다이어그램

CT926EJ-S를 가지고 있는 최소한의 Core-Tile 시스템의 구조를 보여준다.

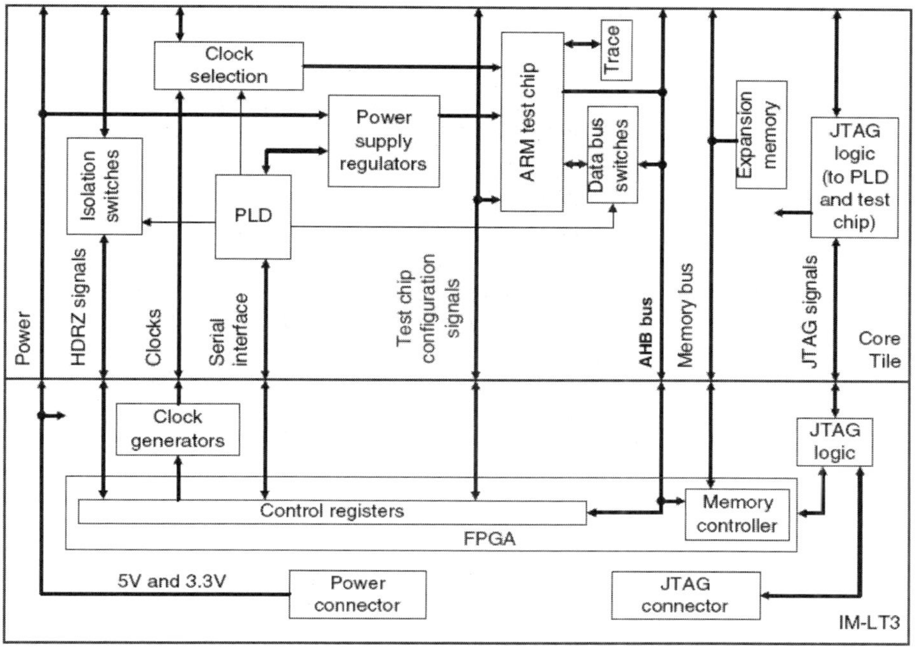

7) 코어타일 및 로직타일의 부품번호

부품번호	내용
CT7TD-BD-0220A	ARM7TDMI용 Core Tile
CT926-BD-0218A	ARM926EJ-S용 Core Tile
CTB36-BD-0219A	ARM1136JF-S용 Core Tile
IMLT3-BD-0227A	Integrator/IM-LT3 인터페이스 모듈

8) 참고문서

파일이름	내용
7843	Core Tile 매뉴얼
DUI0273B_core_tile_user_guide	Core Tile 사용자 가이드

9) 코어타일 인터페이스 커넥터 이미지

10) 코어타일 인터페이스 커넥터 핀 연결표

HDRX-U1A					
핀번호	신호이름	FPGA 핀번호	핀번호	신호이름	FPGA 핀번호
2	NC		1	CT_X8	AG23
4	NC		3	CT_X7	AK28
6	NC		5	CT_X6	AK27
7	NC		7	CT_X5	AJ24
10	NC		9	CT_X4	AK24
12	NC		11	CT_X3	AN29
14	NEXEC	AJ15	13	HADDR_OUT0	K9
16	NENOUTI	AL20	15	HADDR_OUT1	J9
18	NENOUT	F23	17	HADDR_OUT2	E7
20	NENIN	AL15	19	HADDR_OUT3	E8
22	NC		21	HADDR_OUT4	B5
24	NC		23	HADDR_OUT5	A5
26	CT_X9	AF24	25	HADDR_OUT6	E12
28	CT_X10	AG25	27	HADDR_OUT7	E13
30	RVDS_EDBGRQ		29	HADDR_OUT8	A3
32	CT_X11	AG26	31	HADDR_OUT9	A4
34	CT_X12	AH23	33	HADDR_OUT10	E9
36	CT_X13	AH24	35	HADDR_OUT11	D9
38	CT_X14	AN28	37	HADDR_OUT12	D6
40	CT_X15	AM28	39	HADDR_OUT13	D7

HDRX-U1A					
핀번호	신호이름	FPGA 핀번호	핀번호	신호이름	FPGA 핀번호
42	CT_X16	AK29	41	HADDR_OUT14	A13
44	CT_X17	AJ29	43	HADDR_OUT15	A14
46	CT_X18	AF28	45	HADDR_OUT16	H9
48	CT_X19	AE27	47	HADDR_OUT17	H10
50	DMA_REQ	C12	49	HADDR_OUT18	D10
52	DMA_ACK	D12	51	HADDR_OUT19	D11
54	ARM_nRESET	AF18	53	HADDR_OUT20	G10
56	nIRQ	AG20	55	HADDR_OUT21	F10
58	nFIQ	AJ14	57	HADDR_OUT22	G11
60	CT_X0	AP21	59	HADDR_OUT23	G12

HDRX-U1B					
핀번호	신호이름	FPGA 핀번호	핀번호	신호이름	FPGA 핀번호
62	RVDS_DBGACK		61	HADDR_OUT24	C8
64	CT_X20	AF26	63	HADDR_OUT25	C9
66	CT_X21	AE26	65	HADDR_OUT26	B11
68	CT_X22	AN32	67	HADDR_OUT27	A11
70	CT_X23	AN33	69	HADDR_OUT28	C10
72	BIGENDIAN	AH14	71	HADDR_OUT29	B10
74	HRESP1	L25	73	CT_X2	AP29
76	HRESP0	E29	75	HTRANS_IN1	A31
78	HGRANT_OUT	K26	77	HTRANS_IN0	D22
80	HREADY_IN	E22	79	HSIZE_IN2	E26
82	HLOCK_IN	B28	81	HSIZE_IN1	D26
84	HBUSREQ_IN	B25	83	HSIZE_IN0	E23
86	HWRITE_OUT	C25	85	HBURST_IN2	D27
88	HBURST_OUT2	D29	87	HBURST_IN1	E24
90	HBURST_OUT1	F30	89	HBURST_IN0	F24
92	HBURST_OUT0	F29	91	HSPLIT	L26
94	HPROT_OUT3	A28	93	CT_X24	M1

HDRX-U1B					
핀번호	신호이름	FPGA 핀번호	핀번호	신호이름	FPGA 핀번호
96	HPROT_OUT2	H24	95	CT_X25	N5
98	HPROT_OUT1	G23	97	HWRITE_IN	F28
100	HPROT_OUT0	E27	99	CT_X26	P5
102	HSIZE_OUT1	D30	101	HREADY_OUT	J25
104	HSIZE_OUT0	C28	103	HMASTER3	F31
106	HTRANS_OUT1	G28	105	RVDS_EXTTRIG	
108	HTRANS_OUT0	G27	107	CT_X1	AP22
110	HSIZE_OUT2	D31	109	HMASTER2	E31
112	HCLK_IN	AJ17	111	HMASTER1	B33
114	X_REFCLK_DN	AG18	113	HMASTER0	B32
116	HCLK_OUT	AE18	115	HSEL_OUT	A29
118	HADDR_IN31	AJ22	117	HDATA0	J7
120	HADDR_IN30	AJ21	119	HDATA1	K8

HDR X-U1C					
핀번호	신호이름	FPGA 핀번호	핀번호	신호이름	FPGA 핀번호
122	HADDR_IN29	AC15	121	HDATA2	H7
124	HADDR_IN28	AB15	123	HDATA3	H8
126	HADDR_IN27	AG22	125	HDATA4	B2
128	HADDR_IN26	AH22	127	HDATA5	B3
130	HADDR_IN25	AL14	129	HDATA6	D14
132	HADDR_IN24	AK14	131	HDATA7	E14
134	HADDR_IN23	AG21	133	HDATA8	G6
136	HADDR_IN22	AF20	135	HDATA9	G7
138	HADDR_IN21	AF14	137	HDATA10	D5
140	HADDR_IN20	AG13	139	HDATA11	C5
142	HADDR_IN19	AE21	141	HDATA12	F6
144	HADDR_IN18	AF21	143	HDATA13	E6
146	HADDR_IN17	AP15	145	HDATA14	C13

HDR X-U1C					
핀번호	신호이름	FPGA 핀번호	핀번호	신호이름	FPGA 핀번호
148	HADDR_IN16	AN15	147	HDATA15	C14
150	HADDR_IN15	AC19	149	HDATA16	G8
152	HADDR_IN14	AB18	151	HDATA17	F8
154	HADDR_IN13	AD16	153	HDATA18	A9
156	HADDR_IN12	AF15	155	HDATA19	A10
158	HADDR_IN11	AN20	157	HDATA20	C7
160	HADDR_IN10	AP20	159	HDATA21	B7
162	HADDR_IN9	AD17	161	HDATA22	J11
164	HADDR_IN8	AC17	163	HDATA23	H12
166	HADDR_IN7	AM20	165	HDATA24	B6
168	HADDR_IN6	AL19	167	HDATA25	A6
170	HADDR_IN5	AB17	169	HDATA26	F11
172	HADDR_IN4	AB16	171	HDATA27	E11
174	HADDR_IN3	AL18	173	HDATA28	B8
176	HADDR_IN2	AM18	175	HDATA29	A8
178	HADDR_IN1	AM17	177	HDATA30	B12
180	HADDR_IN0	AM16	179	HDATA31	B13

HDR Z-U3A					
핀번호	신호이름	FPGA 핀번호	핀번호	신호이름	FPGA 핀번호
52	PLDCLK	AL3	56	PLD0	AG15
54	PLDRESETn	AJ20	58	PLD1	AH20
			60	DATACTRL2	AM15
HDR Z-U3B					
62	DATACTRL1	AD20	64	DATACTRL0	AD21

HDR Z-U3C					
150	CLK_GLOBAL	AE17	154	nSYSPOR	AH17
156	nSYSRST	H18			

11) ARM926EJ-S Core Interface Signals

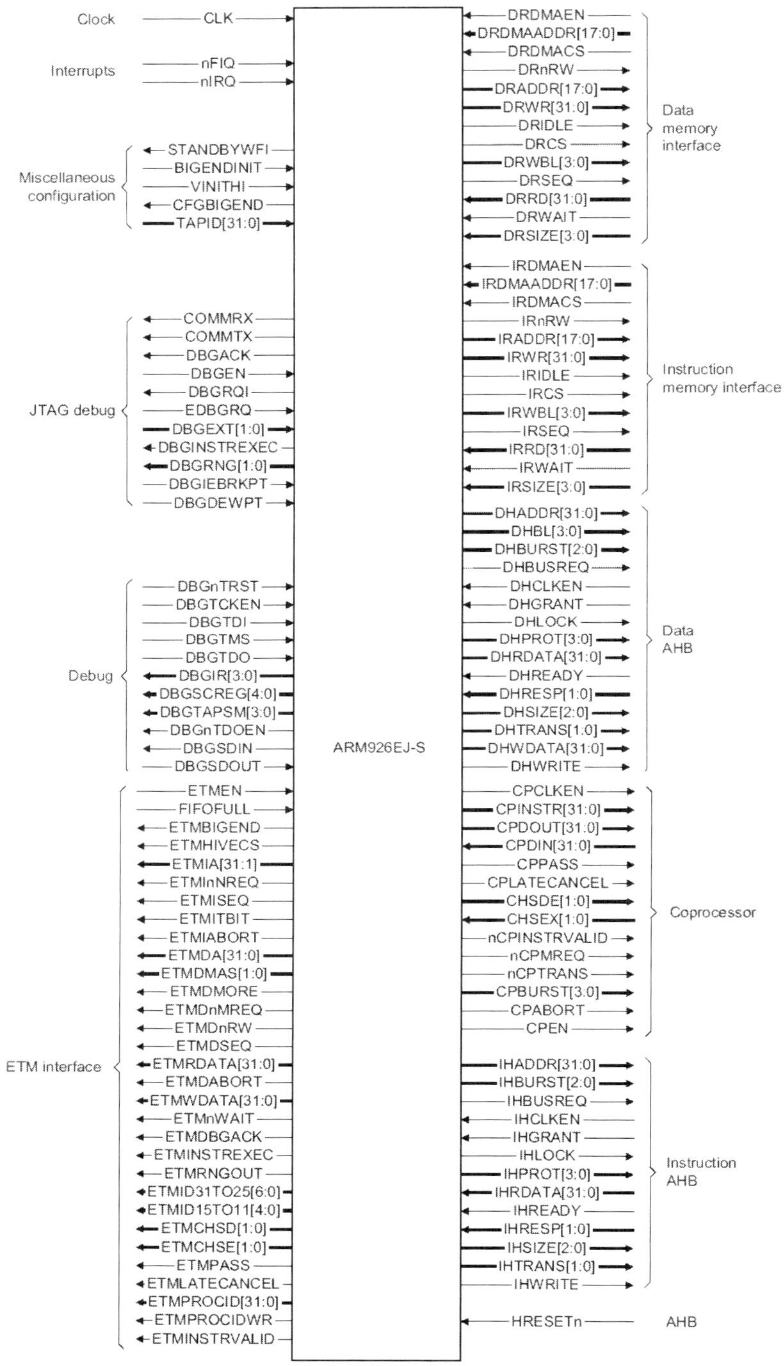

4.1.3 SDRAM (64Mbytes, 32MB * 2)

SoCMaster-3 AMBA Platform에서는 삼성에서 생산한 SDRAM(부품번호:K4S561632D) 2개를 사용하여 기본적으로 64MByte를 제공한다. SDRAM은 Xilinx Virtex4와 연결되어 있어 SDRAM Controller 설계가 가능하도록 제공한다.

- JEDEC standard 3.3V power supply
- LVTTL compatible with multiplexed address
- Four banks operation
- MRS cycle with address key programs
  - -. CAS latency (2 & 3)
  - -. Burst length (1, 2, 4, 8 & Full page)
  - -. Burst type (Sequential & Interleave)
- All inputs are sampled at the positive going edge of the system clock.
- Burst read single-bit write operation
- DQM for masking
- Auto & self refresh
- 64ms refresh period (8K Cycle)

다음 'SDRAM 핀 연결표'는 Xilinx Virtex4 FPGA에 연결된 핀의 번호를 보이고 있다.

1) SDRAM 핀 연결표

SDRAM U60					
핀번호	신호이름	FPGA 핀번호	핀번호	신호이름	FPGA 핀번호
23	DR_ADDR0	AD6	2	DR_DATA0	AC9
24	DR_ADDR1	AD5	4	DR_DATA1	AC8
25	DR_ADDR2	AC7	5	DR_DATA2	AG3
26	DR_ADDR3	AB8	7	DR_DATA3	AF3
29	DR_ADDR4	Y16	8	DR_DATA4	AF6
30	DR_ADDR5	AA15	10	DR_DATA5	AE6
31	DR_ADDR6	AE4	11	DR_DATA6	AF5
32	DR_ADDR7	AD4	13	DR_DATA7	AF4
33	DR_ADDR8	AH3	42	DR_DATA8	AL1
34	DR_ADDR9	AH2	44	DR_DATA9	AK1
22	DR_ADDR10	AG2	45	DR_DATA10	AJ2
35	DR_ADDR11	AG1	47	DR_DATA11	AJ1
36	DR_ADDR12	AC10	48	DR_DATA12	AG6
20	DR_BA0	AB10	50	DR_DATA13	AG5
21	DR_BA1	AK3	51	DR_DATA14	AE7
19	DR_nCS	AH5	53	DR_DATA15	AD7
18	DR_RAS	AK2			
17	DR_CAS	AF8			
39	DR_DQM1	AB13			
15	DR_DQM0	AH4			
16	DR_nWE	AE8			
37	DR_CKE	Y13			
38	DR_CLK0	AA9			

SDRAM U61					
핀번호	신호이름	FPGA 핀번호	핀번호	신호이름	FPGA 핀번호
23	DR_ADDR0	AD6	2	DR_DATA16	AC9
24	DR_ADDR1	AD5	4	DR_DATA17	AC8
25	DR_ADDR2	AC7	5	DR_DATA18	AG3
26	DR_ADDR3	AB8	7	DR_DATA19	AF3
29	DR_ADDR4	Y16	8	DR_DATA20	AF6
30	DR_ADDR5	AA15	10	DR_DATA21	AE6
31	DR_ADDR6	AE4	11	DR_DATA22	AF5
32	DR_ADDR7	AD4	13	DR_DATA23	AF4

SDRAM U61					
핀번호	신호이름	FPGA 핀번호	핀번호	신호이름	FPGA 핀번호
33	DR_ADDR8	AH3	42	DR_DATA24	AL1
34	DR_ADDR9	AH2	44	DR_DATA25	AK1
22	DR_ADDR10	AG2	45	DR_DATA26	AJ2
35	DR_ADDR11	AG1	47	DR_DATA27	AJ1
36	DR_ADDR12	AC10	48	DR_DATA28	AG6
20	DR_BA0	AB10	50	DR_DATA29	AG5
21	DR_BA1	AK3	51	DR_DATA30	AE7
19	DR_nCS	AH5	53	DR_DATA31	AD7
18	DR_RAS	AK2			
17	DR_CAS	AF8			
39	DR_DQM3	AM2			
15	DR_DQM2	AB12			
16	DR_nWE	AE8			
37	DR_CKE	Y13			
38	DR_CLK1	AA8			

SDRAM Controller를 설계하여 FPGA I/O와 연결된 SDRAM을 사용하기 위해서는 반드시 위의 표에 있는 핀 설정을 따라주어야만 한다. 그리고 SDRAM에 대한 자세한 사항은 아래 웹 사이트를 참고하기 바란다.

http://www.samsung.com/Products/Semiconductor/DRAM/SDRAM/SDRAMcomponent/256Mbit/K4S561632D/K4S561632D.htm

4.1.4 Flash ROM, SRAM

SoCMaster3 AMBA Platform에는 32MByte 인텔 StrataFlash(TE28F320J3 * 2 EA)와 1MByte 삼성 SRAM(K6R4016V1D * 2 EA)을 사용한다. 두 메모리는 32비트로 ACCESS가 가능하도록 설계가 되어있으며 두 메모리의 ADDRESS, Data Bus는 동일한 FPGA I/O에 연결되어 있으므로 동일 Chip Enable 신호로 각각의 메모리를 제어해야 한다.

2) FLASH MEMORY 핀 연결표

Flash U22					
핀번호	신호이름	FPGA 핀번호	핀번호	신호이름	FPGA 핀번호
32	FLASH_A0	L9	33	F_SD0	N12
28	F_SA0	F1	35	F_SD1	F4
27	F_SA1	G1	38	F_SD2	F3
26	F_SA2	J4	40	F_SD3	C2
25	F_SA3	K4	44	F_SD4	D2
24	F_SA4	H3	46	F_SD5	D1
23	F_SA5	H2	49	F_SD6	E1
22	F_SA6	P10	51	F_SD7	E3
20	F_SA7	P9	34	F_SD8	E2
19	F_SA8	M7	36	F_SD9	J6
18	F_SA9	N7	39	F_SD10	J5
17	F_SA10	L5	41	F_SD11	H5
13	F_SA11	L4	45	F_SD12	H4
12	F_SA12	J2	47	F_SD13	N10
11	F_SA13	J1	50	F_SD14	N9
10	F_SA14	R11	52	F_SD15	P12
8	F_SA15	T11	55	F_SnWE	P26
7	F_SA16	C4	54	F_SnOE	N25
6	F_SA17	C3	31	FLASH_NBYTE	K28
5	F_SA18	F5	29	F_SnCS1	E33
4	F_SA19	G5	16	nRESET_FLASH	
3	F_SA20	D4			
1	F_SA21	F4			
30	F_SA22	M10			
56	FLASH_A23	N13			

Flash U23					
핀번호	신호이름	FPGA 핀번호	핀번호	신호이름	FPGA 핀번호
32	FLASH_A0	L9	33	F_SD16	P11
28	F_SA0	F1	35	F_SD17	G3
27	F_SA1	G1	38	F_SD18	G2
26	F_SA2	J4	40	F_SD19	L8
25	F_SA3	K4	44	F_SD20	M8
24	F_SA4	H3	46	F_SD21	K6
23	F_SA5	H2	49	F_SD22	L6
22	F_SA6	P10	51	F_SD23	K3
20	F_SA7	P9	34	F_SD24	L3
19	F_SA8	M7	36	F_SD25	K2
18	F_SA9	N7	39	F_SD26	K1
17	F_SA10	L5	41	F_SD27	M6
13	F_SA11	L4	45	F_SD28	M5
12	F_SA12	J2	47	F_SD29	M3
11	F_SA13	J1	50	F_SD30	M2
10	F_SA14	R11	52	F_SD31	L1
8	F_SA15	T11	55	F_SnWE	P26
7	F_SA16	C4	54	F_SnOE	N25
6	F_SA17	C3	31	FLASH_NBYTE	K28
5	F_SA18	F5	29	F_SnCS1	E33
4	F_SA19	G5	16	nRESET_FLASH	
3	F_SA20	D4			
1	F_SA21	F4			
30	F_SA22	M10			
56	FLASH_A23	N13			

3) SRAM 핀 연결표

SRAM U20					
핀번호	신호이름	FPGA 핀번호	핀번호	신호이름	FPGA 핀번호
1	F_SA0	F1	7	F_SD0	N12
2	F_SA1	G1	8	F_SD1	F4
3	F_SA2	J4	9	F_SD2	F3
4	F_SA3	K4	10	F_SD3	C2
5	F_SA4	H3	13	F_SD4	D2
18	F_SA5	H2	14	F_SD5	D1
19	F_SA6	P10	15	F_SD6	E1

SRAM U20					
핀번호	신호이름	FPGA 핀번호	핀번호	신호이름	FPGA 핀번호
20	F_SA7	P9	16	F_SD7	E3
21	F_SA8	M7	29	F_SD8	E2
43	F_SA9	N7	30	F_SD9	J6
44	F_SA10	L5	31	F_SD10	J5
24	F_SA11	L4	32	F_SD11	H5
25	F_SA12	J2	35	F_SD12	H4
26	F_SA13	J1	36	F_SD13	N10
27	F_SA14	R11	37	F_SD14	N9
42	F_SA15	T11	38	F_SD15	P12
22	F_SA16	C4			
23	F_SA17	C3			
6	F_SnCS0	E32			
41	F_SnOE	N25			
17	F_SnWE	P26			
39	F_SnBE0	P22			
40	F_SnBE1	R21			

SRAM U21					
핀번호	신호이름	FPGA 핀번호	핀번호	신호이름	FPGA 핀번호
1	F_SA0	F1	7	F_SD0	N12
2	F_SA1	G1	8	F_SD1	F4
3	F_SA2	J4	9	F_SD2	F3
4	F_SA3	K4	10	F_SD3	C2
5	F_SA4	H3	13	F_SD4	D2
18	F_SA5	H2	14	F_SD5	D1
19	F_SA6	P10	15	F_SD6	E1
20	F_SA7	P9	16	F_SD7	E3
21	F_SA8	M7	29	F_SD8	E2
43	F_SA9	N7	30	F_SD9	J6
44	F_SA10	L5	31	F_SD10	J5
24	F_SA11	L4	32	F_SD11	H5
25	F_SA12	J2	35	F_SD12	H4
26	F_SA13	J1	36	F_SD13	N10
27	F_SA14	R11	37	F_SD14	N9
42	F_SA15	T11	38	F_SD15	P12
22	F_SA16	C4			

SRAM U21					
핀번호	신호이름	FPGA 핀번호	핀번호	신호이름	FPGA 핀번호
23	F_SA17	C3			
6	F_SnCS0	E32			
41	F_SnOE	N25			
17	F_SnWE	P26			
39	F_SnBE2	F33			
40	F_SnBE3	F34			

각 메모리에 대한 Control IP에 대한 설계사항은 Datasheet에 있는 타이밍 등의 조건에 맞도록 설계해야만 동작이 가능하다.

인텔 StrataFlash 'http://www.intel.com/design/flcomp/datashts/290667.htm'
삼성 SRAM 'http://www.samsung.com/Products/Semiconductor/common/product_list.aspx?family_cd=HSS1104'

사이트에 있는 데이터 시트를 참고하기 바란다.

4.1.5 Ethernet

(1) 개요

SoCMaster3 AMBA Platform에는 10/100Mbps 통신이 가능한 SMSC LANC 91C111을 사용하여 설계되어 있다. 제공되는 LAN91C111에 대한 특징 등은 데이터 시트를 충분히 참고하기 바란다.

LAN91C111의 인터페이스 신호는 모두 FPGA I/O에 연결되어 있으며 확장 커넥터의 핀과 같이 사용하는 핀이 있으므로 주의하여 사용해야 한다. LAN91C111의 상세한 사양은 다음과 같다.

LAN91C111에 대한 보다 자세한 사항은 다음 웹 사이트를 참고하도록 한다.

http://www.smsc.com/main/catalog/lan91c111.html

- Single Chip Ethernet Controller
- Dual Speed - 10/100 Mbps
- Fully Supports Full Duplex Switched Ethernet
- Supports Burst Data Transfer
- 8 Kbytes Internal Memory for Receive and Transmit FIFO Buffers
- Enhanced Power Management Features
- Optional Configuration via Serial EEPROM Interface
- Supports 8, 16 and 32 Bit CPU Accesses
- Internal 32 Bit Wide Data Path (Into Packet Buffer Memory)
- Early TX, Early RX Functions
- Built-in Transparent Arbitration for Slave Sequential Access Architecture
- Flat MMU Architecture with Symmetric Transmit and Receive Structures and Queues
- 3.3V Operation with 5V Tolerant IO Buffers (See Pin List Description for Additional Details)
- Single 25 MHz Reference Clock for Both PHY and MAC
- External 25Mhz-output pin for an external PHY supporting PHYs physical media.
- Low Power CMOS Design
- Supports Multiple Embedded Processor Host Interfaces
  - ARM
  - SH
  - Power PC
  - Coldfire
  - 680X0, 683XX
  - MIPS R3000
- 3.3V MII (Media Independent Interface) MAC-PHY Interface Running at Nibble Rate
- MII Management Serial Interface
- 128 Pin QFP package; green, lead-free package also available.
- 128 Pin TQFP package, 1.0 mm height; green, lead-free package also available.
- Industrial Temperature Range from -40°C to 85°C (LAN91C111i only)

Network Interface

- Fully Integrated IEEE 802.3/802.3u-100Base-TX/10Base-T Physical Layer
- Auto Negotiation: 10/100, Full / Half Duplex
- On Chip Wave Shaping - No External Filters Required
- Adaptive Equalizer
- Baseline Wander Correction
- LED Outputs (User selectable – Up to 2 LED functions at one time)
  - Link
  - Activity
  - Full Duplex
  - 10/100
  - Transmit
  - Receive

주의사항...

이더넷을 사용할 때 주의할 사항은 확장 커넥터에 연결된 신호 중 EXP_CON51 ~ EXP_CON89 까지 총 39개 핀을 공유한다. 이 핀을 사용할 때는 각별한 주의가 필요하다.

다음 표는 FPGA I/O에 대한 연결정보를 나타내고 있으며 Ethernet 통신을 위해서는 다음 연결표를 참고하여 알맞게 지정해야 한다.

1) Ethernet 핀 연결표

Ethernet U186					
핀번호	신호이름	FPGA 핀번호	핀번호	신호이름	FPGA 핀번호
80	EXP_CON51 EBI_A1	AE19	109	EXP_CON71 EBI_DQ0	H27
81	EXP_CON52 EBI_A2	AD19	108	EXP_CON72 EBI_DQ1	H28
82	EXP_CON53 EBI_A3	G16	107	EXP_CON73 EBI_DQ2	C32
83	EXP_CON54 EBI_A4	G17	106	EXP_CON74 EBI_DQ3	D32

Ethernet U186					
핀번호	신호이름	FPGA 핀번호	핀번호	신호이름	FPGA 핀번호
84	EXP_CON55 EBI_A5	J19	104	EXP_CON75 EBI_DQ4	J27
85	EXP_CON56 EBI_A6	K19	103	EXP_CON76 EBI_DQ5	K27
86	EXP_CON57 EBI_A7	F16	102	EXP_CON77 EBI_DQ6	M25
87	EXP_CON58 EBI_A8	E16	101	EXP_CON78 EBI_DQ7	M26
88	EXP_CON59 EBI_A9	K17	78	EXP_CON79 EBI_DQ8	N22
89	EXP_CON60 EBI_A10	K18	77	EXP_CON80 EBI_DQ9	N23
90	EXP_CON61 EBI_A11	E17	76	EXP_CON81 EBI_DQ10	H29
91	EXP_CON62 EBI_A12	E18	75	EXP_CON82 EBI_DQ11	H30
92	EXP_CON63 EBI_A13	C27	73	EXP_CON83 EBI_DQ12	C33
93	EXP_CON64 EBI_A14	B27	72	EXP_CON84 EBI_DQ13	C34
94	EXP_CON65 EBI_A15	D25	71	EXP_CON85 EBI_DQ14	D34
43	EXP_CON66 EBI_CS	D24	70	EXP_CON86 EBI_DQ15	E34
33	EXP_CON67 EBI_OE_N	F26	44	EXP_CON87 EBI_CLK	G30
34	EXP_CON68 EBI_WE_N	F25	96	EXP_CON88 EBI_BE0	G31
32	EXP_CON69 RESET	C24	97	EXP_CON89 EBI_BE1	J29
31	EXP_CON70 EBI_IRQ	C23			

4.1.6 USB 2.0

SoCMaster3에는 시리얼 통신 인터페이스로 널리 사용되고 있는 USB(Universal Serial Bus) 2.0 Host/OTG 모드를 지원하는 TransDimension사의 TDOTG243-000C

USB-HOST/OTG 컨트롤러 디바이스를 제공한다.

사용된 TDOTG243-000C의 특징은 아래와 같으며, 이 디바이스에 대한 보다 자세한 사항은 아래 웹 사이트를 참고하기 바란다.

- Concurrent operation of On-The-Go, Host and Function ports
- Fully compliant with USB On-the-Go specification and USB Specification Rev. 2.0 for full-speed (12Mb/s) and low-speed (1.5Mb/s) USB devices
- High-performance USB host: Full USB bandwidth utilization with low load on system microprocessor without bus mastering
- Transaction scheduling and transfer level protocol implemented in hardware including bandwidth management, data toggle and retry
- Guaranteed isochronous transfer with loose timing requirements on the microprocessor
- Fast microprocessor and dual-DMA interface access cycle (~25MB/s for 16-bit data bus, and ~50MB/s for 32-bit data bus)
- Double/multi buffering support for all four types of USB transfers
- Separate transfer descriptor and data memory space
- On-chip charge pump generates 5V power at 12mA, capable of supporting more bus-powered devices than specified in the USB On-the-Go specification
- Capable of supporting up to 500mA to peripherals when using external 5V power supply while controlling an external charge pump
- Integrated on-chip pull-up and pull-down resistors
- Power saving mode for whole chip and host controller, and suspend mode for function controller
- Integrated PLL supports external crystal or crystal oscillators of 6MHz, 12MHz, 24MHz, and 48MHz
- Single 3.3V power supply, 3.3 V I/O (LVCMOS/TTL), 5 V tolerant
- Software and hardware Host Negotiation Protocol
- Session Request Protocol
- Direct interface to microprocessors, RISC, CISC, and DSP's including x86, StrongARM, Hitachi SH3, Fujitsu SPARCLite, NEC and Toshiba MIPS, ARM7, ARM9, Motorola PowerPC and Dragonball
- Embedded RTOS software available for WinCE, Linux, VxWorks, Nucleus, LynxOS, QNX, pSOS, PowerTV, SMX, AMX, ThreadX, VRTX, ITRON, Symbian and MS-DOS operating systems
- USB device driver software available including printers, speakers, mass storage, hub, modems, Ethernet, mouse, keyboard, digital camera, video camera, cell phone, STB, PDA, etc.
- Programmable DMA and IRQ polarities
- 100 pin LQFP and TF-BGA packages available

http://transdimension.com/products/semiconductors/td243/index.html

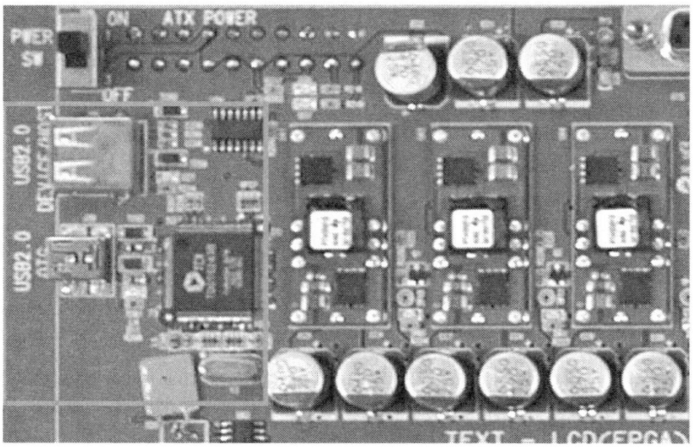

아래 표는 FPGA I/O에 대한 연결정보를 나타내고 있으며 USB 통신을 위해서는 아래 연결표를 참고하여 알맞게 지정해야 한다.

1) TDOTG243-000C 핀 연결표

USB OTG/HOST U81					
핀번호	신호이름	FPGA 핀번호	핀번호	신호이름	FPGA 핀번호
26	USB_nCS	AL24	20	F_SD15	P12
27	USB_ETH_nWR	AL25	29	F_SD16	P11
28	USB_ETH_nRD	AL26	30	F_SD17	G3
67	F_SA2	J4	31	F_SD18	G2
68	F_SA3	K4	32	F_SD19	L8
69	F_SA4	H3	33	F_SD20	M8
70	F_SA5	H2	34	F_SD21	K6
71	F_SA6	P10	35	F_SD22	L6
72	F_SA7	P9	36	F_SD23	K3
73	F_SA8	M7	39	F_SD24	L3
2	F_SD0	N12	40	F_SD25	K2
3	F_SD1	F4	41	F_SD26	K1
4	F_SD2	F3	42	F_SD27	M6
7	F_SD3	C2	56	F_SD28	M5
8	F_SD4	D2	57	F_SD29	M3
9	F_SD5	D1	58	F_SD30	M2
10	F_SD6	E1	59	F_SD31	L1
11	F_SD7	E3	90	USB_DRQ1	AK26
13	F_SD8	E2	92	USB_DACK1	AN22
14	F_SD9	J6	94	USB_EPT1	AN23
15	F_SD10	J5	91	USB_DRQ0	AJ25
16	F_SD11	H5	93	USB_DACK0	AH25
17	F_SD12	H4	95	USB_EPT0	AP24
18	F_SD13	N10	64	USB_nINT	AN24
19	F_SD14	N9	63	USB_WAKEUP	AM26

4.1.7 AUDIO CODEC

SoCMaster는 Audio Codec 디바이스를 장착해 사운드를 구현할 수 있도록 설계 되어 있다. 사용된 Audio Codec 디바이스로 CS4202를 사용한다. CS4202의 특징은 다음과 같으며, 이 디바이스에 대한 보다 자세한 사항은 다음 웹 사이트를 참고하기 바란다.

Audio Codec '97 with Headphone Amplifier

Features

- AC '97 2.2 Compliant
- Exceeds the Microsoft® PC 2001 Audio Performance Requirements
- Integrated High-Performance Headphone Amplifier
- On-chip PLL for use with External Clock Sources
- Integrated High-Performance Microphone Pre-Amplifier
- Automatic Jack Sense through GPIO
- BIOS-Driver Interface for Audio Feature Configuration through Software
- S/PDIF Digital Audio Output
- I^2S Serial Digital Outputs Enable Cost Effective Six Channel Applications
- Independent Simultaneous S/PDIF and Six Channel Audio Playback
- 20-bit Stereo Digital-to-Analog Converters
- 18-bit Stereo Analog-to-Digital Converters
- Sample Rate Converters
- Three Analog Line-level Stereo Inputs
- High Quality Pseudo-Differential CD Input
- Two Analog Line-level Mono Inputs
- Dual Microphone Inputs
- Stereo and Mono Line-level Outputs
- Extensive Power Management Support

Description

The CS4202 is an AC '97 2.2 compliant stereo audio codec designed for PC multimedia systems. It uses industry leading delta-sigma and mixed signal technology. This advanced technology and these features are designed to help enable the design of PC 99 and PC 2001 compliant high-quality audio systems for desktop, portable, and entertainment PCs.

Coupling the CS4202 with a PCI audio accelerator or core logic supporting the AC '97 interface implements a cost effective, superior quality audio solution. The CS4202 surpasses PC 99, PC 2001, and AC '97 2.2 audio quality standards.

ORDERING INFO

CS4202-JQ 48-pin TQFP 9x9x1.4 mm

http://www.cirrus.com/en/products/pro/detail/P1003.html

(1) AUDIO CODEC I/F Block Diagram

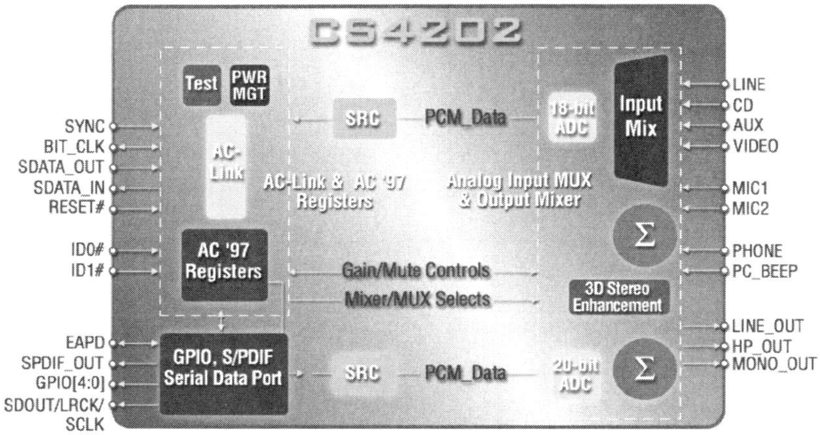

Audio Codec과 인터페이스하기 위해서는 FPGA에 제어회로를 설계해야만 동작이 가능하다. 다음의 표는 FPGA I/O에 대한 연결정보를 나타내고 있으며 Audio Codec 디바이스 인터페이스를 위해서는 아래 연결표를 참고하여 알맞게 지정해야 한다.

(2) AUDIO CODEC 핀 연결표

AUDIO CODEC U192					
핀번호	신호이름	FPGA 핀번호	핀번호	신호이름	FPGA 핀번호
11	AC97BCLK	AJ9	8	AC97OUT	AN5
10	AC97SYNC	AJ10	9	AC97DIN	AP5
12	AC97RST	J17			

4.1.8 TFT LCD

SoCMaster3 AMBA Platform에는 LPC3600A와 LTS350Q1-PE1 고급 LCD 패널을 사용한 3.5" Color TFT LCD 모듈을 사용한다. LPC3600의 RGB 신호 및 HSYNC, VSYNC 등의 신호를 제어를 통해 TFTLCD에 디스플레이할 수 있다. 기본적인 LPC3600A의 타이밍 다이어그램은 다음과 같다.

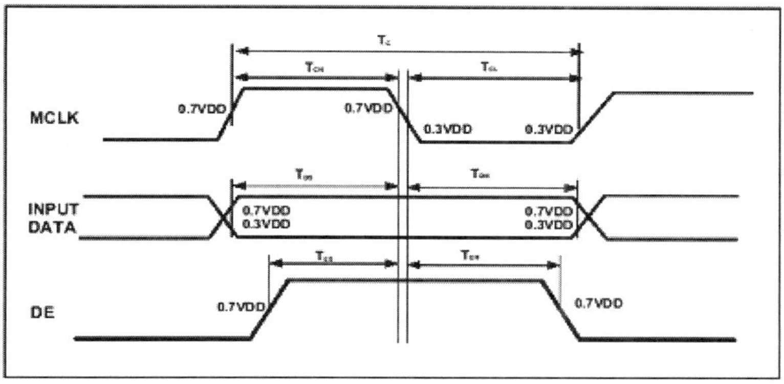

Signal	Description	Symbol	Min	Typ	Max	Unit
MCLK	Frequency	$1/T_C$	-	5	20	MHz
	High level width	T_{CH}	3	-	-	ns
	Low level width	T_{CL}	3	-	-	ns
INPUT DATA	setup time	T_{DS}	3	-	-	ns
	hold time	T_{DH}	3	-	-	ns
DE	setup time	T_{ES}	3	-	-	ns
	hold time	T_{EH}	3	-	-	ns

LPC3600A 제어신호 타이밍 다이어그램(1)

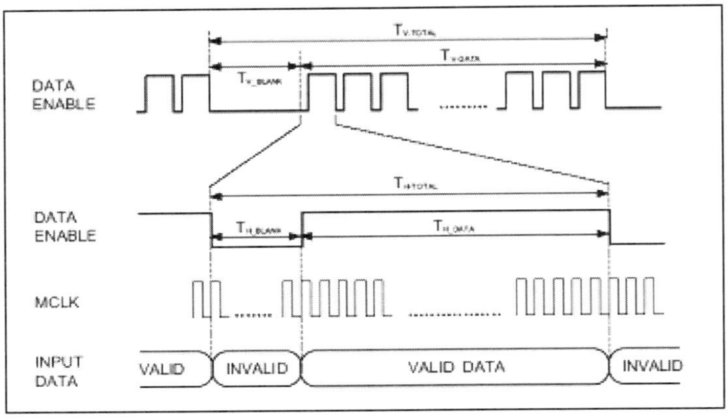

Parameter	Symbol	Minimum	Typical	Maximum	Unit
Vertical Total	$T_{V\text{-}TOTAL}$	324	327	-	Lines
Vertical Blank Time	T_{V_BLANK}	4	7	-	Lines
Vertical Display	$T_{V\text{-}DATA}$	-	320	-	Lines
Horizontal Total	$T_{H\text{-}TOTAL}$	254	282	512	MCLK
Horizontal Blank Time	T_{H_BLANK}	14	42	272	MCLK
Horizontal Display	T_{H_DATA}	-	240	-	MCLK

LPC3600A 제어신호 타이밍 다이어그램(2)

(1) 3.5"TFT LCD Module과 FPGA 간에 핀 커넥션

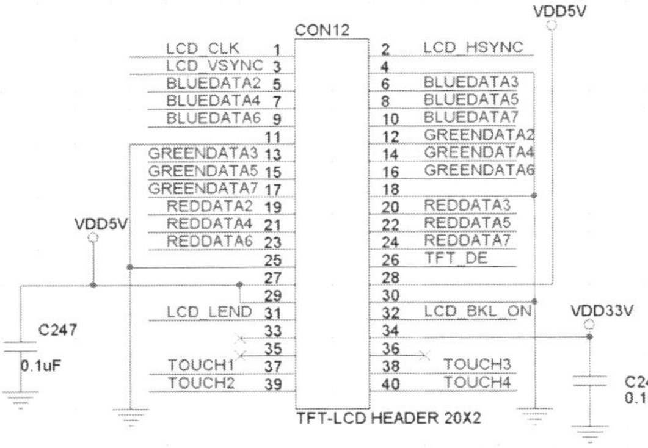

아래 표는 FPGA I/O에 대한 연결정보를 나타내고 있으며 TFTLCD 인터페이스를 위해서는 아래 연결표를 참고하여 알맞게 지정해야 한다.

(2) TFT-LCD 핀 연결표

TFT-LCD CON12					
핀번호	신호이름	FPGA 핀번호	핀번호	신호이름	FPGA 핀번호
1	LCD_CLK	AL28	2	LCD_HSYNC	AJ27
3	LCD_VSYNC	AP25	4	GND	
5	BLUEDATA2	AP27	6	BLUEDATA3	AN27
7	BLUEDATA4	AP31	8	BLUEDATA5	AP32
9	BLUEDATA6	AK22	10	BLUEDATA7	AK23
11	GND		12	GREENDATA2	AG27
13	GREENDATA3	AG28	14	GREENDATA4	AM21
15	GREENDATA5	AM22	16	GREENDATA6	AM30
17	GREENDATA7	AL30	18	GND	
19	REDATA2	AK21	20	REDATA3	AL21
21	REDATA4	AH28	22	REDATA5	AH29
23	REDATA6	AP30	24	REDATA7	AN30
25	GND		26	TFT_DE	AP26
27	VDD5V		28	VDD5V	
29	VDD5V		30	GND	
31	LCD_LEND	머27	32	LCD_BKL_ON	AH27
33	NC		34	VDD33V	
35	NC		36	NC	
37	NC		38	NC	
39	NC		40	NC	

4.1.9 ADC

SoCMaster3에는 아날로그 신호를 입력 받아 Analog-to-Digital 변환하여 처리할 수 있고, 반대로 Digital-to-Analog 변환이 가능하도록 설계되어 있다. ADC는 Analog Device사의 AD9051을 사용하여 10비트 샘플링이 가능하도록 설계되어 있으며 DAC는 Texas Instrument사의 DAC904 디바이스를 사용하여 빠른 속도와 고성능 14비트 샘플링이 가능하도록 설계되어 있다. 두 디바이스의 특징은 다음과 같다.

(1) AD9051의 특징

60 MSPS Sampling Rate
9.3 Effective Number of Bits at f_{IN} = 10.3 MHz
250 mW Total Power at 60 MSPS
Selectable Input Bandwidth of 50 MHz or 130 MHz
On-Chip T/H and Voltage Reference
Single 5 V Supply Voltage
5 V or 3 V Logic I/O Compatible
Input Range and Output Coding Options Available

APPLICATIONS
Medical Imaging
Digital Communications
Professional Video
Instrumentation
Set-Top Box

(2) DAC904의 특징

- SINGLE +5V OR +3V OPERATION
- HIGH SFDR: 20MHz Output at 100MSPS: 64dBc
- LOW GLITCH: 3pV-s
- LOW POWER: 170mW at +5V
- INTERNAL REFERENCE:
  Optional Ext. Reference
  Adjustable Full-Scale Range
  Multiplying Option

보다 자세한 사항은 아래의 웹 사이트를 참고하기 바란다.

http://www.analog.com/en/prod/0,,AD9051,00.html#

http://focus.ti.com/lit/ds/symlink/dac904.pdf

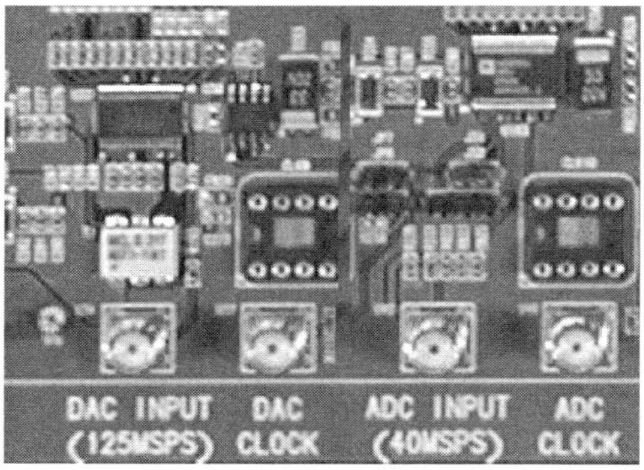

다음 표는 FPGA I/O에 대한 연결정보를 나타내고 있으며 ADC/DAC 인터페이스를 위해서는 다음의 연결표를 참고하여 알맞게 지정해야 한다.

1) ADC 핀 연결표

ADC U183					
핀번호	신호이름	FPGA 핀번호	핀번호	신호이름	FPGA 핀번호
28	ADC_A0	AK6	19	ADC_A5	AN3
27	ADC_A1	AL6	18	ADC_A6	AJ7
26	ADC_A2	AL13	17	ADC_A7	AK7
25	ADC_A3	AK13	16	ADC_A8	AJ5
24	ADC_A4	AN2	15	ADC_A9	AJ6
14	ADC_OR	H17	8	ADC_CLK	G18

2) DAC 핀 연결표

DAC U33					
핀번호	신호이름	FPGA 핀번호	핀번호	신호이름	FPGA 핀번호
1	DAC_A0	AL11	8	DAC_A7	AK9
2	DAC_A1	AL10	9	DAC_A8	AP11
3	DAC_A2	AE11	10	DAC_A9	AP10
4	DAC_A3	AF11	11	DAC_A10	AH10
5	DAC_A4	AM12	12	DAC_A11	AG10
6	DAC_A5	AM11	13	DAC_A12	AN12
7	DAC_A6	AL9	14	DAC_A13	AP12
			28	DAC_CLK	F18

4.1.10 CIS(CMOS Image Sensor)

SoCMaster3는 (주)휴인스 SoC_CAM2.0 CIS(CMOS Image Sensor)를 장착할 수 있는 Connector를 가지고 있다. (주)휴인스 SoC_CAM2.0에서는 Hynix 반도체에서 생산하는 HV7131GP CIS를 사용하고 있으며 특징은 다음과 같다.

- 1/4 inch optical format
- Total pixel : 652 x 492 / Active pixel : 652x488
- 5.6um x 5.6um active square pixel
- Micro-lens for high sensitivity
- RGB mosaic color filter array
- On-chip 10 bit ADC
- Correlated double sampling for reduction of Fixed Pattern Noise
- Black Level Compensation

- Gamma correction by programmable piecewise linear approximation
- 3x3 Color interpolation
- Color correction by programmable 3x3 matrix operation
- Color space conversion from RGB to YCbCr
- Sub-sampling Modes : 1/4, 1/16
- Various output formats : YCbCr 4:2:2, YCbCr 4:4:4, RGB 4:4:4, Bayer
- 8bit / 16bit Data Bus Mode
- Automatic Exposure Control
- Automatic White Balance Control
- Frame Rate : 30 f/s at 25Mhz, HBLANK = 208, VBLANK = 8
- Power Consumption: 86mW @ 30f/s and 2.8V, 68mW @ 15f/s and 2.8V, 336uW @ power down
- Operation Voltage Range : 2.6V ~ 3.0V, Operation Temperature : -10 ~ +50 degrees Celsius

또한 인터페이스 신호 및 블록 다이어그램은 아래와 같으며, 아래 표는 FPGA I/O에 대한 연결정보를 나타내고 있으며 (주)휴인스 SoC_CAM2.0과 인터페이스를 위해서는 아래 연결표를 참고하여 알맞게 지정해야 한다.

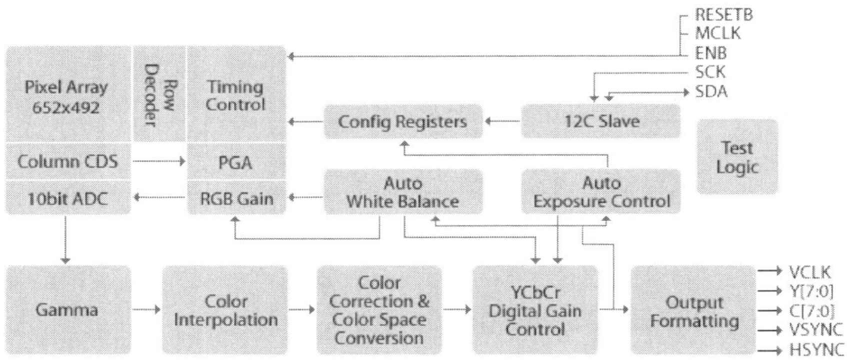

CMOS Image Sensor Connector J17

핀번호	신호이름	FPGA 핀번호	핀번호	신호이름	FPGA 핀번호
2	CAM_HREF	K32	11	CAM_Y0	M31
3	CAM_VSYNC	R23	12	CAM_Y1	J34
4	CAM_PWDN	K33	13	CAM_Y2	K34
5	CAM_PCLK	R22	14	CAM_Y3	N29
8	SIO_D	N27	16	CAM_Y4	N30
9	XCLK	P27	17	CAM_Y5	L33
10	SIO_C	M30	18	CAM_Y6	L34
			19	CAM_Y7	M32
			20	CAM_RESET	M33

4.1.11 EXPANSION IO

SoCMaster3의 EXPANSION IO는 J33, J35와 J34, J36에 각각 연결되어 있으며 연결된 신호는 다음 표와 같다.

주의사항...
Expansion 커넥터는 Ethernet, CF Card와 신호를 공유하고 있으므로 사용 시 주의가 필요합니다.

Expansion IO #0, #1 J33, J35					
핀번호	신호이름	FPGA 핀번호	핀번호	신호이름	FPGA 핀번호
1	EXP_CON1	B15	51	EXP_CON51	AE19
2	EXP_CON2	A15	52	EXP_CON52	AD19
3	EXP_CON3	F20	53	EXP_CON53	G16
4	EXP_CON4	F21	54	EXP_CON54	G17
5	EXP_CON5	F14	55	EXP_CON55	J19
6	EXP_CON6	G15	56	EXP_CON56	K19
7	EXP_CON7	H20	57	EXP_CON57	F16
8	EXP_CON8	G21	58	EXP_CON58	E16
9	EXP_CON9	J15	59	EXP_CON59	K17
10	EXP_CON10	H15	60	EXP_CON60	K18
11	EXP_CON11	L19	61	EXP_CON61	E17
12	EXP_CON12	J20	62	EXP_CON62	E18
13	EXP_CON13	L16	63	EXP_CON63	C27
14	EXP_CON14	K16	64	EXP_CON64	B27
15	EXP_CON15	A20	65	EXP_CON65	D25
16	EXP_CON16	B20	66	EXP_CON66	D24
17	EXP_CON17	N15	67	EXP_CON67	F26
18	EXP_CON18	M16	68	EXP_CON68	F25
19	EXP_CON19	C20	69	EXP_CON69	C24
20	EXP_CON20	D20	70	EXP_CON70	C23
21	EXP_CON21	C15	71	EXP_CON71	H27
22	EXP_CON22	D16	72	EXP_CON72	H28
23	EXP_CON23	C18	73	EXP_CON73	C32
24	EXP_CON24	C19	74	EXP_CON74	D32
25	EXP_CON25	D17	75	EXP_CON75	J27
26	EXP_CON26	C17	76	EXP_CON76	K27

Expansion IO #0, #1 J33,J 35					
핀번호	신호이름	FPGA 핀번호	핀번호	신호이름	FPGA 핀번호
27	EXP_CON27	D19	77	EXP_CON77	M25
28	EXP_CON28	E19	78	EXP_CON78	M26
29	EXP_CON29	N17	79	EXP_CON79	N22
30	EXP_CON30	M17	80	EXP_CON80	N23
31	EXP_CON31	L18	81	EXP_CON81	H29
32	EXP_CON32	M18	82	EXP_CON82	H30
33	EXP_CON33	G13	83	EXP_CON83	C33
34	EXP_CON34	F13	84	EXP_CON84	C34
35	EXP_CON35	J21	85	EXP_CON85	D34
36	EXP_CON36	H22	86	EXP_CON86	E34
37	EXP_CON37	H13	87	EXP_CON87	G30
38	EXP_CON38	H14	88	EXP_CON88	G31
39	EXP_CON39	M20	89	EXP_CON89	J29
40	EXP_CON40	N20	90	EXP_CON90	J30
41	EXP_CON41	K14	91	EXP_CON91	K29
42	EXP_CON42	J14	92	EXP_CON92	G32
43	EXP_CON43	D21	93	EXP_CON93	G33
44	EXP_CON44	E21	94	EXP_CON94	AM27
45	EXP_CON45	L14	95	EXP_CON95	AL23
46	EXP_CON46	L15	96	EXP_CON96	AM23
47	EXP_CON47	N18	97	EXP_CON97	AN25
48	EXP_CON48	N19	98	EXP_CON98	AM25
49	EXP_CON49	AK16	99	EXP_CON99	AP9
50	EXP_CON50	AL16	100	EXP_CON100	AN9

Expansion Connector #0, #1 J34, J36					
핀번호	신호이름	FPGA 핀번호	핀번호	신호이름	FPGA 핀번호
1	EXP_CON101	AH12	51	EXP_CON151	AE33
2	EXP_CON102	AG11	52	EXP_CON152	AE34
3	EXP_CON103	AN7	53	EXP_CON153	AC32
4	EXP_CON104	AM7	54	EXP_CON154	AC33
5	EXP_CON105	AN10	55	EXP_CON155	AC29
6	EXP_CON106	AM10	56	EXP_CON156	AC30
7	EXP_CON107	AF10	57	EXP_CON157	AD34
8	EXP_CON108	AE9	58	EXP_CON158	AC34
9	EXP_CON109	AJ12	59	EXP_CON159	AA25

Expansion Connector #0, #1 J34, J36					
핀번호	신호이름	FPGA 핀번호	핀번호	신호이름	FPGA 핀번호
10	EXP_CON110	AK12	60	EXP_CON160	AA26
11	EXP_CON111	AN8	61	EXP_CON161	AE32
12	EXP_CON112	AM8	62	EXP_CON162	AD32
13	EXP_CON113	AJ11	63	EXP_CON163	AC28
14	EXP_CON114	AK11	64	EXP_CON164	AB28
15	EXP_CON115	AP7	65	EXP_CON165	AD30
16	EXP_CON116	AP6	66	EXP_CON166	AD31
17	EXP_CON117	AL5	67	EXP_CON167	AG32
18	EXP_CON118	AL4	68	EXP_CON168	AG33
19	EXP_CON119	AK4	69	EXP_CON169	AF33
20	EXP_CON120	AJ4	70	EXP_CON170	AF34
21	EXP_CON121	AP4	71	EXP_CON171	AE29
22	EXP_CON122	AN4	72	EXP_CON172	AD29
23	EXP_CON123	AD10	73	EXP_CON173	AF31
24	EXP_CON124	AD9	74	EXP_CON174	AE31
25	EXP_CON125	AN14	75	EXP_CON175	AK31
26	EXP_CON126	AP14	76	EXP_CON176	AK32
27	EXP_CON127	AA23	77	EXP_CON177	AK33
28	EXP_CON128	AA24	78	EXP_CON178	AK34
29	EXP_CON129	AJ34	79	EXP_CON179	AM32
30	EXP_CON130	AH34	80	EXP_CON180	AM33
31	EXP_CON131	AD27	81	EXP_CON181	AJ31
32	EXP_CON132	AC27	82	EXP_CON182	AJ32
33	EXP_CON133	AB25	83	EXP_CON183	AB22
34	EXP_CON134	AB26	84	EXP_CON184	AB23
35	EXP_CON135	AG30	85	EXP_CON185	AL33
36	EXP_CON136	AG31	86	EXP_CON186	AL34
37	EXP_CON137	AH32	87	EXP_CON187	AM31
38	EXP_CON138	AH33	88	EXP_CON188	AL31
39	EXP_CON139	AC25	89	EXP_CON189	AJ30
40	EXP_CON140	AD26	90	EXP_CON190	AH30
41	EXP_CON141	AF29	93	EXP_CON_GS1	AK19
42	EXP_CON142	AF30	94	EXP_CON_GS2	AE16
43	EXP_CON143	AA28	95	EXP_CON_GS3	AG17
44	EXP_CON144	AA29	96	EXP_CON_GS4	AK18
45	EXP_CON145	W24	97	EXP_CON_GS5	AG16
46	EXP_CON146	Y24			

Expansion Connector #0, #1 J34, J36					
핀번호	신호이름	FPGA 핀번호	핀번호	신호이름	FPGA 핀번호
47	EXP_CON147	AB30			
48	EXP_CON148	AA30			
49	EXP_CON149	W25			
50	EXP_CON150	Y26			

4.1.12 기타 주변장치

1) 시스템 리셋 핀 연결표

System Reset Switch					
핀번호	신호이름	FPGA 핀번호	핀번호	신호이름	FPGA 핀번호
S4	nPORESET	AK17			

2) 클럭의 핀 연결표

Clock					
핀번호	신호이름	FPGA 핀번호	핀번호	신호이름	FPGA 핀번호
CLK3	USER_CLK0	AH18	CLK4	USER_CLK1	AH19
CLK6	PCM_CLK	H17			

3) LED 부분의 핀 연결표

LED					
핀번호	신호이름	연결 핀번호	핀번호	신호이름	연결 핀번호
D16	F_LED0	B23	D20	F_LED4	A24
D17	F_LED1	A23	D21	F_LED5	A25
D18	F_LED2	A26	D22	F_LED6	G25
D19	F_LED3	B26	D23	F_LED7	H25

4) 7-Segment 핀 연결표

7-Segment FND1,FND2					
핀번호	신호이름	연결 핀번호	핀번호	신호이름	연결 핀번호
	F_SEG_D0	P20		F_SEG_D0	P20
	F_SEG_D1	R19		F_SEG_D1	R19
	F_SEG_D2	L28		F_SEG_D2	L28
	F_SEG_D3	L29		F_SEG_D3	L29
	F_SEG_D4	P24		F_SEG_D4	P24
	F_SEG_D5	R24		F_SEG_D5	R24
	F_SEG_D6	H32		F_SEG_D6	H32
	F_SEG_D7	J32		F_SEG_D7	J32
	F_SEG_COM0	M27		F_SEG_COM4	J31
	F_SEG_COM1	M28		F_SEG_COM5	K31
	F_SEG_COM2	H33		F_SEG_COM6	L30
	F_SEG_COM3	H34		F_SEG_COM7	L31

5) Push Button 스위치 핀 연결표

Switch					
핀번호	신호이름	FPGA 핀번호	핀번호	신호이름	FPGA 핀번호
S11	F_SW0	AL8	S12	F_SW4	AM13
S13	F_SW1	AK8	S14	F_SW5	AN13
S15	F_SW2	AH8	S16	F_SW6	AM6
S17	F_SW3	AH7	S18	F_SW7	AM5

6) UART 핀 연결표

UART1 CON13					
핀번호	신호이름	FPGA 핀번호	핀번호	신호이름	FPGA 핀번호
12	F_RXD1	P6	11	F_TXD1	P7
UART0 CON14					
핀번호	신호이름	FPGA 핀번호	핀번호	신호이름	FPGA 핀번호
12	F_RXD0	R9	11	F_TXD0	T10

7) Compact Flash 카드 인터페이스 슬롯 핀 연결표

주의사항...

Compact Flash 인터페이스는 Expansion 커넥터와 신호를 공유하고 있으므로 사용 시 주의가 필요하다.

COMPACT FLASH CARD CON16					
핀번호	신호이름	FPGA 핀번호	핀번호	신호이름	FPGA 핀번호
2	D3-EXP_CON4	F21	26	CDA-EXP_CON35	J21
3	D4-EXP_CON5	F14	27	D11-EXP_CON12	J20
4	D5-EXP_CON6	G15	28	D12-EXP_CON13	L16
5	D6-EXP_CON7	H20	29	D13-EXP_CON14	K16
6	D7-EXP_CON8	G21	30	D14-EXP_CON15	A20
7	CE1-EXP_CON34	F13	31	D15-EXP_CON16	B20
8	A10-EXP_CON27	D19	32	CE2-EXP_CON33	G13
9	OE-EXP_CON32	M18	33	VS1-EXP_CON41	K14
10	A9-EXP_CON26	C17	34	IORD-EXP_CON37	H13
11	A8-EXP_CON25	D17	35	IOWD-EXP_CON36	H22
12	A7-EXP_CON24	C19	36	WE-EXP_CON31	L18
14	A6-EXP_CON23	C18	37	RDY_BSY-EXP_CON30	M17
15	A5-EXP_CON22	D16	39	CSEL-EXP_CON44	E21
16	A4-EXP_CON21	C15	40	VS2-EXP_CON40	N20
17	A3-EXP_CON20	D20	42	WAIT-EXP_CON29	N17
18	A2-EXP_CON19	C20	43	INPACK-EXP_CON43	D21
19	A1-EXP_CON18	M16	44	REG-EXP_CON28	E19
20	A0-EXP_CON17	N15	45	BVD2-EXP_CON39	M20
21	D0-EXP_CON1	B15	46	BVD1-EXP_CON38	H14
22	D1-EXP_CON2	A15	47	D8-EXP_CON9	J15
23	D2-EXP_CON3	F20	48	D9-EXP_CON10	H15
24	WP-EXP_CON42	J14	49	D10-EXP_CON11	L19
25	CD2-EXP_CON45	L14			

(주)휴인스 회사 연혁

일 자	연 혁	비 고
1995.7	법인 설립 ㈜로지콤	
	미국 Cypress Semiconductor Rep/Distributor SRAM, FIFO, Dual Port, CPLD, FPGA, Datacom, FCT 등의 반도체 및 설계 소프트웨어 및 장비 공급	
1996.3~9	VHDL 교육 - 교육센터	
1999.03	미국 I/O Concepts Distributor	
	SK Telecom 계약 체결 (Gateway 장비 납품)	
2000~2001	미국 Agere systems Distributor	
2002.3	법인명 변경 ㈜로지콤에서 "㈜휴인스	
2002.6	국내 최초 시스템온칩(System on Chip) 설계 검증시스템 개발 ETRI VoIP 프로젝트 개발 삼성전자 System on Chip 장비계약,	
2002.7	IDEC SoC 설계 강의 - ARM9를 이용한 SoC 설계 및 IP 검증 - KAIST, 한양대, 전남대, 부산대, 광운대, 전북대	
2002.9	SoCMaster 에 임베디드리눅스 포팅 및 이더넷 디바이스드라이버 개발성공삼성전자와ARM922 Core + SoC 개발 서울대반도체공동연구소와 SoCMaster 공급한국전자부품연구소(KETI)와 SoCMaster 공급	
2009.10	임베디드실습장비 개발 SoCMaster-XP 시스템온칩실습장비 개발 SoCMaster	
2002.10	ARM, SoC, Embedded 교육센터 개소	
2002.10	삼성종합기술원 W-Project 개발 한국전자통신연구소 SoC 센터 SoCMaster 공급	
2002.12	산업자원부 기술표준원 한국신기술 NT 인증 [제2002호-080호]	산업자원부 기술표준원
2003.1	임베디드시스템 인텔 XScale PXA255-Pro1개발 임베디드 리눅스 2.4.18 포팅 및 디바이스드라이버 개발	
2003.2	LG전자 프로젝트 계약 (K-Project, Xilinx 36M Gates)AHB-PCI Core Solution 개발	
2003.3	MPEG4 개발 플랫폼 개발	
2003.4	Nucleus RTOS 국내 대학 공급	Mentor Graphics
2003.5	한국정보통신대학원대학교 SoC Platform 개발	ICU
2003.5	ETRI Wireless 1394 프로젝트 개발	

일자	연혁	비고
2003.8	삼성전자 SoC Control Board, Modem 보드 개발 삼성전자 Wireless LAN SoC 플랫폼 개발서울대학교 전기전자공학부 SoC 플랫폼 공급	
2003.9	산업자원부 시스템2010 사업 참여 제1단계	KETI
2003.9	ETRI 텔레매틱스 연구 개발 참여	
2003.10	ITSoC 정통부 과제 선정 (HW/SW Co-Design)	정보통신부
2004.1~12	임베디드시스템 납품 대학-한양대학교,상명대학교,연세대학교,경희대학교,경성대학교,한국외국어대학교,한국산업기술대학교,단국대학교,영남대학교,동서울대학교,대림대학,충북대학교,부산대학교,경성대학교,창원대학교,강원대학교 ,강릉대학교, 아주대학교 등	
2004.1~12	SoC 설계시스템 납품 대학 서울대, 연세대, 한양대, 고려대, 건국대, 숭실대 동국대, 산업대, 서강대, 서경대, 세종대, 광운대, 인천대, 국민대, 홍익대, 대림대, 경희대, 아주대, 산업기술대, 명지대, 성균관대, 용인송담대학, 동서울대, 전남대, 조선대, 광주과학기술원, 여수대, 목포대, 동신대, 전북대, 경북대, 부산대, 울산대, 인제대, 충북대, 청주대, 한밭대, 충남대, KAIST, 공주대, 한국기술교육대, ICU, 한남대, 강원대, 연세대 원주캠퍼스 등	
2004.5	SoC-Platform ARM-DSP 보드 개발 RF/Sensor 보드 개발	
2004.6	휴인스 부설 기술 연구소 인가 [20041690]	한국산업기술진흥협회
2004.7	영국 ARM사 국내 대리점 계약	ARM
2004.9	산업기술대전 중소기업청장상 제1214호	중소기업청
2004.9	산업자원부 시스템2010 사업 참여 제2단계	KETI
2005.2	Cirrus Logic Rep 계약 벤처기업 인증 051626132-1-00174	기술신용보증기금
2005.3	유비쿼터스 컴퓨팅 무선 센서 네트워크 개발 Zigbee 솔루션 개발 한양대학교 사이버대학 임베디드시스템 강의	
2005.4	VIP-1000 SoC Verification IP 시스템 개발	
2005.5	SoCMaster3 개발 (ARM, Xilinx Virtex4 기반) 기술 혁신형 중소기업 확인- 중소기업청장	
2005.6	경북대학교 임베디드시스템 구축	
2005.9	산업자원부 시스템2010 사업 참여 제3단계	
2005.10	유비쿼터스 U-Sensor Application Kit 개발 광주정보문화산업진흥원 임베디드시스템센터 시스템 구축	
2005.12	Acuman270 개발	

저자 약력

송태훈

* 충북대학교 공과대학 컴퓨터공학과 졸업
경희대학교 대학원 전자공학과 박사 과정

* 주요 경력
(주)삼보컴퓨터 연구원
현재 (주)휴인스 대표이사

* 주요 관심 분야
임베디드시스템, 시스템온칩 설계, 유비쿼터스, 멀티미디어

정연모

* 현재 경희대학교 전자정보대학 교수

*주요 경력
KAIST 공학석사 / 미시간주립대학교 공학박사
산자부 산업기술로드맵 작성 전문위원
통계청 자문위원
행자부 국가고시 출제위원
경제기획원 전산처리관(사무관급)

정가 15,000원

VHDL을 이용한 FPGA 설계 이론 및 실습

2006년 7월 12일 초판 인쇄
2006년 7월 22일 초판 발행
저 자 : 송 태 훈·정 연 모
발행자 : 이 연 우·우 명 찬
발행처 : 홍 릉 과 학 출 판 사
주 소 : 서울시 강북구 수유5동 455-60
142-885
등 록 : 1976년 10월 21일 제5-66호
전 화 : 999-2274~5, 903-7037, 996-8341
팩 스 : 905-6729
e-mail : hongpub@hongpub.co.kr
http://www.hongpub.co.kr